KB183771

역량 기반 교수

초등학교에 마르자노 아카데미 모델 적용하기

Robert J. Marzano · Seth D. Abbott 공저 | 온정덕 · 윤지영 공역

학지사

Teaching in a Competency-Based Elementary School: The Marzano Academies Model
by Robert J. Marzano and Seth D. Abbott

역자 서문

마르자노(Marzano)의 저서를 처음 접했던 때는 1998년으로 거슬러 올라간다. 켄달(Kendall)과 마르자노가 공저한 그 책은 1997년에 출판된 것으로 『Content Knowledge: A Compendium of Standards and Benchmarks for K-12 Education』이다. 미국의 학생들이 주요 교과에서 4, 8, 12학년을 마쳤을 때 무엇을 알고 무엇을 할 수 있어야 할 것인지를 기준의 형태로 제시하고 학년별 벤치마크를 설정한 것으로, 미국의 기준 운동(standards movement)이 한창일 때 출판되었다. 기준 운동은 교육에서 도달점을 명확하게 하고 책무를 높인다는 기대감과 함께 학교 교육을 표준화시킨다는 비판을 불러일으켰다. 미국의 거의 모든 주가 기준을 개발하면서 기준 범람의 시대를 거쳤고, 2010년부터 영어, 수학, 과학, 사회과에서 개발된 국가 수준의 공통 기준을 중심으로 학교 교육이 이루어지고 있다.

기준은 학습 결과(outcome)를 제시하기에 결과 중심 교육과 맥을 같이하면서 최종 수혜자인 학생을 강조하는 수용자 중심의 성격을 띠고, 학습이 끝나거나 끝난 이후의 지점에서 학생이 보여 주어야 할 능력을 나타낸다. 질적으로 우수한 기준은 학교에서 무엇을 가르쳐야 하는지, 학생에게 어떠한 수행이 기대되는지를 명료화하지만, 학생이 이에 도달할 수 있게 하는 세부적인 내용과 절차 등을 교사가 만들어야 하기에, 기준은 사용자인 교사에 의해 다양하게 구현될 수 있다. 미국에서의 역량 교육은 도달점을 명료화하는 기준으로 구현되었으므로 이 책은 숙달 척도(proficiency scales)와 평가(assessment)를 소개하는 것으로 시작된다. 마르자노의 아카데미 모델은 크게 네 가지 영역(피드백, 내용, 맥락, 자기 조절)으로 구분되어 있으며, 각 영역은 교사가 설계해야 할 여러 분야 내 요소로 구성되어 있다. 그리고 각 요소에는 교사의 수업 행동과 학생 수행에 대한 가시적 증거가 포함되어 있다.

제1장 '피드백'은 숙달 척도와 평가로 구성된다. 숙달 척도 개발은 마르자노 아카데미 모델의 핵심이라고 볼 수 있다. 측정 주제(measurement topic)와 결부된 숙달 척도는 그 주제에 대해서 학생들에게 기대하는 지식과 기능의 진보를 나타내기 때문에 교사가 사용하는 피드백에 기반이 된다. 학생들은 자신이 배우고 있는 구체적인 내용과 관련해서 현재 자신의 수행 수준이 어디에 있는지를 명확하게 이해하고 그러한 내용에 대한 자신의 이해가 얼마나 성장했는지를 확인할 수 있다. 또한 '의도된 교육과정-가르친 교육과정-평가된 교육과정'이 일치되게 한다. 이를 위해 교사는 학생들과 숙달 척도를 함께 이야기하고 학생의 진보를 추적하며 학생의 성공을 축하한다. 평가는 학생들의 상태를 숙달 척도에 비추어 측정하는 것을 가능하게 한다. 교사는 눈에 띄는(obtrusive) 평가, 학생 중심의(student centered) 평가, 눈에 띄지 않는(unobtrusive) 평가 등 다양한 형태를 활용한다. 학생들은 다양한 평가에서 자신이 받은 점수와 숙달 척도를 연결할 수 있어야 한다.

제2장 '내용'은 역량을 기르기 위한 교실에서 이루어지는 수업을 학생들의 인지적 처리 과정에 초점을 맞춰 안내한다. 이는 '숙달 척도 수업'과 '일반적 수업'으로 구성된다. 먼저 숙달 척도 수업에서는 제1장에 제시한 숙달 척도를 바탕으로 학습해야 할 내용을 묶고, 학생들이 '내용 처리, 내용 기록과 표현, 구조화된 연습, 유사점과 차이점 탐색, 인지적으로 복잡한 과제, 주장 생성과 입증'에 참여할 수 있는 방법을 다룬다. 일반적 수업은 모든 유형에서 적용 가능한 전략으로, '내용 복습하기, 지식 수정하기, 오류 살펴보고 바로잡기, 중요한 정보 강조하기, 내용 미리보기, 정교한 추론 자극하기, 숙제를 통해 학습 확장하기'를 통해 학생이 내용을 처리하는 인지적 과정에 참여하도록 한다. 제2장의 내용은 마르자노가 기존에 출간한 저서 『Classroom Instruction that Works』와 『The Handbook for the New Art and Science of Teaching』 등에서 다루고 있지만, 이 책에서는 각각의 수업 전략을 학생의 수행

활동과 교사의 수업 실천 혹은 수행의 단계와 함께 제시함으로써 학습 과정을 가시화하였다.

제3장 '맥락'은 학생의 학습을 지원하거나 방해하는 교실의 전반적인 환경을 다루며 '그룹화와 재그룹화' '참여' '편안함, 안전, 질서'로 구성된다. 그룹화와 재그룹화 방법은 학생들이 내용 및 다른 학생들과 상호작용하는 것을 지원하며 우리나라에서 학생 맞춤형 수업에 활용 가능하다. 참여는 학생들이 학습에 집중하고 흥미를 갖도록 하며 활기찬 수업 분위기를 만드는 데 초점을 둔 여러 구체적인 전략을 다룬다. 편안함, 안전, 질서는 학생들이 교실에서 소속감과 편안함을 느끼고 신체적 · 정신적으로 안전하다고 느낄 수 있는 환경 조성에 대한 것이다. 교실의 물리적 배치뿐 아니라 규칙과 절차를 수립하고 준수하며 조정하는 것 등을 포함한다.

제4장 '자기 조절'은 학생들의 자기평가와 시간 관리 등을 다루고 있으며 '소속감과 존중감' '효능감과 주체성' '메타인지와 생활 기능'으로 구성되어 있다. 교사는 매슬로(Maslow)의 욕구 및 목표 위계의 수준을 고려해서 학생을 이해하고 존중하는 언어와 행동을 통해 학생들에게 자신이 관심을 받고 있고 가치 있는 존재임을 인식할 수 있도록 해야 한다. 효능감과 주체성에서 효능감은 신념을 다루고 주체성은 행동을 다룬다. 학생의 주체성을 강화하기 위해 교사는 학생의 발언을 존중하고 더 많은 선택의 기회를 제공해야 한다. 메타인지와 생활 기능에서는 학생의 자기 조절 능력을 위해 메타인지 기능과 생활 기능을 어떻게 가르칠 수 있는지 구체적인 방법과 기술을 제시한다.

제5장은 마르자노 아카데미 모델을 사용하는 교사가 갖춘 태도와 신념 또는 마인드셋(mindset)을 설명한다. 이 장에서는 제1~4장에 걸쳐 제시된 열 가지 설계 분야에 명시적 혹은 암시적으로 포함된 교사의 태도와 신념을 보여 준다. 교사는 역량 기반 수업을 효과적으로 수행하기 위해 새로운 지식과 기능을 수행해야 하며, 학생들이 문제를 해결하고 합리적인 결정을 내리는 데 도움이 되는 기능을 가

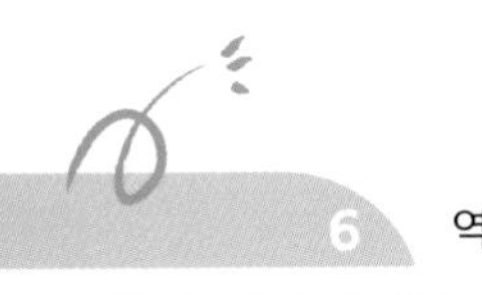

르치고 강화할 기회를 계속해서 찾아야 한다. 학생들도 역량 기반 수업이 취하는 체제적 접근의 기본적인 성격을 이해하고 자신의 학습에 책임지는 것을 배워야 한다. 역량 기반 체제에서 교사는 학습의 촉진자가 되며 학습에서 의사 결정의 권한 혹은 선택권을 점차 학생들에게 이양해야 한다.

이 책은 촉진과 평가로서의 교육을 이야기한다. 우리나라에서도 '성장형 평가' 혹은 '모든 학생의 성공을 위한 평가'라는 용어를 사용하며 학생의 역량 계발을 이야기한다. 이러한 성장형 평가는 성장의 준거 혹은 기준이 되는 척도 마련과 함께, 성취평가제를 통한 절대 평가로 실시될 수 있다. 하지만 과연 우리가 각 등급에 해당하는 준거를 갖추고 있는지는 분명하지 않다. 확실한 것은 학생의 평가 결과가 척도와 연결될 때 학생의 학습에 대한 정확한 정보를 파악할 수 있으며, 학생 개개인의 점수에 대한 의미 있는 해석이 이루어지기 위해서는 숙달 척도와 같은 장치가 마련되어야 한다는 점이다. 또한 이 책은 지금까지 우리가 통찰과 경험에 근거해서 교실에서 자연스럽게 혹은 암묵적으로 해 왔던 것의 의미를 학교 교육의 구조 안에서 체계적으로 제시한다. 우리가 해 온 다양한 실천을 가시화하여 이를 정기적으로 계획할 수 있도록 도와준다.

이 책을 통해 우리는 지금까지 함께 만들어 온 교육의 여정을 되돌아보면서 앞으로 어떤 방향으로 나아갈지 생각해 볼 수 있다. 우리나라 교육의 발전과 학생의 삶과 성장을 위해 각자의 자리에서 다각도로 노력하고 계신 교육자 여러분들에게 이 책이 조금이나마 도움이 되기를 소망한다. 마지막으로, 이 책의 출간을 도와주신 학지사의 김진환 대표님, 꼼꼼하게 교정과 편집을 해 주신 편집부와 학지사 관계자 여러분께 진심으로 감사드린다.

2025년 2월
역자 일동

저자 서문

수많은 학생, 선생님, 코치, 그리고 관리자의 지지와 격려가 없었다면, 저는 오늘의 교사가 되지 못했을 것입니다. 제 교실을 거쳐 간 모든 학생의 삶을 만들어 가는 데 도움을 주는 기회를 얻게 된 것을 영광으로 생각합니다. 그들의 미소, 사랑, 농담, 성공, 투쟁 그리고 눈물에서 제가 그들에게 가르칠 수 있는 것 이상으로 많은 것을 배웠습니다. 저는 칼라 비굼(Carla Bigum)과 캐리 스트랜드(Carrie Strand) 같은 훌륭한 선생님들과 코치들로부터 제가 필요로 할 때 멘토링과 지원을 받을 수 있었습니다. 운이 좋게도 저스틴 데이비스(Justin Davis)와 브라이언 코세나(Brian Kosena)와 같은 교장 선생님들은 저에게 혁신적이고 안정적인 성장 기반을 마련해 주었습니다. 개별화 역량 기반 교육(personalized competency-based education)의 선구자라고 할 수 있는 파멜라 스완슨(Pamela Swanson), 올리버 그렌햄(Oliver Grenham), 제니 고토(Jeni Gotto)와 같은 지도자들과 함께 학교구에서 일할 수 있게 된 것도 제게 큰 행운이었습니다. 또한 밥 마르자노(Bob Marzano)와 함께 일할 수 있어서 정말 영광이었습니다. 그는 제가 교실에서 그의 역량 기반 원리를 실제로 적용할 수 있도록 격려해 주었고, 제 실천 방법을 세상에 공유할 기회를 주었습니다.

마지막으로, 저는 제가 나아가는 모든 단계에서 항상 저를 믿어 준 훌륭한 부모님과 멋진 가족을 둔 축복받은 사람입니다. 저의 아이들인 벤(Ben), 에밀리(Emily), 케이트(Kate) 그리고 루크(Luke)는 제가 더 나은 사람이 될 수 있게 영감을 주었습니다. 그리고 아내 줄리(Julie)의 변함없는 지지에도 영원히 감사합니다. 교사로서 겪는 삶의 모든 도전, 즉 학교 개학을 위한 밤, 위원회 회의, 학부모 회의, 셀 수 없는 다른 약속들, 유연하지 않은 근무 시간과 스트레스로 가득한 날들, 그리고 늦은 밤까지 이어진 채점과 수업 계획 속에서도 아내는 제 곁을 지켜 주었습니다. 감사합니다.

Seth D. Abbott

차례

제2장 내용 83

제3장 맥락 151

제4장 자기 조절 207

서론

- 마르자노 아카데미 모델의 역사와 토대
- 마르자노 아카데미의 수업 모델
- 이 책의 구성

이 책은 효과적인 수업에 관한 것이다. 물론 이 주제에 관해 책이 많이 있고 앞으로도 매해 더 많아질 것이다. 그러한 대부분 책과 달리 이 책은 (기준 기반 교실, 숙달도 기반 교실 등으로 알려져 있기도 한) 역량 기반 교실에서의 수업에 초점을 맞추고 있다. 특히 우리가 마르자노 아카데미 모델(Marzano Academies model) 혹은 간단히 아카데미 모델(academy model)이라고 부르는 역량 기반 수업의 모델에 초점을 맞추고 있다.

마르자노 아카데미 모델의 역사와 토대

이 책에서 설명한 것처럼, 마르자노 아카데미 모델은 1980년대부터 사고기능에 대한 직접적인 교육을 K-12 교육과정에 통합하려는 노력에서 시작하여 수십 년간 연구와 이론을 실천으로 바꾸려는 상호 연관된 노력(예, Marzano et al., 1988)의 산물이다. 그러한 노력은 현재까지 이어지고 있으며, 다루는 주제를 몇 가지만 언급하자면 수업, 리더십, 교육과정, 평가, 어휘, 기준, 채점, 고신뢰 조직(High Reliability Organizations: HRO), 전문적 학습 공동체, 개별화 역량 기반 교육, 학생 동기부여, 사회정서학습, 교사와 지도자 평가, 지식과 기능의 분류 등이 있다. 즉, 여기에 제시된 모델은 수십 년에 걸친 수많은 연구와 노력의 통합적 결과물이며 각 조각이 다른 조각들과 맞추어지도록 설계되었다. 이러한 체계적인 계획은 많은 학교에서 서로 다른 전문가나 집단이 만들어 내어 분절적이며 때로는 이질적인 프로그램들을 결합하는 노력과 대조적이다. 이러한 노력은 의도가 좋고 직관적으로 매력적이지만, 선택된 노

력이 각각 그 자체로 효과적임에도 불구하고 종종 서로 충돌하고 상쇄되어 실패하기도 한다. 우리는 이 책 전반에 걸쳐 독자들이 원하는 경우 원래의 출처를 찾아볼 수 있도록 마르자노 아카데미 모델에 기반을 둔 이전의 연구물을 체계적으로 참조하고 설명한다.

마르자노 아카데미는 이 모든 연구물을 모아, 일관성 있는 양질의 교육을 위한 종합적인 모델을 제시한다. 이 모델은 여러 면에서 전통적인 구조에서 벗어난 것이다. 첫째, 이것은 역량 기반 체제이다. 역량 기반 교육(Competency-Based Education: CBE)은 학생들이 이전 수준에서 학문적 내용에 대한 숙달을 입증해야만 다음 수준으로 올라갈 수 있도록 하는 실천을 말한다. 시간은 요인이 아니다. 학생은 한 과목에서는 빨리 진행할 수 있고 다른 과목에서는 시간이 더 걸릴 수도 있다. 예를 들어, 영어 과목에서는 4학년 수준을 공부하고 수학은 6학년 수준을 공부할 수 있다. 학생들은 나이가 아닌 능력에 따라 학급과 그룹으로 구성되고, 교사는 목표에 더 초점을 맞춘 효과적인 수업을 할 수 있게 된다. CBE는 학생들이 실제로 학습을 완료한 후에 진급하도록 보장하므로, 각 수준에서 학교가 중요하다고 여기는 내용을 완전히 학습하고 다음 단계를 준비하게 한다.

둘째, 학생들이 각 수준에서 배워야 할 내용을 결정하기 위해서 마르자노 아카데미 모델은 매우 정교한 방식으로 학문적 프로그램을 정의한다. 학생들이 숙달해야 할 각 주제에 대해서 숙달 척도(proficiency scale)는 기본 지식과 기능부터 학생들이 도달하기를 기대하는 목표 수준, 그리고 심화한 적용의 기회에 이르기까지 학습의 진행을 명시한다. 각 수준의 내용 영역별로 다루어야 할 일련의 숙달 척도는 일관성을 보장한다. 즉, 학생들은 어떤 교사로부터 배우든 동일한 내용과 기능을 습득한다. 숙달 척도는 학생들이 무엇을 알아야 하고 어떻게 거기에 도달할 것인지를 정확하게 보여 준다. 더 나아가 교사들은 숙달 척도에 따라 학생을 평가하고, 학생의 작업을 채점하고, 성적을 보고한다. 학생들에게 제공되는 피드백은 학생의 현재 지식 수준이 척도 상 어디에 있는지 알려 줌으로써, 그들이 개선해야 할 부분을 쉽게 파악할 수 있게 한다. 성적표상의 성적은 총괄적인 백분율이나 등급이 아니라, 학생들이 현재 학습하고 있는 각 주제에 대한 개별 점수 집합이다.

학생들이 숙달 척도에 따라 정의된 교과 내용을 학습할 수 있도록 지원하기 위해서 마르자노 아카데미 모델은 학교 전체에서 탄탄하고 강력한 어휘 프로그램을 사용한다. 어휘는 일반적으로 학습의 기초가 되며, 직접적인 어휘 수업은 모든 학생이 학교와 삶에서 성공하기 위해 알아야 할 단어를 알고 있는지 확인하는 가장 좋은 방법이다(연구에 대한 논의는 Marzano, 2020 참고). 초등학교에서는 기본 및 자주 나오는 심화 용어, 즉 일반적인 언어 사용에서 자주 나오는 단어를 습득하는 데 초점을 맞춘다. 따라서 학생들은 기본 어휘를 갖추어 중등학교에서 영역별 학문적 어휘(예, 과학과 관련된 전문 용어)를 배울 수 있도록 준비되어 있다.

마르자노 아카데미 모델이 전형적인 전통적 학교와 다른 세 번째는 효과적인 교육이란 학문적 내용을 넘어선다는 인식에 있다. 이 모델은 분석적 사고, 문제 해결, 충동 조절, 협업과 같은 인지 및 메타인지 기능을 직접적으로 가르치는 것을 포함한다. 이러한 기능은 학문적 내용만큼이나 삶과 진로를 준비하는 데 필수적이기 때문에 각 기능에 대해 연령에 맞는 학습 진보(progression)가 숙달 척도로 정의된다. 학생들은 각각의 정보와 과정을 배우고, 교사는 학생들의 숙달에 대해 피드백을 준다.

마르자노 아카데미 모델은 사회적 · 정서적 요소를 포함한다. 학교 공동체는 학습 환경을 조성하며, 그 공동체의 질적 수준은 학생들이 받는 교육 수준에 영향을 미친다. 따라서 이 모델은 학생, 교사, 리더, 그 외 다른 관계자들 간의 관계와 소속감을 강조한다. 마음챙김이나 공감 같은 주제의 정기적인 사회정서학습 외에도, 마르자노 아카데미의 학생들은 친절과 연민(compassion)에 초점을 둔 학교 폭력 반대 단체 Rachel's Challenge(www.rachelschallenge.org)가 제공하는 것과 같이 학생들의 의지를 불러오는 프로그램에 참여한다.

여기서 마지막으로 언급할 고유한 구성요소는 마르자노 아카데미의 수업에 대한 접근법이다. **수업 모델(instructional model)**은 우수한 교수와 관련된 실천을 상세히 정의한다. 마르자노 아카데미의 수업 모델은 CBE를 위한 효과적인 49가지 교수 요소를 포함하고 있는데, 내용을 기록하고 표현하는 등의 내용 전달 요소부터 모든 학습자를

가치 있게 여기고 존중하는 것과 같이 교실 맥락에 관련된 요소까지 다양하다. 교사들은 학교 리더들의 지원을 받아 수업 모델의 요소들에 대해 목표를 세우고 자기 능력을 계발할 것으로 기대된다. 마르자노 아카데미의 수업은 지속적인 복습처럼 학생의 정보 보유 능력을 개선하는 것으로 알려진 전략을 체계적으로 사용하는 것을 포함한다.

마르자노 아카데미의 수업 모델은 이 책의 주요 초점이다. 다음 절에서는 개요를 제시하겠다.

마르자노 아카데미의 수업 모델

역량 기반 수업의 특징 중 하나는 학생들이 서로 다른 속도로 내용을 배운다는 것이다. 어떤 학생은 내용을 빠르게 또 다른 학생은 천천히 나아갈 수 있다. CBE 수업의 특징은 다른 여러 가지가 있지만 이것이 핵심이다. 분명히 이러한 CBE의 특징은 교실 수업의 본질에 중요한 시사점을 제공한다. 따라서 역량 기반 체제에서 교사가 사용하는 수업 모델은 CBE를 염두에 두고 설계되어야 한다. 이 책에서는 연구와 경험을 바탕으로 만든 CBE에 특화된 틀(framework)과 전략을 제공한다(Marzano, 2007, 2017). 우리가 제시하는 수업 모델에는 [그림 1]에 기술한 바와 같이 포괄적인 틀에 여러 구체적인 요소들이 내재해 있다.

<table>
<tr><th>포괄적인 영역</th><th>피드백</th><th>내용</th><th>맥락</th><th>자기 조절</th></tr>
<tr><td rowspan="3">설계 분야</td><td>I. 숙달 척도</td><td>III. 숙달 척도 수업</td><td>V. 그룹화와 재그룹화</td><td>VIII. 소속감과 존중감</td></tr>
<tr><td rowspan="2">II. 평가</td><td rowspan="2">IV. 일반적 수업</td><td>VI. 참여</td><td>IX. 효능감과 주체성</td></tr>
<tr><td>VII. 편안함 · 안전 · 질서</td><td>X. 메타인지와 생활 기능</td></tr>
</table>

[그림 1] CBE 수업을 위한 마르자노 아카데미 틀

가장 상위 수준에서 수업 모델은 우리가 영역(domain)이라고 부르는 피드백(feedback), 내용(content), 맥락(context), 자기 조절(self-regulation)의 네 가지 포괄적인 영역으로 구성된다. 각 영역은 2개 혹은 3개의 설계 분야(design areas)로 이루어져 있다. 명칭이 암시하듯이, 설계 분야는 효과적으로 준비하고 계획하는 과정에서 중요하다. 피드백 영역은 학생들의 현재 위치와 성장과 관련해서 그들에게 제공하는 정보를 의미한다. 여기에는 숙달의 정도를 나타내는 척도(설계 분야 I)와 평가(설계 분야 II)가 포함된다. 숙달 척도(proficiency scales)는 아카데미 모델의 핵심이며, CBE 체제에서 교육과정, 수업, 평가에 대한 고유한 관점을 제공한다.

내용 영역은 핵심적인 수업 전략을 다루며, 이 전략들은 교사가 학생들이 교육과정상의 내용에 대한 이해를 시작하고 발전시켜 나가는 것을 도와주기 위해서 사용하는 도구들이다. 이 영역에는 2개의 설계 분야가 있다. 숙달 척도 수업(설계 분야 III)은 특정 숙달 척도의 다양한 수준 안에 있는 내용을 위한 수업 전략에 초점을 맞춘다. 일반적 수업(설계 분야 IV)은 학생들이 자신의 지식을 발전시키고 수정하는 것을 도와주는 전략에 초점을 맞춘다.

맥락 영역은 학생의 학습을 최대한 지원하는 교실 환경을 만드는 것과 관련이 있다. 여기에는 그룹화와 재그룹화(설계 분야 V), 참여(설계 분야 VI), 편안함, 안전, 질서(설계 분야 VII)가 포함된다. 이러한 설계 분야는 효과적인 교수·학습을 위한 토대를 마련한다.

마지막으로, 자기 조절 영역에는 학생들이 독립적인 학습자가 되고 학습을 스스로 책임질 수 있도록 고안된 전략들이 포함된다. 여기에는 소속감과 존중감(설계 분야 VIII), 효능감과 주체성(설계 분야 IX), 메타인지와 생활 기능(설계 분야 X)의 세 가지 영역이 있다. 이 영역은 학생에게 권한을 부여하는 역량 기반 체제에서 특히 중요하다.

10개의 설계 분야 각각에 여러 요소가 있다는 점에 주목하는 것이 중요하다. 수업 모델의 각 요소는 효과적인 CBE 수업을 위해서 교사들이 반드시 교실에서 해야 할 암묵적인 책임을 나타낸다. 예를 들어, 설계 분야 II의 평가에는 네 가지 요소가 포함되어 있다.

II a. 눈에 띄는 평가 사용하기

II b. 학생 중심의 평가 사용하기

II c. 눈에 띄지 않는 평가 사용하기

II d. 현재 종합 점수 산출하기

각각의 요소들은 그 자체로 중요한 실천이지만, 이 모든 요소를 성공적으로 실행할 때, 교사는 평가를 전체적으로 효과적으로 다루게 된다. 10개 설계 분야에 총 49개 요소가 포함되어 있다. 설계 분야와 관련된 요소들은 [그림 2]와 같다.

마지막으로, 교사는 다양한 구체적인 수업 전략을 통해 각 요소를 다룰 수 있다. 예를 들어, 학생 중심 평가인 요소 IIb는 개인의 학습을 추적하는 매트릭스와 학생이 생성한 평가와 같은 수업 전략을 포함한다. 모델에는 모두 300개 이상의 구체적인 수업 전략이 있다.

요약하면, 수업에 대한 아카데미 모델에는 4개의 영역이 있다. 4개의 영역 내에는 10개의 설계 분야가 있다. 10개의 설계 분야에는 49개의 요소가 포함되어 있으며, 49개의 요소에는 구체적인 수업 전략들이 300여 개 포함되어 있다. 이와 같은 층위는 [그림 3]에 표현되어 있다.

교사는 아카데미 모델의 각 요소와 관련된 수업 활동들을 사용할 때, 그러한 전략이 얼마나 효과적인지 파악해야 한다. 존 해티(John Hattie, 2009, 2012)는 널리 읽힌 두 권의 책에서 수업 전략의 효과를 판단하는 기준은 '가시적 증거'여야 한다는 개념을 대중화하였다. 그는 저서 『Visible Learning』(2009)과 『Visible Learning for Teacher』(2012)를 통해 이와 같은 핵심 주제를 전달한다. 우리는 마르자노 아카데미 모델 내 각 요소의 수업 전략과 관련하여 교사가 해야 할 일과 학생이 반응하는 방식에 대한 가시적 증거의 개념을 적용하였다. 구체적으로, 수업 모델의 49가지 요소 각각에 대해 교사들이 보여 주어야 하는 가시적인 특정 행동들이 있다. 만약 교사가 이러한 행동들을 효과적으로 실행한다면, 학생들이 보여 주어야 할 가시적인 특정 행동들이 있다. 49가지 요소의 전략의 효과성을 분석하기 위해서, 교사는 세 가지 유형의 가시적 증거를 만들어 냈는지 검토해야 한다.

1. 교사의 효과적인 수업과 지도에 대한 증거
2. 전략과 관련된 학생의 바람직한 실행과 행동의 증거
3. 전략과 관련된 학생의 이해와 인식에 대한 증거

교사가 자신의 수업 실천에 대해 성찰할 수 있도록 우리는 그 모델 내 각 요소에 대해 이와 같은 세 가지 유형의 증거의 예를 제시한다. 각 요소에 대한 논의에서 우리가 구체적으로 언급한 것 외에도 가시적 증거의 예를 포함해야 한다는 점을 유의해야 한다. 이 책에서 직접 논의되지 않은 전략들에 대한 자세한 논의를 위해서는 다음의 출처 중 하나 이상을 참고할 필요가 있다.

- The New Art and Science of Teaching(Marzano, 2017)
- The Handbook for the New Art and Science of Teaching(Marzano, 2019a)
- The Marzano Compendium of Instructional Strategies(Marzano Resources, n.d.)

마르자노 아카데미 모델은 CBE 체제에 경험이 없는 교사들에게 새로울 수 있는 수업 전략을 많이 포함하고 있지만, 전통적인 수업 전략들도 담고 있다. 하지만 이 전통적인 전략들은 역량 기반 교실에서는 대체로 새로운 방식으로 활용된다.

이 책의 구성

이 책의 제1장에서는 아카데미 수업 모델의 첫 번째 영역인 피드백과 이 영역 내 두 설계 분야를 다룬다. 제2장에서는 내용 영역과 이와 관련된 두 설계 분야를 다룬

다. 제3장은 맥락 영역과 관련된 세 개의 설계 분야에 초점을 맞춘다. 제4장에서는 자기 조절 영역과 세 가지 설계 분야를 다룬다. 각 설계 분야에 대해 교사가 교실에서 다루어야 하는 관련 요소를 자세히 설명한다. 또한 각 설계 분야별로 이해와 계획을 설명하는 절이 마련되어 있다. 이 절에서는 단원과 수업을 계획할 때 교사가 고려해야 할 특정 주제를 다루면서 개별 요소를 자세히 설명한다. 교사들은 각 설계 분야의 성격과 기능을 깊이 있게 탐구하면서, 모델의 다양한 부분이 어떻게 통합된 전체로 작동하는지를 깊이 있게 이해하게 될 것이다. 제5장에서는 아카데미 모델을 완전히 구현하기 위해 교사가 참여해야 하는 다양한 사고방식에 초점을 맞춘다. 우리는 이것을 CBE 마인드셋(CBE mindset)이라고 한다.

이 책은 마르자노 아카데미나 아카데미가 되는 과정에 있는 학교의 교사들에게 유용하면서, 동시에 이 과정을 추구하지는 않지만 현 체제 내에서 아카데미 모델의 일부 요소들을 사용하기를 원하는 교사들을 위한 것이기도 하다. 아카데미가 되기 위한 공식적인 과정을 거치길 원하는 학교는 'MarzanoAcademies.org'로 연락하기를 바란다.

피드백	내용	맥락	자기 조절
I. 숙달 척도 Ia. 숙달 척도 제공하기 Ib. 학생의 진보 추적하기 Ic. 성공 축하하기 II. 평가 IIa. 눈에 띄는 평가 사용하기 IIb. 학생 중심의 평가 사용하기 IIc. 눈에 띄지 않는 평가 사용하기 IId. 현재 총합 점수 산출하기	III. 숙달 척도 수업 IIIa. 내용 묶기 IIIb. 내용 처리하기 IIIc. 내용 기록하고 표현하기 IIId. 구조화된 연습 사용하기 IIIe. 유사점과 차이점 탐색하기 IIIf. 인지적으로 복잡한 과제에 학생들을 참여시키기 IIIg. 주장을 생성하고 입증하기 IV. 일반적 수업 IVa. 내용 복습하기 IVb. 지식 수정하기 IVc. 오류 살펴보고 바로잡기 IVd. 중요한 정보 강조하기 IVe. 내용 미리보기 IVf. 정교한 추론 자극하기 IVg. 숙제를 통해 학습 확장하기	V. 그룹화와 재그룹화 Va. 그룹 상호작용 지원하기 Vb. 그룹 이동 지원하기 Vc. 그룹 지원 제공하기 VI. 참여 VIa. 학생들이 참여하지 않을 때 알아차리고 대응하기 VIb. 응답률 높이기 VIc. 신체 움직임 사용하기 VId. 활기찬 속도 유지하기 VIe. 집중과 열정 보여 주기 VIf. 특이한 정보 제시하기 VIg. 우호적 논쟁 사용하기 VIh. 교과 게임 사용하기 VII. 편안함 · 안전 · 질서 VIIa. 교실의 물리적 배치 조직하기 VIIb. 장악력 발휘하기 VIIc. 규칙과 절차 준수 인정하기 VIId. 규칙과 절차 준수 부족 인정하기 VIIe. 규칙과 절차 수립하고 조정하기 VIIf. 객관성과 통제력 보여 주기	VIII. 소속감과 존중감 VIIIa. 애정을 보여 주는 언어적 비언어적 행동 사용하기 VIIIb. 소극적인 학습자에게 가치와 존중 보여 주기 VIIIc. 학생들의 배경과 관심 이해하기 VIIId. 학생들이 자신에 관해 이야기할 기회 제공하기 IX. 효능감과 주체성 IXa. 학생들에게 영감 주기 IXb. 학생 주체성 강화하기 IXc. 소극적인 학습자에게 심층적인 질문하기 IXd. 소극적인 학습자와 함께 오답 살피기 X. 메타인지와 생활 기능 Xa. 학습에 대한 성찰하기 Xb. 장기 프로젝트 사용하기 Xc. 특정 메타인지와 생활 기능에 초점 두기

[그림 2] 마르자노 아카데미 수업 모델

출처: © 2020 by Marzano Academies, Inc. 허가를 받아 사용함

4개 영역
10개 설계 분야
49개 요소
300개 이상의 구체적인 전략

[그림 3] 완전한 아카데미 수업 모델

출처: Marzano, Rains, & Warrick (2021)에서 변형함

제1장

피드백

- 설계 분야 I: 숙달 척도
- 설계 분야 II: 평가
- 요약

마르자노 아카데미 수업 모델의 첫 번째 영역은 피드백이다. 이 모델에서 피드백이 의미하는 것은 학생들이 자신이 배우고 있는 구체적인 내용과 관련해서 현재 자신의 수행 수준이 어디에 있는지를 명확하게 이해하고, 그러한 내용에 대한 자신의 이해가 얼마나 성장했는지, 그리고 현재 위치에서 더 나아가기 위해서 무엇을 해야 하는지를 이해하는 것이다. 이것을 달성하기 위해서 내용은 특정한 방식으로 표현되어야 하며, 학생들은 구체적으로 평가되어야 한다. 피드백은 다음의 두 설계 분야와 관련되어 있다.

설계 분야 I: 숙달 척도(Proficiency Scales)
설계 분야 II: 평가(Assessment)

숙달 척도는 아카데미 모델에서 이루어지는 대다수 교육 활동의 근간이 된다. 아카데미 모델에서 평가는 항상 숙달 척도에 근거하며 교사들에게 학생의 위치와 성장을 결정하는 광범위한 선택지를 제공한다. 이 두 설계 분야에서 통합적으로 이루어지는 활동들은 학생, 교사, 학부모와 보호자에게 매우 초점화된 피드백 시스템을 나타낸다.

설계 분야 I: 숙달 척도(Proficiency Scales)

이 설계 분야의 전체적인 목적은 숙달 척도를 만들고 이를 학생들과 소통하는 것

에 있다. 서론에서 진술하였듯이 숙달 척도는 목표하는 기본 내용에서 심화 적용까지 학습 진보를 정의한다. 마르자노 아카데미 모델에서 각 숙달 척도는 **측정 주제**(measurement topic)라고 불리는 구체적인 주제에 초점을 맞춘다. 주어진 측정 주제와 결부된 숙달 척도는 그 특정 측정 주제에 대해서 학생들에게 기대하는 지식과 기능의 진보를 나타낸다. 측정 주제와 숙달 척도는 불가분의 관계에 있다. 이 책 전체에서 **측정 주제**라는 용어를 사용할 때, 독자는 숙달 척도가 동반된다는 것을 생각해야 한다. **숙달 척도**라는 용어가 사용될 때, 독자는 그 척도가 (숙달 척도의 제목으로 나타나는) 구체적인 측정 주제를 말하는 것으로 보아야 한다.

마르자노 아카데미 모델은 매우 구체적인 유형의 숙달 척도를 사용하며, 이 형식은 수십 년에 걸쳐 개발되어 1996년부터 널리 사용되고 있다(Marzano, 2000, 2006, 2010; Marzano & Kendall, 1996). 예시로 [그림 1-1]에 제시한 3학년 수학에서 반올림이라는 측정 주제에 대한 숙달 척도를 보자.

4.0	학생은 다음을 한다. • 문제를 푸는 여러 단계에서 암산과 어림 전략을 사용해서 답의 타당성을 평가할 것이다(예, 남자 아이가 야구 카드 221장을 가진 친구보다 야구 카드 374장을 더 많이 가지고 있고, 186장의 카드를 더 구매했다고 할 때, 반올림을 사용하여 남자 아이가 처음 가진 야구 카드의 수는 600장에 가깝고, 그가 마지막으로 가진 카드의 수는 약 800장이라고 어림한다).
3.5	점수 3.0 수행에 추가하여 점수 4.0 내용에 대해 부분적으로 성공한다.
3.0	학생은 다음을 한다. • 주어진 숫자를 가장 가까운 10이나 100으로 반올림할 것이다(예, 숫자 23, 50, 95, 447, 283, 509, 962를 가장 가까운 10과 가장 가까운 100으로 반올림한다).
2.5	점수 2.0 내용에 대해 큰 오류나 누락이 없으며 점수 3.0 내용에서 부분적으로 성공한다.

2.0	학생은 특정한 어휘(예, 숫자, 추정, 백의 자릿수, 수직선, 일의 자릿수, 자릿수, 자릿값, 반올림, 올림, 버림, 십의 자릿수, 천의 자릿수)를 인식하거나 회상하고, 다음과 같은 기본 과정을 수행한다. • 10과 100의 배수를 찾는다. • 자릿수 간의 관계를 파악한다. 예를 들어, 1의 자리 10개는 10이 되고, 10의 자리 10개는 100이 된다는 것을 설명한다. • 어떤 숫자를 주어진 자리에서 반올림하면 그 숫자 값을 반올림하고자 하는 그 자릿수의 가장 가까운 배수로 추정하거나 근사시킬 수 있다는 것을 설명한다. 예를 들어, 가장 가까운 10에 반올림하면 그 숫자의 값을 가장 가까운 10의 배수에 근사시킬 수 있다. • 주어진 자리에서 수를 반올림하면 그 자리에서 목표한 자리보다 작은(더 오른쪽에 있는) 자리에 0의 값이 남는다는 것을 설명한다. 예를 들어, 가장 가까운 100으로 숫자를 반올림하면 십의 자릿값과 일의 자릿값은 0으로 남는다. • 수직선을 이용하여 주어진 숫자에 대해서 특정 자리의 가장 가까운 배수를 찾는다. 예를 들어, 수직선에 숫자 146이 표시되면 100을 100의 가장 가까운 배수로 찾는다. • 주어진 자릿수 바로 오른쪽에 있는 숫자가 5 이상이면 주어진 자리로 올림을 한다고, 4 이하이면 버림을 한다고 설명한다. • 반올림이 유용할 수 있는 상황을 찾는다. 예를 들어, 더해야 하는 수 각각을 반올림하여 더한 것은 반올림하지 않은 수의 합이 정확한지 평가하는 데 유용할 수 있음을 설명한다.
1.5	점수 2.0 내용을 부분적으로 성공하였으나 점수 3.0 내용에 큰 오류나 누락이 있다.
1.0	도움을 받아, 점수 2.0 내용 및 점수 3.0 내용에서 부분적으로 성공한다.
0.5	도움을 받아, 점수 2.0 내용은 부분적으로 성공하나 점수 3.0 내용은 성공하지 못한다.
0.0	도움을 받아도 성공하지 못한다.

[그림 1-1] 3학년 측정 주제인 반올림의 숙달 척도

출처: Marzano, Norford, & Ruyle, 2019에서 변형함

아카데미 숙달 척도의 핵심은 점수 3.0 수준의 내용이다. 점수 3.0은 측정하고자 하는 주제에 비추어 숙달도를 드러내기 위해 학생들이 성취하기를 기대하는 지식과 기능의 바람직한 수준이다. [그림 1-1]의 경우에, 해당 내용은 가장 가까운 10이나 100으로 반올림하는 것을 포함한다. 잘 설계된 숙달 척도의 점수 3.0 수준은 숙달도를 나타낼 수 있는 학생 행동의 구체적인 예도 제공해야 한다. 이 경우에 그러한 행동은 학생들이 숫자 23, 50, 95, 447, 283, 509, 962를 가장 가까운 10과 가장 가까운 100으로 반올림하는 것을 포함한다.

척도에서 2.0 점수는 직접 가르쳐야 할 중요한 어휘와 기초 기능을 포함한다. 그러한 내용은 학생들이 3.0 수준에 도달하는 데 필요한 중요한 기초가 되는 지식이다. [그림 1-1]에 있는 척도는 10과 100의 배수를 파악하는 것과 같은 기초 기능을 파악한다.

점수 4.0에 해당하는 내용은 3.0 수준의 기대를 넘어선다. 만약 학생이 4.0 수준을 드러낸다면, 해당 측정 주제에 대한 숙달을 넘어선 상태이다. 4.0 점수 수준에서 숙달 척도는 대개 [그림 1-1]에서 예시한 것과 같이 4.0 상태를 보여 주는 구체적인 과제를 포함한다. 하지만, 또한 "학생들은 수업에서 명시적으로 가르친 것을 넘어서 추론하고 적용할 것이다."와 같은 일반적인 진술로 4.0 수준을 표현하는 것이 학교의 전반적인 관례이다.

아카데미 숙달 척도에는 주어진 측정 주제에 대해서 명시적인 내용을 세 수준으로 표시하는 것에 더해 1.0과 0.0 점수가 있다. 하지만 이들은 새로운 내용을 포함하지 않는다. 오히려 1.0의 점수가 말하는 것은 학생이 도움을 받으면 2.0과 3.0 점수에 해당하는 내용에서 부분적으로 성공한다는 것이다. 0.0 점수는 학생이 도움을 받아도 그 어떤 내용에 대해서도 부분적으로 성공하지 못한다는 것을 의미한다.

마지막으로, 아카데미 숙달 척도에는 또한 0.5점 점수가 있다. 0.5 값들은 척도의 다음 단계로 부분적으로 이동하는 것을 나타낸다. 예를 들어, 2.5점은 학생이 점수 3.0 내용에 대해 부분적인 능력을 갖추고 있음을 나타낸다. 사실상, 숙달 척도의 명시적인 내용의 세 수준(점수 2.0, 3.0, 4.0)은 교실 평가에서 제공하는 증거에 기초하여 0.0에서 4.0 사이의 9개의 다른 점숫값으로 변환될 수 있다.

아카데미 모델에서 학교의 모든 교사가 사용할 숙달 척도를 설계하는 것은 학교의 책무이다. 이는 기준에 대해 교사마다 일관성 있는 통일된 해석이 이루어질 수 있게 한다. 숙달 척도의 구조 자체가 학생들에게 그들이 학습하기를 기대되는 것을 상세하고 명확하게 만든다. 그리고 교사들에게 그들이 가르쳐야 할 것을 상세하고 명확하게 제공한다. 많은 학교가 학교 전체에서 사용할 숙달 척도를 이미 개발했거나 개발 중이다. 숙달 척도가 없는 학교의 교사들은 자기 주(州) 또는 지역의 기준을 사용하여 자신만의 기준을 만들 수 있다. 다수의 책이 이를 위한 구체적인 지침을 제공하고 있다(Hoegh, 2020; Marzano, 2018; Marzano et al., 2019를 읽어 보길 바람).

숙달 척도는 마르자노 아카데미 모델에서 교사가 사용하는 피드백 유형에 기반이 된다. 이 설계 분야에는 세 요소가 내재되어 있다.

Ia. 숙달 척도 제공하기

Ib. 학생의 진보 추적하기

Ic. 성공 축하하기

다음 이어지는 절에서 각 요소에 대해 자세히 설명한다.

Ia. 숙달 척도 제공하기

이 요소에 대해 교사가 해야 할 것은 학생들이 숙달해야 할 것으로 기대하는 바를 나타내는 숙달 척도를 제시하고 소통하는 것이다. 숙달 척도는 교사들을 위한 것만큼 (더는 아니어도) 학생들을 위한 것이다. 잘 작성된 숙달 척도가 마련될 때 교사는 무엇을 가르칠 것인지, 그 내용을 어떤 순서로 다루어야 할 것인지 정확하게 알게 된다. 그러나 학교에서 모든 교사가 사용해야 할 숙달 척도를 제공하더라도, 각 척도를 학생들에게 전달하고 해석하는 것은 교사의 역할이라는 점을 반드시 유의해야 한다. 또한 척도가 학교 수준에서 만든 것이라고 할지라도 아카데미 교사는 일관성 있는 교육과정을 설정할 때 학생의 고유한 요구를 충족시키기 위해서 척도를 확장할 수 있는

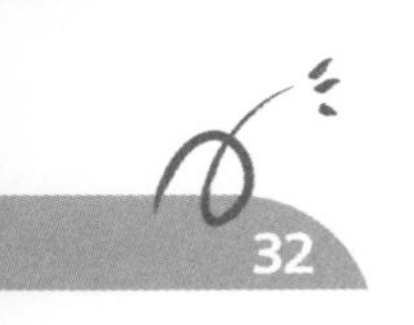

권한이 있다.

교사는 각 단원을 시작할 때 학생들에게 숙달 척도를 제공해야 한다. 교사는 먼저 숙달 척도를 학생들에게 소개하고 설명하지만, 그다음 학생이 새로운 척도를 면밀히 살펴볼 수 있도록 도와주어야 한다. 왜냐하면 점수 2.0, 3.0, 4.0 수준에 있는 각 글머리 기호 항목은 특정 학습 목표를 나타내기 때문이다. 학생들은 숙달 척도에 대해서 이것을 인식하고 척도의 글머리 기호를 해당 단원에서 학습으로 나아가는 로드맵으로 간주해야 한다. 교육자는 숙달 척도상의 글머리 기호를 여러 방식으로 참고할 수 있다. 예를 들어, **교육 목적**(learning goals), **학습 목표**(learning targets), **목표로 하는 내용**, **목표**, **요소**, 혹은 단순히 **글머리 기호**로 부를 수 있다. 이 책에서는 주로 **학습 목표**(learning targets)라는 용어를 사용한다.

숙달 척도를 쉽게 사용할 수 있도록 교사가 취할 수 있는 구체적인 행동 중 하나는 학생들이 데이터 노트를 작성하게 하는 것이다. 이 책 전반에서 우리는 데이터 노트를 여러 번 언급한다. 데이터 노트는 단순히 말하면 학생들이 특정 측정 주제에 대해서 얼마나 잘하고 있는지에 대한 정보와 증거를 보관하는 저장소이다. 이 저장소는 세 개의 고리로 된 바인더, 여러 장의 종이를 담을 수 있는 큰 폴더, 항목을 스캔하여 디지털 기록으로 변환하는 전자 노트, 또는 이러한 것들의 조합일 수 있다. 각 단원을 시작할 때 학생들은 해당 단원의 척도를 참조용으로 데이터 노트에 추가하고 학습 목표에 비추어 진행 상황을 쉽게 추적한다(요소 Ib 참고).

단원 학습 동안, 교사는 새로운 숙달 척도 각각을 복사해서 교실 내 포커스 보드에 게시할 수 있다. 이름이 암시하듯이, 포커스 보드는 교사가 특정 수업이나 단원에서 중요한 내용을 게시하는 화이트보드나 벽 위의 공간을 말한다. [그림 1-2]는 분수와 놀기(Fun with Fraction) 단원에서 학생들에게 제공한 수학의 숙달 척도를 보여 준다. 눈여겨볼 것은 숙달 척도가 이 측정 주제에 대해 학교구에서 사용하는 코드를 포함하고 있다는 것이다(이 경우 MA.05.NF.07.04). 이 학교의 교사들은 이 코드를 계속 사용하기 때문에 학생들은 약어 형태로 이 코드를 익히게 된다. 이 코드는 개별 학생 및 그룹의 상황을 나타내는 보고서와 차트에도 나타난다.

측정 주제: MA.05.NF.07.04-분수의 곱셈과 나눗셈

목표 설명

- 단위 분수를 0이 아닌 정수로 나누는 것과 정수를 0이 아닌 단위 분수로 나누어야 하는 실생활 문제를 해결한다. 시각적 분수 모형과 방정식을 사용한다.
- 분수와 혼합수의 곱셈을 해야 하는 실생활 문제를 해결한다. 시각적 분수 모형이나 방정식을 사용한다.

숙달 척도	
점수 4.0	더 나아가기: 분수 나눗셈이나 곱셈 문제 해결 과정에서 심층적인 적용을 수행한다. 예를 들어, 전교생 파티를 계획할 때, 원하는 조리법의 양을 손님 수에 맞추기 위해 곱셈(또는 나눗셈)을 한다.
점수 3.5	점수 3.0 수행에 더하여 점수 4.0 내용에 대해 부분적으로 성공한다.
점수 3.0	학습자는 다음을 한다. • 시각적 모형이나 방정식을 사용하여 분수를 정수로 나누고 정수를 단위 분수로 나누는 실생활 나눗셈 문제를 해결한다. • 시각적 모형과 방정식을 사용하여 분수와 대분수를 곱하는 실생활 문제를 해결한다.
점수 2.5	학습자는 점수 2.0의 내용과 관련하여 큰 오류나 누락이 없고, 3.0과 관련하여 부분적으로 성공한다.
점수 2.0	학습자는 특정 어휘[예: 분모, 나누기, 분수, 대분수, 곱셈, 분자, 곱(product), 수의 크기 바꾸기(scaling), 단위 분수, 정수]를 인식하거나 회상하고 다음과 같은 기본 과정을 수행한다. • 분수를 나눗셈으로 해석한다. • 분수와 정수의 곱을 한 세트(set)의 부분으로 해석한다. • 변의 길이가 분수인 직사각형의 넓이를 구한다. • 곱셈을 수의 크기를 바꾸는 것(scaling, resizing)으로 해석한다. • 곱의 크기를 약수의 크기와 비교한다.
점수 1.5	점수 2.0 내용에 대해 부분적으로 성공하였으나 점수 3.0 내용에 대해 큰 오류 또는 누락이 있다.
점수 1.0	도움을 받아, 일부 간단한 세부 사항과 과정, 조금 더 복잡한 아이디어와 과정을 부분적으로 이해한다.
점수 0.5	도움을 받아 몇 가지 단순한 세부 사항과 과정을 부분적으로 이해한다.
점수 0.0	도움이 있어도 이해나 과정을 보여 주지 못한다.

[그림 1-2] 5학년 '분수와 놀기' 단원의 숙달 척도

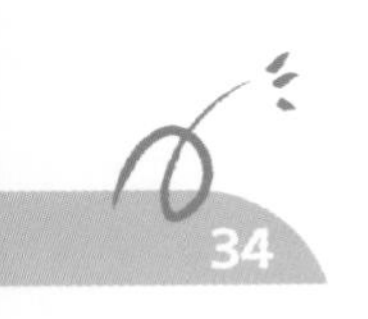

이 단원을 시작할 때, 교사는 학생들과 함께 척도를 검토하면서 이 안에 개별 학습 목표(learning targets)가 포함되어 있다는 것을 알려 준다. 교사는 학급 전체가 척도에 대해서 토의하고 학생들에게 질문하도록 한다. 어떤 질문은 척도와 함께 게시하여 답변이 명확해지면 다시 언급할 수 있다.

어떤 초등학교 교사는 척도 옆에 학생들이 노트나 예를 적을 수 있는 공간을 비워 놓아 학생들이 척도의 특정 내용을 이해하는 데 도움을 준다. 예를 들어, [그림 1-3]에서 천체 운동을 주제로 한 숙달 척도를 보자. 이 척도는 3.0에 해당하는 3개의 학습 목표가 별도의 행으로 구성되어 있다. 이들은 상호 연관되어 있으므로 동일한 측정 주제의 일부이다(교육자들이 모든 교사가 사용할 척도를 작성할 때, 단일 척도에 여러 개의 점수 3.0 요소를 포함하는 것에 관한 결정은 학교나 지역 수준에서 이루어질 것이다). 점수 3.0 목표 각각을 뒷받침하는 점수 2.0 내용이 그 아래에 나열되어 있다. 이 척도의 마지막 열에는 학생들이 특정 수업에서 만들어 낸 내용이나 노트에 기록한 예시를 작성할 수 있는 공간이 마련되어 있다. 이러한 항목은 학생들이 척도의 특정 목표를 이해하는 데 도움을 준다. 예를 들어, 한 학습 목표 옆에 어떤 학생은 "이것은 애버트 선생님이 지구와 태양을 나타내기 위해서 지구본과 폐지 바구니를 사용할 때 이야기한 것입니다."라고 기록할 수 있다. 그러한 항목은 전적으로 학생용이며 학생들이 척도의 내용을 상기하고 수업과 학습 목표를 연결하는 데 도움을 주는 보조 도구가 된다.

이름: ____________________

	SC.05.ESS1.02.05–천체 운동	수업이나 노트의 예시
4.0	• 수업에서 배운 것을 넘어선다. 예를 들어, 지구가 태양 주위를 도는 움직임으로 인해 만들어진 패턴을 인간이 어떻게 기술에 사용했는지를 조사한다.	
3.0	• 태양과 관련된 지구의 움직임이 어떻게 낮과 밤의 패턴을 만드는지 기술한다.	
2.0	• 지구의 구형에서 어떻게 태양 빛이 골고루 비치지 않는지를 설명한다. • 하루 동안 어떻게 해가 뜨고, 하늘을 가로질러 움직이고 지는지 패턴을 기술한다. • 지구가 축을 따라 24시간마다 자전한다는 것을 설명한다.	
3.0	• 태양과 관련된 지구의 움직임이 그림자의 모양에 영향을 미치는 패턴을 어떻게 만드는지 기술한다.	
2.0	• 그림자의 길이를 하루의 시간과 하늘에서 태양의 위치와 관련짓는다. • 하루 동안 물체에 태양이 드리운 그림자를 추적한다. • 하늘에서 태양의 위치를 하루 중 시간과 관련짓는다.	
3.0	• 태양과 관련된 지구의 움직임이 밤하늘 별자리가 나타나는 데 영향을 주는 패턴을 어떻게 만들어 내는지 기술한다.	
2.0	• 궤도에서 지구의 위치가 밤에 볼 수 있는 별자리에 영향을 미치는 이유를 설명한다. • 밤하늘의 별자리를 구별한다. • 태양은 정지해 있고 지구가 365일 주기로 공전한다는 것을 설명한다.	

[그림 1-3] 5학년 천체의 움직임에 대한 숙달 척도

교사는 학생들에게 구체적인 숙달 척도를 소개한 후 학생들이 척도의 코드를 사용해서 척도와 학습 목표를 참조하는 것을 장려해야 한다. 다시 말해, 학생들이 특정한 측정 주제와 관련된 학교구 코드에 익숙해지면 이러한 측정 주제에 대한 그룹별 수행

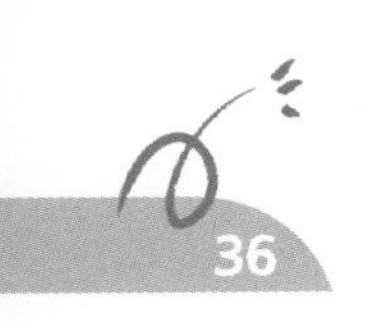

을 요약한 학교구의 차트와 보고서를 해석할 수 있다.

교사들은 학생들에게 척도를 참조하여 주기적으로 일주일의 목표를 설정하도록 권장할 수 있다. 예를 들어, 학생은 "오늘 나의 목표는 숙달 척도 R1.01에서 3.0 점수에 대한 증거를 보여 주는 것이다."라고 말할 수 있다. 그러한 활동은 척도를 학생들 사고의 중심에 놓는다.

교사들은 숙달 척도가 단지 게시판에 게시해 놓고 마는 것이 아니라는 것을 명심해야 한다. 오히려 척도는 역량 기반 교실의 일상적인 부분으로 살아 숨 쉬어야 한다. 학생들이 척도의 특정 요소에 대한 이해를 지속적으로 발달시키고 그 척도에 대한 학생들의 상태를 점점 더 많이 인식하도록 하는 것이 교사들이 학생들과 상호작용하는 데 있어 당연한 부분이 되어야 한다.

서론에서 언급한 바와 같이, 교사는 각 요소별 전략이 얼마나 잘 작동하고 있는지 판단하기 위해 가시적 증거를 활용해야 한다.

[그림 1-4]는 요소 Ia에 대한 가시적 증거를 나열한 것이다.

효과적인 수업과 지도를 확인할 수 있는 증거에 다음과 같은 교사의 수행이 포함된다.

- 학생들에게 사용하려는 숙달 척도 내용의 의미를 설명하기
- 학생들이 숙달 척도에 주의를 기울이도록 유도하는 루틴 개발하기(예, 수업 시작과 종료 시 척도 검토하기)
- 학생 친화적인 버전의 숙달 척도 만들기
- 학생들이 데이터 노트에 숙달 척도를 보관하게 하기
- 학생 개인별 (변화를 보기 위한) 추적 매트릭스 개발하기
- 학생들이 특정 숙달 척도에서 자신의 성장에 비추어 개인적인 목표를 설정하게 하기

바람직한 학생의 실행과 행동을 확인할 수 있는 증거에 다음과 같은 학생의 수행이 포함된다.

- 반 친구와 대화할 때 숙달 척도 참조하기
- 교사와 상호작용할 때 숙달 척도 참조하기
- 숙달 척도에 관한 자신만의 목표 설정하기

학생의 이해와 인식을 확인할 수 있는 증거에 다음과 같은 학생의 수행이 포함된다.

- 숙달 척도를 자신의 말로 설명하기
- 특정 숙달 척도에서 어떤 학습 목표가 현재 수업에서 다루어지고 있는지 설명하기
- 현재의 수업 활동이 특정 숙달 척도와 어떻게 관련되어 있는지 설명하기
- 특정 숙달 척도에서 내용이 어떻게 진전되는지를 설명하기

[그림 1-4] 요소 Ia에 대한 가시적 증거

출처: © 2021 by Robert J. Marzano.

Ib. 학생의 진보 추적하기

이 요소에 내재한 교사의 책임은 학생들이 특정 숙달 척도 내의 내용을 학습하면서 그들의 진보를 추적하도록 돕는 것이다. 실제로 교사는 학생들이 언제 어느 시점에서든 척도의 내용에서 자신의 현재 수행 수준을 알고 그 척도의 내용에서 자신의 역량이 얼마나 향상되었는지 알 수 있도록 학생의 진보 추적을 촉진해야 한다. 그러한 지식의 결과로 학생들은 척도에서 다음 수준의 수행을 달성하기 위해 무엇을 해야 하는지도 인식해야 한다.

학생들은 자신의 데이터 노트에서 **개인 추적 매트릭스(personal tracking matrix)**를 사용하여 개인별 숙달 척도의 진보 상황을 추적할 수 있어야 한다. 예시를 위해 분수 곱셈과 나눗셈의 측정 주제에 대한 5학년 숙달 척도의 개인 추적 매트릭스를 나타낸 [그림 1-5]를 보자. 이 추적 매트릭스는 요소 Ia의 논의에서 설명한 '분수와 놀기' 단원에 사용될 것이다. 이 경우 교사는 숙달 척도의 점수 2.0 내용으로 시작하여 그에 따라 진행하는 특정 학습 목표를 중심으로 수업이나 학습 활동을 설계한다. 학생들은 과제를 완료하고 피드백을 받을 때 개인 추적 매트릭스를 사용하여 자신의 이해 혹은 기능 수준을 평가한다.

수준	지표	나의 평가			나의 증거
		이 주제에 대해 여전히 혼란스러워요.	이 주제의 전부는 아니지만 일부를 배웠어요.	이제 이해했어요.	
4.0	분수 나눗셈이나 곱셈 문제 해결 과정에서 심층적인 적용을 수행한다.				
3.0	시각적 모형이나 방정식을 이용해서 분수를 정수로 나누고 정수를 단위 분수로 나누는 실생활 나눗셈 문제를 해결한다.				
3.0	시각적 모형과 방정식을 사용하여 분수와 대분수를 곱하는 실생활 문제를 해결한다.				
2.0	분수를 나눗셈으로 해석한다.				
2.0	분수와 정수의 곱을 한 세트(set)의 부분으로 해석한다.				
2.0	변의 길이가 분수인 직사각형의 넓이를 구한다.				
2.0	곱셈을 수의 크기를 바꾸는 것(scaling, resizing)으로 해석한다.				
2.0	곱의 크기를 약수의 크기와 비교한다.				
2.0	척도에 나열된 중요 어휘를 인식한다.				

[그림 1-5] '분수와 놀기' 단원의 개인 추적 매트릭스

숙달 척도의 각 개인 학습 목표는 개인 추적 매트릭스에서 행(row)에 제시되며, 학생들은 각 행의 내용에 대한 자신의 이해나 기능을 스스로 평가해야 한다. 학생들은 각 요소에 대한 현재 이해 수준을 다음과 같은 척도를 사용하여 평가한다.

- 이제 이해했어요.
- 이 주제의 전부는 아니지만 일부를 배웠어요.
- 이 주제에 대해 여전히 혼란스러워요.

개인 추적 매트릭스에는 학생들이 자신의 역량에 대한 개인적인 판단을 뒷받침하기 위해 증거를 기록하는 열도 있다. 이 열에서 학생들은 자신의 자기 평가 점수를 뒷받침하는 활동을 나열하거나 기술한다. 예를 들어, "척도에 나열된 중요한 어휘를 인식한다."에서 "이제 이해했어요."라고 자신을 평가한 학생은 이 척도에 대한 가상 어휘 퀴즈의 항목 중 100%를 정확하게 맞혔다는 사실을 증거로 기록할 수 있다. 단원이 진행되는 동안 (그리고 단원이 끝난 후에도) 학생들은 숙달 척도의 다양한 구성요소에 대한 자신의 위치를 계속 업데이트한다.

개인 추적 매트릭스는 역동적인 데이터 수집 및 기록 장치이다. 개인 추적 매트릭스는 학생들이 자신의 위치와 성장을 인지하도록 하는 것 외에도 학생들과 교사 사이에 명확한 의사소통 라인을 구축한다. 예를 들어, 처음에 점수 2.0의 모든 내용에 대해 자신을 "여전히 혼란스러워요."라고 평가하는 어떤 학생을 생각해 보자. 그는 이러한 목표에 숙달하기 위해 노력하고 활동과 과제에서 피드백과 점수를 받아 "곱셈을 '수의 크기를 바꾸는 것(scaling, resizing)'으로 해석한다."라는 행을 제외하고 점수 2.0 학습 목표 등급을 "이제 이해했어요."로 바꾼다. 제외한 그 목표에 대해 그는 자신을 "이 주제의 전부는 아니지만 일부를 배웠어요."라고 평가한다. 학생은 이 특정 학습 목표에 대해 추가적인 도움을 받고 싶다고 결정한다. 그는 추수 지도를 받기 위해 선생님과의 만남을 요청한다. 이 학생과 탐색적인 논의를 통해, 교사는 학생이 숙달 척도로부터 특정한 주요 어휘를 이해하는 데 어려움을 겪고 있다는 것을 알게 된다. 이 경우, 교사는 학생이 '수의 크기를 바꾸기(scaling)'라는 단어를 잘못 이해하였다고 판단한다. 교사는 몇 분 동안 곱셈과 수의 크기를 바꾸기(scaling) 사이의 관계에 대한 몇 가지 주요 정보를 다시 가르치고, 학생에게 몇 가지 예를 보여 주며, 도움 자료로 구체적인 강의 비디오와 온라인 연습을 안내한다. 교사는 또한 학생과 이미 4.0 수준에서 숙달을 입증한 학급의 '전문가' 동료를 짝으로 둔다. 이러한 모든 활동 후, 학생은 자신의 자기 평가를 업데이트하고, 학생과 교사는 모두 학생 자신이 2.0 목표를 모두 숙달했다고 확신한다.

이 사례에서 학생은 스스로 개선할 필요가 있는 구체적인 내용을 파악하였다. 교사에게 손을 내밀어 지원을 요청함으로써 자신을 옹호하고, 그에게 특화된 수업과 추가 도움을 받는다. 그는 자신이 이용할 수 있는 자원을 사용해서 자신이 능숙하다고 판단할 때까지 자기 평가와 성찰을 통해 자신의 이해를 심화시킨다.

심지어 초등학생들도 특정한 측정 주제에 대한 그들의 진보 상황을 추적할 수 있다. 초등학생들의 이러한 노력을 돕기 위해, 교사는 학생들이 각 척도를 거쳐 진행할 때 확인할 수 있도록 각 학습 목표를 시각적으로 표현해야 한다. 예를 들어, [그림 1-6]의 1학년 문해력에 대한 숙달 척도를 살펴보자.

측정 주제: LI.01.R1.02-핵심 세부 사항

목표 설명

- 주요 주제를 파악하고 텍스트의 주요 세부 사항을 다시 설명한다(논픽션).
- 주요 세부 사항을 포함하여 이야기를 다시 말하고, 중심 메시지 또는 교훈에 대한 이해를 보여 준다(픽션).

숙달 척도	
점수 4.0	더 나아가기: 두 책 사이의 중심 메시지를 연결한다. 예를 들어, 비슷한 중심 메시지 또는 교훈을 가진 다른 책을 찾고 그것들의 유사점과 차이점을 이야기한다.
점수 3.5	점수 3.0 수행에 더하여 점수 4.0 내용에 대해 부분적으로 성공한다.
점수 3.0	학습자는 다음을 한다. • 텍스트의 주요 주제를 찾고 중요한 세부 사항을 다시 말한다. • 중요한 세부 사항을 포함하여 이야기를 다시 말하고, 이야기의 중심 메시지 또는 교훈에 대해 논의한다.
점수 2.5	학습자는 점수 2.0의 내용과 관련하여 큰 오류나 누락이 없고, 3.0과 관련하여 부분적으로 성공한다.
점수 2.0	학습자는 특정 어휘(예: 중심 아이디어, 세부 사항, 교훈, 메시지, 이야기, 텍스트, 주제)를 인식하거나 회상하고 다음과 같은 기본 과정을 수행한다. • 이야기의 중심 메시지 또는 교훈을 떠올리거나 기억해 낸다(픽션). • 텍스트의 중요한 세부 사항을 다시 말한다(논픽션). • 이야기를 세부 사항을 담아 다시 말한다(픽션).
점수 1.5	점수 2.0 내용에 대해 부분적으로 성공하였으나 점수 3.0 내용에 대해 큰 오류 또는 누락이 있다.
점수 1.0	도움을 받아, 일부 간단한 세부 사항과 과정, 조금 더 복잡한 아이디어와 과정을 부분적으로 이해한다.
점수 0.5	도움을 받아 몇 가지 단순한 세부 사항과 과정을 부분적으로 이해한다.
점수 0.0	도움이 있어도 이해나 과정을 보여 주지 못한다.

[그림 1-6] 1학년 문해력에 대한 숙달 척도

출처: © 2021 by Westminster Public Schools. 허가를 받아 사용함

먼저, 교사는 학생들과 함께 이 척도를 살펴보면서 각 요소를 설명하고 예를 들 것이다. 다음으로, 교사는 학생들에게 개인 추적 매트릭스를 제공할 때 각 수준의 기대에 대한 그림 단서를 포함한다. 이는 [그림 1-7]에 나타나 있는데, 여기서 의도한 지식과 기능의 예시는 숙달 척도의 각 요소를 나타낸다. 개인 추적 매트릭스의 앞 예에서와 같이 초등학생들은 '나의 평가' 척도를 사용하여 매트릭스의 각 요소에 대한 수행을 추적한다.

수준	지표	나의 평가			나의 증거
		이 주제에 대해 여전히 혼란스러워요.	이 주제의 전부는 아니지만 일부를 배웠어요.	이제 이해했어요.	
3.0	중요한 세부 사항을 포함하여 이야기를 다시 말하고, 이야기의 중심 메시지 또는 교훈에 대해 논의한다.				
2.0	이야기의 중심 메시지 또는 교훈을 인식하거나 회상한다.				
2.0	세부 사항을 담아 이야기를 다시 말한다.				
2.0	중요 어휘를 인식한다.				

[그림 1-7] 학습 목표의 시각적 표현을 포함한 개인 추적 매트릭스

개인 추적 매트릭스만이 학생들이 자신의 진보를 추적할 수 있는 유일한 방법은 아니다. 예를 들어, 다양한 교과 내 여러 숙달 척도에 걸쳐 학생의 진보를 추적에 사용하는 양식을 보여 주는 [그림 1-8]을 살펴보자. 이 매트릭스는 '나의 진보'라는 제목의 열에 다양한 성취 수준을 나열하고 있다. 이 학교구의 학년별 번호 부여 규칙은 어린이집(prekindergarten)의 경우 PK, 유치원의 경우 00, 1학년의 경우 01, 2학년의 경우 02를 사용한다. 각 행은 서로 다른 교과를 나타낸다. 각 교과와 학년별로 측정 주제의 총수가 나열되며, 학생이 몇 개의 교과를 숙달했는지 적을 수 있는 빈칸이 있다.

초등학생 수준 역량 추적기

이름: ____________________ 학년: ______________

내용 영역	나의 진보			
수학	PK	00	01	02
	___/5	___/9	___/10	___/10
국어 (Literacy)	PK	00	01	02
	___/10	___/34	___/34	___/34
과학	PK	00	01	02
	___/7	___/11	___/11	___/12
사회	PK	00	01	02
	___/7	___/11	___/11	___/12
기술	PR			
	___/6			
시각 예술	00	01	02	
	___/4	___/4	___/5	
공연 예술	00	01	02	
	___/5	___/7	___/10	
체육	00	01	02	
	___/5	___/8	___/6	

1단계: 여러분의 학년 수준을 바탕으로 올해 여러분이 시작하고자 하는 수행 수준에 동그라미를 치세요.
2단계: 각 내용 영역별 진보를 표시한 다음 내년도 여러분이 달성하고자 하는 목표 수준에 별(*) 표시를 하세요.

[그림 1-8] 초등학생용 역량 추적기

출처: © 2021 by Westminster Public Schools. 허가를 받아 사용함

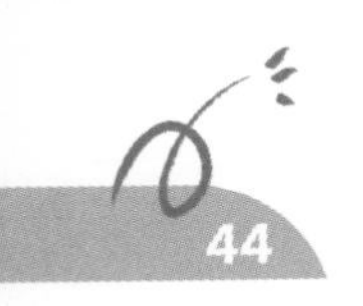

이 매트릭스가 어떻게 사용될 수 있는지 예시로 체육 교과의 마지막 행을 살펴보길 바란다. 유치원 수준에서 표기된 숫자 5가 나타내듯이, 학생들은 유치원 수준의 기대치를 충족하기 위해 다섯 개의 체육 숙달 척도에서 역량을 보여 주어야 한다.

학생이 이 다섯 가지 척도에서 역량을 입증하면 빈칸을 채워 5/5를 표시한다. 따라서 학생들은 이 하나의 역량 추적기를 사용하여 PK에서 2학년까지의 여러 교과에서 자신의 위치와 진보를 파악할 수 있다. 학생들은 이 기록 장치를 데이터 노트에 보관하게 된다.

앞서 설명한 활동 이외에도 진보를 추적하는 다른 많은 방법이 사용될 수 있다. 교사는 다음과 같은 비형식적인 평가기법을 활용하여 학생들이 자신의 진보를 추적하는 데 도움이 되는 정보를 쉽게 얻을 수 있다.

- 특정 학습 목표에 대해 학생이 현 상태를 인식하는지 물어보는 디지털 설문 조사 [예, 구글 폼(Google Forms)하기]
- 투표 앱(app)이나 플리커스(Plickers) 같은 종이 대체물을 사용하여 특정 학습 대상에 대한 이해를 빠르게 확인하기
- 주먹부터 다섯까지(학생들이 손가락을 사용하여 이해의 수준을 평가하는 방식)와 같은 특정 학습 목표에 대한 자기 평가 연습하기

[그림 1-9]에는 요소 Ib에 대한 가시적 증거가 나열되어 있다.

효과적인 수업과 지도를 확인할 수 있는 증거에 다음과 같은 교사의 수행이 포함된다.

- 학생들에게 숙달 척도에 따라 진보를 추적하게 하기
- 학생들에게 개인 추적 매트릭스 제공하기
- 초등학생을 위해 숙달 척도 및 관련 개인 추적 매트릭스 변용하기
- 특정 평가에 대해 숙달 수준(3.0) 이상의 점수를 받은 학생이 몇 %인지 보여 줌으로써 전체 수업의 진행 상황 추적하기
- 학생들에게 숙달 척도와 관련된 목표를 설정하고 자신의 진보 추적하게 하기
- 학생들이 학습의 증거를 데이터 노트에 보관할 수 있도록 돕기

바람직한 학생의 실행과 행동을 확인할 수 있는 증거에 다음과 같은 학생의 수행이 포함된다.

- 자신의 진보를 추적하여 숙달 척도에 비추어 자신의 위치를 주기적으로 업데이트하기
- 개인 추적 매트릭스에서 자기 평가 점수에 대한 증거 제시하기
- 특정 숙달 척도 내에서 자신의 위치를 높이는 것과 관련된 목표 설정하기

학생의 이해와 인식을 확인할 수 있는 증거에 다음과 같은 학생의 수행이 포함된다.

- 특정 숙달 척도에서 자신이 어떻게 진보해 왔는지 기술하기
- 개인 추적 매트릭스에 자신이 기록한 증거 옹호하기
- 숙달 척도에서 다음 수준의 수행으로 나아가기 위해 자신이 해야 할 것을 자신의 언어로 기술하기

[그림 1-9] 요소 Ib에 대한 가시적 증거

출처: © 2021 by Robert J. Marzano.

Ic. 성공 축하하기

이 요소를 실행하기 위해 교사는 숙달 척도에 내재한 지식과 기능에 숙달한 학생들의 성공을 인정하고 축하해야 한다. 이를 위해 교사가 두 가지 유형의 성공, 즉 위치와 성장을 축하하는 것은 중요하다. 물론 이러한 축하는 숙달 척도가 있을 때 가능해진다. 위치는 특정 척도에서 현재 점수를 의미한다. 학생들이 3.0 이상의 수준에 도달하면 그것은 분명히 축하할 이유가 된다. 성장은 특정 척도에서 학생의 점수 변화를 의미한다. 학생이 1.0점에서 2.0점으로 진행했든, 3.0점에서 4.0점으로 진행했든 간에, 그것은 여전히 한 단계 완전한 수준의 성장을 축하하는 행사이다. 그러한 축하는

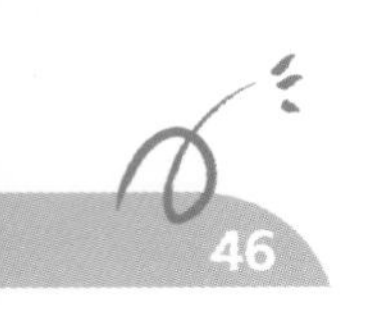

비공식적이고 비계획적인 것에서부터 공식적이고 계획적인 것에 이르기까지 다양하다.

교사들은 학생들이 특정 숙달 척도에서 다양한 수준으로 이동할 때 개별 학생을 축하할 수도 있고 반 전체를 축하할 수도 있다. 예를 들어, 수업 후 성찰하는 동안, 교사는 "오늘 추적 매트릭스에 변화가 있는 사람이 있습니까?"라고 물을 수 있다. 그러고 나서 학생들은 자신의 대답을 전체 학급 또는 소그룹으로 공유할 수 있다. 그렇게 할 때, '예전에는 ___ 생각했지만 지금은 ___라고 생각합니다.'라는 문장 체제를 사용하는 것이 학생들에게 유용하다.

교사는 축하할 목적으로 노트, 코멘트, 스티커, 우표 등을 과제물에 붙일 수 있고, 학생이 개별 학습 목표에 대한 어떤 진전을 이루었는지 구체적으로 언급한다. 물론, 이것이 가능해지려면 교사는 학생들의 개인적인 목표를 인지하고 있어야 한다. 수학 개념을 이해하기 위해 열심히 노력한 학생은 아직 완전한 숙달을 보여 주지는 못했지만, 점수 2.5점에 대한 축하를 즐길 수 있다. 교사는 학생이 열심히 노력한 결과를 볼 때마다 문자 그대로든 비유적으로든 학생의 등을 토닥여 줄 기회를 놓치지 말아야 한다. 또한 학급에서 일상적으로 한 단원이 끝날 때 또는 학생들이 척도에서 숙달에 도달할 때마다 성공을 기념할 수 있다. 아마도 일주일에 한 번씩 교사가 학생들의 데이터를 검토하고 성적부에 전체 점수를 입력할 때 축하 음악을 틀거나, 학생들이 숙달의 성취 또는 특정한 성장의 정도에 도달한 것을 알리는 방법으로 종, 차임 또는 징을 울리게 할 수 있다.

5학년 곱셈과 분수의 나눗셈에서 숙달(즉, 3.0점)을 위해 노력하고 있는 학생을 생각해 보자. 학생의 요청에 따라 선생님은 몇 개의 추가 과제를 주고, 2.0 학습 목표 수준의 역량에 도달했음을 보여 주는 두 장의 출구 티켓(exit tickets)을 다시 하게 한다. 선생님의 안내에 따라, 학생은 선생님이 만든 여러 영상을 보고 점심시간과 쉬는 시간에 와서 과제를 수행하고, 필요할 때 선생님의 도움을 받는다. 그 학생이 다시 한 최종 과제를 제출한 다음 날, 선생님은 학생을 칭찬하고, 학급 전체는 학생의 성공에 대해 응원한다. 그 후 선생님은 오후에 학생의 어머니에게 학생이 열심히 노력한 구

체적인 내용을 설명하는 짧은 통화를 한다.

학생 개인의 성취를 축하할 수 있는 것처럼, 반 전체의 성취도 축하할 수 있다. 반의 위치와 성장을 매일, 매주 또는 매달 인정할 수 있다. 학업이든 행동이든 교사가 데이터를 수집하고 추적하는 모든 영역에서 목표를 설정하고 그 목표에 도달하면 축하하는 기회를 갖는다. 학급 목표는 학생들의 학업 성취와 반대로 학생의 행동을 다루는 경우가 많다. 예를 들어, 구내식당에서 지켜야 할 행동과 같은 행동 숙달 척도에서 일정한 점수를 얻는 목표를 달성한 반은 그것을 축하할 수 있다. 행동 기능 및 기타 생활 기능은 수업 모형의 요소 Xc에서 명시적으로 다루고 있다. 여기서는 논의를 위해 비학문적 기능과 내용도 자체적으로 숙달 척도를 갖춘 측정 주제로 표현될 수 있다는 점만 알아 두면 충분하다.

행동 목표에 대한 반 전체의 성공을 위해 학생들은 주제가 있는 날(칩 데이, 모자 데이, 퍼지 슬리퍼 데이 등)을 선택하는 것과 같은 가시적인 보상을 받을 수도 있다. 축하는 수업 중에 통합적으로 일어날 수도 있고, 보상을 포함할 필요도 없다. 아마도 어떤 반이 구구단을 배우는 중이고 일주일에 걸쳐 시험에서 5개 더 맞히는 것을 목표로 하고 있다고 하자. 시험 결과가 나오면, 그 목표를 달성하기 위해 열심히 노력해 온 학급은 환호, 하이파이브, 미소로 축하할 수 있다.

마지막으로, 학교 전체가 정기적으로 예정된 모임 중에 성공을 함께 축하할 수 있다. 학교들은 (예, 4학년 수학의) 전체 수준의 내용을 마친 학생들이(예, 5학년 수학과 같은) 새로운 수준을 공식적으로 시작하는 단계 오르기 행사를 열 수도 있다. 행사에서 학교 지도자들은 전체 학생들 앞에서 이러한 변화를 인식하고 축하한다. 교장은 참석한 학부모와 함께 학생들을 인정하고 그들의 성공을 더 축하하기 위해 식사에 초대할 수도 있다. 이러한 축하 모임에서 학교는 추가적인 성취를 인정할 수 있다. 예를 들어, 학교가 외부 단체로부터 상을 받거나 인정을 받는 것, 교사가 자격증, 석사 혹은 박사 과정을 마친 것, 아이가 생긴 직원, 데이터 목표를 달성한 학급, 장기 목표를 달성한 학생, 개인 프로젝트를 완수한 학생들이나(요소 Xb 참고) 지속적으로 긍정적인 행동을 보인 학생자치회 전체를 축하하는 것 등이 있다. 가족이 아들, 딸, 엄마 혹

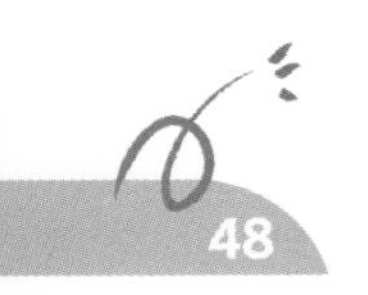

은 아빠의 성취를 축하하는 것과 같이 학교는 모든 구성원에게 작은 업적이라도 축하하고 인정해야 한다.

[그림 1-10]에는 요소 Ic에 대한 가시적 증거가 나열되어 있다.

효과적인 수업과 지도를 확인할 수 있는 증거에 다음과 같은 교사의 수행이 포함된다.

- 개별 학생의 상태를 각기 다른 시점에서 축하하기(위치 축하)
- 개별 학생의 시간에 따른 성장 축하하기(성장 축하)
- 학생들에게 과제에서 무엇을 잘했는지 구체적으로 설명해 줌으로써 학생의 노력과 성장에 대한 언어적 피드백 제공하기
- 학생의 위치와 성장에 대한 전체 학급 축하 행사에 참여하기

바람직한 학생의 실행과 행동을 확인할 수 있는 증거에 다음과 같은 학생의 수행이 포함된다.

- 수업에서 자신이 성취한 위치에 대한 자부심 보여 주기
- 수업에서 자신이 성취한 성장에 대한 자부심 보여 주기
- 숙달 척도에서 더 높은 점수를 받기 위해 노력하기
- 위치와 성장을 기념하는 행사에 적극 참여하기

학생의 이해와 인식을 확인할 수 있는 증거에 다음과 같은 학생의 수행이 포함된다.

- 성장과 위치의 축하를 즐기고 있음을 설명하기
- 자신이 성취한 위치와 성장이 자랑스럽다고 말하기
- 가족에게 자신이 이룬 것을 말하기

[그림 1-10] 요소 Ic에 대한 가시적 증거

출처: © 2021 by Robert J. Marzano.

설계 분야 I을 이해하고 계획하기

마르자노 아카데미 모델에서 숙달 척도는 교육과정, 수업, 평가에 대한 의사 결정을 내리는 데 기초가 되는데, 이러한 결정은 특히 역량 기반 교육과 관련된다. 숙달 척도를 만드는 기본 전제는 교육과정이 학생, 학부모나 보호자뿐만 아니라 시스템 내 모든 교육자에게 완전히 투명하게 이루어져야 한다는 것이다.

숙달 척도는 의도된 교육과정, 가르친 교육과정, 평가된 교육과정이 일치하도록 보

장할 수 있다. 『What Works in Schools』(Marzano, 2003b)에서 처음 기술한 바와 같이, 역사적으로 볼 때 이러한 일치는 이루어지지 않았다. 안타깝게도, 이 세 가지 교육과정 간의 조율은 여전히 부족하다(Marzano, 2018; Marzano et al., 2019 참고).

명칭이 암시하듯이, 의도된 교육과정은 주, 지역, 학교구 혹은 학교가 학생들이 특정 학년 수준에서 학습하는 데 필요하다고 여기는 내용이다. 이러한 기대는 전형적으로 각 학년별 기준이라는 용어로 표현된다. 거의 모든 주 또는 지역에서 주요 교과에 대한 기준이 있다는 사실을 고려하면, 모든 교육과정이 대부분의 학교에서 완벽하게 일관성을 갖추고 있다는 결론에 다다를 수 있다. 의도된 교육과정은 주 기준에 있는 내용이고, 교사는 주 기준에 있는 내용을 가르치고(가르친 교육과정) 시험은 주 기준에 기반한다(평가된 교육과정). [그림 1-11]은 세 가지 교육과정 간의 이상적인 관계를 보여 준다.

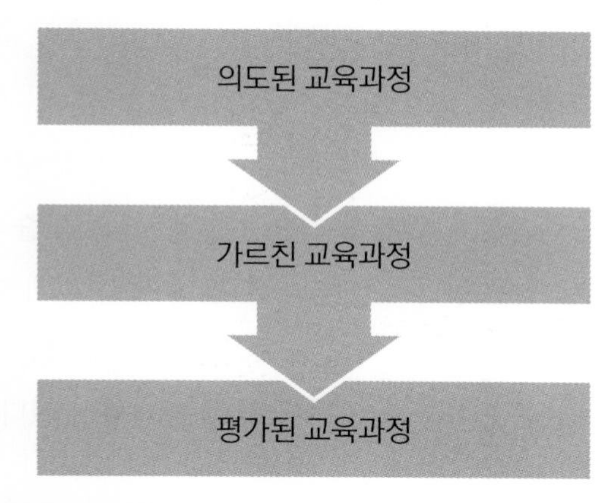

[그림 1-11] 세 교육과정의 이상적인 관계

출처: © 2021 by Robert J. Marzano.

[그림 1-11]은 의도된 교육과정이 가르친 교육과정을 완전히 결정하고, 이는 다시 평가된 교육과정을 완전히 결정한다는 것을 보여 준다. 불행하게도 이 인과 관계는 일반적으로 K-12학년 교육의 시작부터 무너진다. 왜냐하면 기준이 공통적으로 너무

많은 내용을 담고 있어서 세 가지 교육과정의 관점에서 이를 해석할 수 있는 많은 방식이 있기 때문이다. 마르자노, 노포드 및 루일(Marzano, Norford, & Ruyle, 2019)은 다음과 같은 기준을 사용하여 이 점을 지적하였다.

"유리수를 사용한 연산의 성질을 이해한다(예, 덧셈과 곱셈의 분배 법칙, 교환 및 결합 법칙, 역원의 성질, 항등원의 성질)"(Grade 6–8, McREL Compendium 3, p. 11) 이 기준을 풀면 적어도 5개의 요소가 포함되어 있다는 것이 분명하게 나타난다.

1. 분배 법칙을 유리수 범위에서 이해한다.
2. 덧셈에 대한 교환 법칙을 유리수 범위에서 이해한다.
3. 곱셈에 대한 교환 법칙을 유리수 범위에서 이해한다.
4. 유리수의 역원의 성질을 이해한다.
5. 항등원의 성질을 유리수 범위에서 이해한다.

이 기준은 수학에 대한 것이지만, 다른 교과에서도 같은 문제가 적용된다. 구체적인 요소나 내용 차원을 파악하기 위해서 기준을 푸는 것은 기술적인 문제이며, 이는 특정 기준이 다루는 내용의 종류에 대한 인식과 함께 사려 깊게 이루어져야 한다. 마르자노 등(2019)은 이를 위해 상세한 지침을 제공하였다. 그들은 기준에 여러 요소가 내재한 현상이 모든 학년 수준과 교과 영역에 걸쳐 편재되어 있다는 증거로 [그림 1-12]를 제시하였다.

교과	기준과 소재
읽기	6~8, Compendium 3 읽기 어휘를 확장하기 위해 다양한 전략을 사용한다. ① 유추, 관용구, 직유, 은유를 사용하여 문자적인 문구와 비유적인 문구의 의미를 추론한다. ② 단어의 의미를 확인하기 위해 정의, 재진술, 예, 비교 및 대조를 사용한다. ③ 의미의 미묘한 차이를 식별한다. ④ 직접적 의미와 함축적 의미를 안다. ⑤ 다양한 내용 영역 및 현재 사건과 관련된 어휘를 안다. ⑥ 운율 사전, 분류서, 어원 사전 등을 사용한다.
쓰기	K-2, Compendium 3 전략을 사용하여 문서 초안을 작성하고 수정한다. ① 다시 읽는다. ② 단어, 문장 및 단락을 재배열하여 흐름을 재조정하거나 의미를 명확히 한다. ③ 문장 유형을 다양화한다. ④ 설명적인 단어와 세부 정보를 추가한다. ⑤ 불필요한 추가 정보를 삭제한다. ⑥ 동료 및 교사의 제안을 반영한다. ⑦ 초점을 명확하게 한다.
사회	3~4학년, K-4 역사, Compendium 3 구전, 문학, 노래, 예술, 종교, 공동체 기념행사, 기념품, 음식, 언어를 통해 가족들이 오래전에 자신의 신념과 가치를 표현하고 전달한 방식을 알고 있다(예, 국경일, 종교의식, 민족 및 국가의 전통 기념행사, 시각 예술과 공예, 찬송, 속담, 노래). ① 오래전에 가족들이 구전을 통해 그들의 신념과 가치를 표현하고 전달하였다는 것을 안다. ② 오래전에 가족들이 문학을 통해 그들의 신념과 가치를 표현하고 전달하였다는 것을 안다. ③ 오래전에 가족들이 노래를 통해 그들의 신념과 가치를 표현하고 전달하였다는 것을 안다. ④ 오래전에 가족들이 시각 예술과 공예를 포함한 예술을 통해 그들의 신념과 가치를 표현하고 전달하였다는 것을 안다. ⑤ 오래전에 가족들이 종교와 종교의식을 통해 그들의 신념과 가치를 표현하고 전달하였다는 것을 안다. ⑥ 오래전에 가족들이 공동체의 기념행사를 통해 그들의 신념과 가치를 표현하고 전달하였다는 것을 안다.

	⑦ 오래전에 가족들이 기념품을 통해 그들의 신념과 가치를 표현하고 전달하였다는 것을 안다. ⑧ 오래전에 가족들이 음식을 통해 그들의 신념과 가치를 표현하고 전달하였다는 것을 안다. ⑨ 오래전에 가족들이 언어를 통해 그들의 신념과 가치를 표현하고 전달하였다는 것을 안다. ⑩ 오래전에 가족들이 국경일을 축하함으로써 그들의 신념과 가치를 표현하고 전달하였다는 것을 안다. ⑪ 오래전에 가족들이 민족 및 국가 전통을 통해 그들의 신념과 가치를 표현하고 전달하였다는 것을 안다. ⑫ 오래전에 가족들이 찬송가를 통해 그들의 신념과 가치를 표현하고 전달하였다는 것을 안다. ⑬ 오래전에 가족들이 속담을 통해 그들의 신념과 가치를 표현하고 전달하였다는 것을 안다. ⑭ 오래전에 가족들이 노래를 통해 그들의 신념과 가치를 표현하고 전달하였다는 것을 안다.
체육	3~6학년, Compendium 3 신체 활동의 해로운 영향(예, 근육통, 과도한 사용으로 인한 부상, 과도한 훈련, 일시적인 피로, 할 수 없는 것 발견)을 이해한다. ① 신체 활동이 해로운 영향을 미칠 수 있음을 이해한다. ② 신체 활동으로 인한 해로운 영향 중 하나는 근육통일 수 있다는 것을 이해한다. ③ 신체 활동으로 인한 해로운 영향 중 하나는 과도한 사용으로 인한 부상일 수 있음을 이해한다. ④ 신체 활동으로 인한 해로운 영향 중 하나는 과도한 훈련일 수 있음을 이해한다. ⑤ 신체 활동으로 인한 해로운 영향 중 하나는 일시적인 피로일 수 있다는 것을 이해한다. ⑥ 신체 활동으로 인한 해로운 영향 중 하나는 신체 활동에서 할 수 없는 것이 있다는 것을 알게 되는 것임을 이해한다.
예술	5~8학년, Compendium 3 조명과 의상이 춤의 의미에 어떻게 기여할 수 있는지 이해한다. ① 조명이 춤의 의미에 어떻게 기여할 수 있는지 이해한다. ② 의상이 춤의 의미에 어떻게 기여할 수 있는지 이해한다. ③ 춤이 의미를 전달할 수 있는 다양한 방법을 이해한다.

[그림 1-12] 내용 기준에서 다루어지는 여러 소재

출처: Marzano et al. (2019), pp. 13-14.

기준 출처: Mid-Continent Research for Education and Learning (McREL), 2014.

사실상, 학급 교사에게 있어서 기준은 세 가지 교육과정이 일관성을 갖도록 하는 데 거의 도움이 되지 않는다. 한 학교의 모든 교사가 이전에 나열한 동일한 수학 기준에 따라 작업하고 있을지 모르지만, 그들이 집중할 수 있는 것에만 최소한 다섯 가지가 있다.

1. 학생들이 분배 법칙을 유리수 범위에서 이해하는 것을 도와주기
2. 학생들이 덧셈에 대한 교환 법칙을 유리수 범위에서 이해하도록 도와주기
3. 학생들이 곱셈에 대한 교환 법칙을 유리수 범위에서 이해하도록 도와주기
4. 학생들이 유리수의 역원의 성질을 이해하도록 도와주기
5. 학생들이 항등원의 성질을 유리수 범위에서 이해하는 것을 도와주기

결과적으로, 한 교사가 가르친 교육과정은 이 목록에서 요소 1과 2를 강조할 수 있는 반면, 다른 교사는 요소 4와 5에 집중할 수 있다. 마지막으로, 국가, 지역, 학교구 혹은 학교에서 설계한 평가가 이 다섯 가지 내재한 요소를 모두 동일하게 다룬다면, 특정 요소 하나 또는 두 가지에 중점을 둔 교육과정을 배운 학생들은 단지 일부 내용을 배울 기회가 없었다는 이유만으로 불리하게 된다.

잘 구성된 숙달 척도는 이 문제를 처음부터 해결할 수 있다. [그림 1-13]의 3학년 ELA(English language arts) 숙달 척도를 예로 생각해 보자.

4.0	3.0 수행에 추가하여, 학생은 배운 내용을 뛰어넘는 심도 있는 추론과 적용을 보여준다.
3.5	3.0 수행에 추가하여, 점수 4.0 내용에 대해 부분적으로 성공한다.
3.0	학생은 RIST-불규칙 동사와 규칙 동사의 간단한 시제를 올바르게 사용한다(예, 지난 여름의 활동과 다가오는 여름에 대한 계획을 과거와 미래의 시제 동사를 사용하여 짧은 단락을 작성한다).
2.5	점수 2.0 내용에 대해 큰 오류나 누락이 없으며, 점수 3.0 내용에 대해 부분적으로 성공한다.

2.0	RIST–학생은 특정 어휘(예, 미래 시제, 과거 시제, 현재 시제)를 인식하거나 회상하고 다음과 같은 기본적인 과정을 수행한다. • Be 동사의 다양한 시제(예, am, are, is)를 올바르게 사용하기 • 일반적인 과거형 동사는 동사 시제에 –ed를 추가하여 형성하며, y로 끝나는 경우 동사는 –ed를 붙이기 전에 –i로 바꾸어야 과거형을 만들 수 있다고 진술하기 • 현재 시제 동사의 끝에 –s가 추가해야 할 때를 설명하기 • 일반적인 불규칙 과거형 동사(ran, did, bought 등)를 나열하기 • 미래형 시제 동사는 동사 앞에 will을 붙여서 형성한다고 진술하기
1.5	점수 2.0 내용을 부분적으로 성공하였으나 점수 3.0 내용에 대한 큰 오류 또는 누락이 있다.
1.0	도움을 받아 점수 2.0 내용 및 점수 3.0 내용에서 부분적으로 성공한다.
0.5	도움을 받아 점수 2.0 내용은 부분적으로 성공하나 점수 3.0 내용은 성공하지 못한다.
0.0	도움이 있어도 성공하지 못한다.

[그림 1-13] ELA 숙달 척도 예시, 3학년

출처: © 2016 by Marzano Resources. 허가를 받아 수정함

교사가 3학년 학생들을 위해서 설계한 이 숙달 척도를 학생들에게 제시하면 의도한 교육과정에 대한 모호함이 없다. 교사는 반드시 2.0 내용의 어휘와 기본 사실을 직접 지도하고, 3.0 내용처럼 짧은 문단에서 과거와 미래 시제를 사용하는 연습과 지도를 제공할 것이다. 따라서 가르친 교육과정은 명확해진다. 마지막으로, 2.0과 3.0 내용은 이 측정 주제와 관련된 모든 평가의 기초가 될 것이며, 평가된 교육과정을 구체적이고 초점화되게 만들 것이다. 요컨대, 숙달 척도의 존재는 의도된 교육과정, 가르친 교육과정, 평가된 교육과정과 관련하여 완전한 투명성을 제공한다.

설계 분야 I 계획의 상당 부분은 교사가 근무하는 학교나 지역에서 담당해야 한다. 즉, 이상적으로 교사가 담당하는 측정 주제와 관련 숙달 척도는 지역이나 학교 수준에서 설계된다. 그렇지 않다면 교사가 설계 분야 I과 관련하여 가장 먼저 해야 할 계획 활동은 한 해 동안 다룰 측정 주제를 파악한 후 그에 맞는 숙달 척도를 설계하는 것이다. 앞서 언급했듯이, 『The New Art and Science of Classroom Assessment』(Marzano et al., 2019)는 이를 위한 지침을 제공한다. 교사가 측정 주제와 그에 수반되는 숙달 척도를 스스로 작성할 필요가 없다면, 그들의 계획은 그들이 측정 주제를 어떤 순서로 다룰 것인가에 초점을 맞출 것이다. 또한 교사는 각 측정 주제를 자신의 수업 단원에 포함하는 것을 결정하거나 여러 측정 주제를 단원 내에 포함할 것이다.

설계 분야 II: 평가(Assessment)

이 설계 분야를 다룰 때 교사는 학생들의 위치를 숙달 척도로 정확하게 측정하는 평가를 구성하고 관리한다. 더 나아가, 교사는 학생이 다양한 평가에서 자신이 받은 점수와 숙달 척도상의 전반적인 위치 간 관계를 이해하도록 돕는다. 초등학교 평가 과정에 대한 더 상세하고 기술적인 논의를 위해, 독자들은 『Making Classroom Assessments Reliable and Valid』(Marzano, 2018)와 『The New Art and Science of Classroom Assessment』(Marzano et al., 2019)를 참조해야 한다.

전통적인 교실에서 평가의 주된 기능은 특정 내용에 대한 학생의 현재 위치를 측정하고 문서화하는 것이다. 아카데미 모델에서도 이것은 여전히 교실 평가의 중요한 기능이다. 하지만 이만큼 중요한 것은 교실 평가를 학생과 교사 간의 피드백 형태로 사용하는 것이다. 즉, 교실 평가는 교사에게 학생의 학습 요구에 대한 정보를 제공하며, 학생들에게 그들이 어떻게 하면 더 나아질 수 있을지에 대한 정보를 제공한다. 평가는 눈에 띄는(obtrusive), 학생 중심(student centered), 눈에 띄지 않는(unobtrusive) 등 다양한 형태를 띨 수 있다. 아카데미 모델을 쓰는 교사는 교실 평가로부터 얻은 데이터를 전통적인 교실에서는 볼 수 없는 방식으로 사용한다. 이 설계 분야에 포함된 네 가지 요소는 다음과 같다.

IIa. 눈에 띄는 평가 사용하기

IIb. 학생 중심의 평가 사용하기

IIc. 눈에 띄지 않는 평가 사용하기

IId. 현재 총합 점수 산출하기

다음 이어지는 절에서 각 요소에 대해 자세히 설명한다.

IIa. 눈에 띄는 평가 사용하기

이 요소에 있는 교사의 책임은 구체적인 숙달 척도에 있는 내용에 관해 구체적인 평가를 설계하고 그것을 특정 시기에 실행하는 것이다. 그러한 평가는 수업의 흐름에서 멈춤을 요구하기 때문에 **눈에 띄는**(obtrusive) 평가라고 부른다. 말하자면, 눈에 띄는 평가는 수업이 잠시 중단되고 평가가 이루어진다. 이것은 부정적인 것이 아니다. 눈에 띄는 평가는 학생들에게 특정한 숙달 척도의 내용과 관련하여 자신의 지식과 기능을 입증할 때라는 것을 알려 준다. 이러한 평가의 일반적인 형식에는 지필 시험, 에세이, 토의가 포함된다.

눈에 띄는 평가는 역량 기반 체제에서 전통적인 체제와 다르게 설계되었다는 점을 아는 것이 중요하다. 이 평가의 각 문항은 특정 숙달 척도의 특정 수준에서 특정 내용에 초점을 맞춘다. 예를 들어, 6학년 수학 평가에서 비와 비율에 대한 문항은 이 측정 주제의 숙달 척도 2.0, 3.0, 4.0 수준의 내용으로 구분되어, 교사가 척도의 전체 범위를 평가할 수 있다. 문항에는 숙달 척도의 점숫값(score value)을 나타내는 표시를 한다. 우리는 특정 시험 문항을 실제로 만들기 전에 시험 설계도(test blueprint)를 작성하는 것은 분명한 평가를 만드는 데 기본이라는 점을 알게 되었다.

[그림 1-14]는 이러한 시험 설계도를 보여 준다. 이 교사가 계획한 시험은 14개의 문항으로 구성될 것이고, 각 문항은 숙달 척도의 특정 학습 목표에 초점을 둔다. 일부 학습 목표에는 그 목표에 해당하는 여러 문항이 있다. 예를 들어, 측정 단위 변환과 관련된 점수 2.0 목표에 대해서는 5개 문항, 비와 비율에 대한 3.0 목표에 대해서는

2개 문항이 출제될 것이다. 전체적으로 설계도에는 7개 문항이 점수 2.0 내용을, 7개 문항이 점수 3.0 내용을 다룰 것이라고 명시하고 있다. 여러 문항으로 측정되는 목표는 교사가 수업 중에 강조한 것들이다.

MA.06.RP.03.04-비와 단위 비율

점수	학습 목표	문항 수
3.0	양의 퍼센트를 백분율로 구한다(예, 양의 30퍼센트는 양의 30/100을 의미한다). 부분과 퍼센트가 주어졌을 때 전체를 찾는 문제를 해결한다.	1
3.0	단위 가격 및 일정 속도를 포함한 단위 비율 문제를 해결한다.	3
3.0	'b≠0'인 비율 a/b와 관련된 단위 비율 a/b의 개념을 이해하고 비율 관계의 맥락에서 비율 용어를 사용한다.	2
3.0	정수 측정치와 관련하여 동등한 양의 비율을 표로 작성하고, 표에서 빠진 값을 찾고, 좌표평면에 값의 쌍(pairs of values)을 표시한다. 표를 사용하여 비율을 비교한다.	1
2.0	비율 추론을 사용하여 측정 단위를 변환하고, 양을 곱하거나 나눌 때 적절하게 단위를 조작하고 변환한다.	5
2.0	비율을 나타내는 동등한 표현을 인식한다.	1
2.0	비율의 개념을 이해하고 비율 용어를 사용하여 두 양 사이의 비율 관계를 설명한다.	1

[그림 1-14] 숙달 척도의 수준을 중심으로 만든 시험 설계도

출처: © 2021 by Westminster Public Schools. 허가를 받아 사용함

교사는 이 틀을 사용하여 각 학습 목표에 대한 실제 문항을 만들 것이다. 예를 들어, 단위 가격(unit pricing)과 일정 속도(constant speed)를 포함하는 비율 문제를 해결하는 3.0 학습 목표는 세 문항을 중심으로 계획되어 있다. 하나는 교사가 다음과 같은 짧은 구성형 문항(constructed-response)을 만드는 것이다.

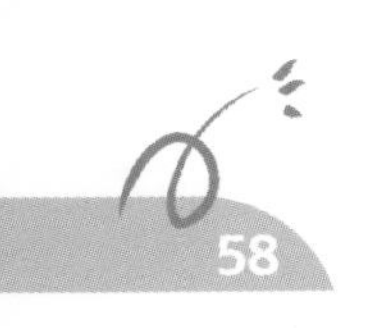

> 자동차가 얼마나 빨리 달리고 있는지 말할 때, 일반적으로 자동차의 속도를 시간당 마일로 나타낸다. 예를 들어, 여러분은 "자동차가 시속 60마일로 달리고 있었다."라고 말한다. 보통 "자동차가 3시간 동안 120마일을 달렸다."라고 말하지 않는다. 3시간 동안 120마일의 속도를 분 단위의 단위 속도로 변환하는 방법을 설명하고 보여 주시오.

그다음 교사는 설계도에 따라 13개의 다른 문항을 만드는데, 교사가 생각할 때 학습 목표의 내용을 가장 직접적이고 정확하게 평가할 수 있다고 생각하는 선다형, 배합형, 빈칸 채우기 등의 다양한 형식을 사용한다. [그림 1-14]와 같은 시험 설계도를 개발하는 것이 중요한 이유는, 이를 통해 교사들이 동일한 학습 목표에 대해 여러 버전의 시험을 설계할 수 있기 때문이다.

이 시험에 점수를 매기기 위해 교사는 먼저 점수 2.0 내용을 평가하기 위해 설계된 항목을 검토할 것이다. 학생들의 응답이 큰 오류나 누락 없이 이 내용을 알고 있다는 것을 입증하면 숙달 척도에서 2.0 내용을 이해하였다고 판단할 것이다. 그런 다음 교사는 3.0 내용을 다루는 항목으로 이동할 것이다. 학생들이 이 항목에서 정답을 맞히면 3.0 수준의 점수를 받게 된다.

이는 교사가 문항에 점수를 부여한 후 점수를 단순히 합산하는 전통적인 채점 방식과 확연히 다르다. 역량 기반 체제에서 교사는 척도 수준별로 모든 문항을 한 세트로 간주하고 학생들의 응답 패턴을 사용하여 학생의 수행에 대한 의사 결정을 내린다. Marzano와 동료들(2019)은 이러한 유형의 채점을 위한 다양한 기법을 설명하였다. 점수 기반 방식(points-based approach)을 알아보기 위해 [그림 1-15]를 보자.

구분	문항 수	한 문항당 가능한 점수	획득한 점수	구분 퍼센트
점수 2.0	1	5	5	25/30=83%
	2	5	5	
	3	5	0	
	4	5	5	
	5	5	5	
	6	5	5	
	합계	30	25	
점수 3.0	1	10	5	13/20=65%
	2	10	8	
	합계	20	13	
점수 4.0	1	20	0	10/40=25%
	2	20	10	
	합계	40	10	

[그림 1-15] 점수 기반 채점

출처: Marzano et al. (2019)을 변형함

[그림 1-15]는 세 부분(점수 2.0 항목, 점수 3.0 항목, 점수 4.0 항목)으로 구성된 시험 결과를 보여 준다. 점수 2.0 수준에는 각 5점짜리 6개의 문항이 있는데 점수 2.0 항목에 대해서 총 30점이 가능하다. [그림 1-15]의 마지막 열은 해당 학생이 이 중 25점 또는 83%를 얻었음을 나타낸다. 교사는 이것이 해당 시험에서 학생의 2.0 수준 역량을 보여 주는 적절한 증거인지 판단해야 한다. 이를 위해 교사는 각 수준에 대한 분할 점수(cut score)를 설정한다. 교사가 이 부분에 대한 분할 점수를 80%로 설정하였다고 가정하면 학생은 2.0 수준의 역량을 충분히 입증한 것으로 보인다.

이것을 결정하고 나서, 교사는 점수 3.0 수준의 두 문항으로 넘어간다. 여기서 그 학생은 가능한 20점 중 13점, 즉 65%를 얻었는데, 이는 그가 현재 그 수준의 내용 중

절반 조금 더 알고 있는 것으로 보인다는 것을 의미한다. 이 경우 교사는 이 시험에서 기본 내용의 이해에는 큰 오류가 없고 목표 내용에는 부분적으로 성공했음을 나타내는 숙달 척도 점수 2.5를 부여할 가능성이 높다. 채점에 대한 이러한 접근 방식은 에세이, 수행 과제, 시연 및 기타 형태의 눈에 띄는 평가에서도 작동한다(Marzano, 2018; Marzano et al., 2019 참고).

이 접근법에 대해 흔히 묻는 한 가지 질문은 학생들이 비정상적인 응답 패턴을 보일 때 어떻게 해야 하는가이다. 비정상적인 패턴은 수준이 다른 항목의 학생 응답이 일관되지 않을 때 발생한다. 예를 들어, 학생이 점수 3.0의 문항에 모두 정확하게 답했지만, 점수 2.0 문항 대부분을 풀지 못한 경우, 교사는 이 학생에 대한 점수를 어떻게 매길 수 있을까? 논리적으로 이와 같은 패턴이 발생하지 않아야 하지만, 실제 교실에서는 이와 같은 비정상적인 패턴이 때때로 나타난다. 사실, 이 현상은 주 및 국가 평가 프로토콜에서 매우 잘 알려져 있기 때문에 시험 출제 회사들은 비정상적인 응답 패턴을 식별하고 그러한 패턴을 수정하기 위해 문항을 수정하는 데 많은 시간과 자원을 투자한다.

이러한 응답 패턴은 다음의 요인을 포함한 여러 요인으로 인한 결과일 수 있다.

- 문항이 제대로 작성되지 않았다.
- 문항이 숙달 척도의 수준을 정확하게 반영하지 못하였다.
- 학생이 서둘러 문제를 풀었거나 피곤했거나 혹은 적절한 노력을 기울이지 않았다.
- 학생이 질문을 적힌 대로 이해하지 않았다.
- 교사가 학생의 응답을 잘못 평가하였다.

교사는 여러 가지 방법으로 비정상적인 응답 패턴을 다룰 수 있다.

- 비정상적인 응답은 무시한다.
- 전체 학급의 응답 패턴을 바탕으로 비정상적인 문항을 상위 또는 하위 숙달 수준

으로 재분류한다.

- 학생과 탐색적 토의를 통해 비정상적인 패턴의 원인을 파악하고 이에 따라 조정한다.

탐색적 토의는 비정상적인 응답 패턴을 명확히 하는 훌륭한 방법이기도 하지만, 그 자체로 가장 신뢰할 수 있고 눈에 띄는 평가의 간단한 유형 중 하나이기도 하다. 특정 주제에 대해 학생과 단순히 앉아서 이야기하는 것만으로도 특정 측정 주제에 대한 학생의 지식과 기능의 숙달을 가장 명확하게 파악할 수 있다. 교실 상황에서 테크놀로지는 학생들과 탐색적 토의를 수행하는 데 도움을 줄 수 있다. 구글 행아웃(Google Hangouts), 플립그리드(Flipgrid), 구글 문서(Google Docs), 채팅, 그리고 심지어 이메일도 숙달 척도로 내용을 논의할 수 있는 좋은 도구가 될 수 있다. 게다가, 탐색적 토의는 언제 어디서나 일어날 수 있는데, 복도, 운동장과 카페테리아는 학생들이 경계를 풀고 교사와 특정 숙달 척도의 내용에 대해 자유롭게 말할 수 있는 좋은 장소이다.

언어 수업에서 시민권에 대해서 배우는 4학년 학생을 생각해 보자. 교사는 반 학생들과 함께 ELA 숙달 척도 중 텍스트의 내용을 설명할 때 세부 사항과 예시를 드는 것에 초점을 맞추어 수업해 왔다. 세자르 차베스(Cesar Chavez)와 마틴 루서 킹 주니어(Martin Luther King Jr.)의 시위 전략을 다룬 기사를 읽은 후 교사는 구글 행아웃이나 플립그리드와 같은 토론 웹사이트에 프롬프트를 게시한다. 학생은 사이트에 접속해서, 차베스와 킹이 보이콧과 같은 비폭력 시위 전략을 사용하여 그들의 대의를 발전시켰다는 내용으로 자신의 의견을 기록한다. 하지만 그녀는 자신의 의견을 말할 때 텍스트에서 구체적인 예시를 제시하지 않았다. 교사는 가능한 시간(예, 혼자 작업하는 시간, 쉬는 시간 혹은 복도로 가는 중)에 그 학생의 이해를 더 확인하기 위해 후속 활동을 한다. 그 학생은 교사를 만나서 텍스트로부터 앨라배마주의 몽고메리 지역에서 있었던 킹의 버스 보이콧에 대한 세부 사항을 제공한다. 그러고 나서 교사는 온라인 성적부에 그들의 대화를 기록하고 그 학생을 관련 숙달 점수 3.0으로 표시한다.

[그림 1-16]은 요소 IIa에 대한 가시적 증거를 나열한 것이다.

효과적인 수업과 지도를 확인할 수 있는 증거에 다음과 같은 교사의 수행이 포함된다.

- 특정 숙달 척도와 관련된 선택형 평가와 단답형 평가를 설계, 실행, 채점하기
- 특정 숙달 척도와 관련된 에세이 평가를 설계, 실행, 채점하기
- 특정 숙달 척도와 관련된 시연(demonstration) 평가를 설계, 실행, 채점하기
- 특정 숙달 척도와 관련된 탐색적 토의를 설계, 실행, 채점하기
- 특정 숙달 척도에 대한 학생 수행의 증거로 성적부에 점수 입력하기

바람직한 학생의 실행과 행동을 확인할 수 있는 증거에 다음과 같은 학생의 수행이 포함된다.

- 눈에 띄는 평가의 피드백을 활용하여 자신이 알고 있는 것과 알고 있지 못한 것 판단하기
- 교사와 대화를 통해 눈에 띄는 평가의 시험 점수가 지닌 의미와 그 점수들이 어떻게 특정 숙달 척도와 관련되는지 이야기하기

학생의 이해와 인식을 확인할 수 있는 증거에 다음과 같은 학생의 수행이 포함된다.

- 눈에 띄는 평가에서 받은 점수가 지식의 진보도에 비추어 어떤 의미인지 설명하기
- 눈에 띄는 평가에서 받은 점수가 특정 숙달 척도에서 자신의 위치와 관련하여 무엇을 의미하는지 설명하기

[그림 1-16] 요소 IIa를 확인할 수 있는 근거

출처: © 2021 by Robert J. Marzano.

IIb. 학생 중심의 평가 사용하기

이 요소를 실행하기 위해 교사는 학생들에게 특정 숙달 척도에서 현재 위치에 대한 증거를 만들고 제출하는 기회를 제공한다. 전통적인 평가에서는 교사가 모든 평가 기회를 관리해야 한다고 믿지만, 마르자노 아카데미 모델은 학생들이 학습에 대한 증거를 스스로 생성하도록 장려한다. 이 요소에 대한 우리의 논의는 학생이 생성하는 평가와 학생의 자기 평가를 모두 포함할 것이다.

심리측정학 문헌에서 평가는 특정 시점에서 개인의 지식과 기능에 대한 정보를 수집하는 것으로 정의된다. 이와 대조적으로, K-12 교육자들은 일반적으로 전통적인

지필 시험을 주요한 혹은 유일한 평가 형태로 생각하는 경향이 있다(자세한 논의는 Marzano, 2018 참고). 평가에 대한 보다 광범위한 기술적 정의는 학생들이 자신의 지식과 기능에 대한 증거를 제시할 때, 교사가 점수를 부여할 수 있다면 그러한 증거가 평가로 인정된다는 것을 의미한다. 숙달 척도는 교사가 이 증거에 점수를 매길 수 있게 해 준다. 달리 말하면, 우리는 숙달 척도를 통해 학생들이 제공하는 여러 유형의 증거를 평가로 사용할 수 있다.

예를 들어, 어떤 교사가 [그림 1-17]의 2학년 수학 숙달 척도를 사용하고 있다고 가정하자. 한 학생이 2.0점 수준의 내용을 이해하고 있음을 보여 주는 동영상을 만들 것을 결정하였다고 상상해 보자. 그 학생은 자신이 어휘를 이해하고 있으며, 수직선에서 수를 더하고 빼는 것과 같은 기본적인 과정을 수행하고, 그림그래프와 막대그래프를 해석하는 몇 가지 기본적인 사실들을 설명한다. 교사는 동영상을 보고 이 증거에 기초하여 그 학생에게 2.0점을 부여할 수 있다. 이것이 평가에 해당한다.

그림그래프와 막대그래프 해석하기(IPBG; 초등학교 2학년 수학)

4.0	3.0 수행에 추가하여, 학생은 배운 내용을 뛰어넘는 심도 있는 추론과 적용을 보여 준다.
3.5	3.0 수행에 추가하여, 점수 4.0 내용에 대해 부분적으로 성공한다.
3.0	학생은 IPBG-그림과 막대그래프에 제시된 정보를 이용하여 문제를 해결한다(예, 동물원의 아프리카 사바나 전시관에 누[wildbeests], 타조, 가젤, 사자가 총 29마리 있다. 주어진 막대그래프에는 누, 타조, 사자의 수가 제시되어 있는데 가젤의 수는 나타나 있지 않다. 이 전시관에 있는 가젤의 수를 구하고, 전시관에 있는 다리가 4개인 동물의 수를 구하며, 전시관에 있는 사자가 타조보다 얼마나 더 많은지 혹은 더 적은지를 구하시오).
2.5	점수 2.0 내용에 대해 큰 오류나 누락이 없으며, 점수 3.0 내용에 대해 부분적으로 성공한다.

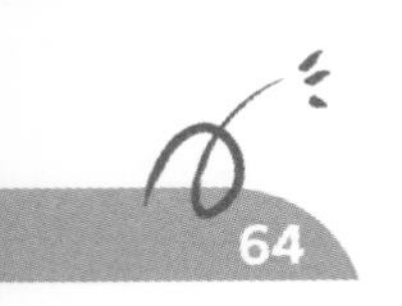

2.0	IPBG–학생은 특정 어휘(예, 단위)를 인식하거나 회상하고 다음과 같은 기본적인 과정을 수행한다. • 그림그래프와 막대그래프의 구성요소(그래프 제목, 축, 축 항목, 수 척도, 범주 항목, 범례)를 분별한다. • 수직 및 수평 그림그래프와 막대그래프의 데이터를 해석한다. 예를 들어, 막대그래프가 주어졌을 때 그래프가 무엇을 나타내는지 설명하고, 그래프의 범주를 확인한 다음 각 범주에 속한 개체의 수를 알아낸다. • 수직선에서 수를 더하고 뺀다. • 그림그래프나 막대그래프에서 두 개 이상 범주에 속한 개체의 합은 해당 범주에 표시된 개체 수를 더하거나, 각 범주에 표시된 단위 수를 모두 세어 계산할 수 있음을 설명한다. • 그림그래프나 막대그래프에서 두 범주 간 개체 수 차이는 큰 범주의 개체 수에서 작은 범주의 개체 수를 빼거나, 범주에 표시된 단위 수의 차이를 세어 계산할 수 있음을 설명한다.
1.5	점수 2.0 내용을 부분적으로 성공하였으나 점수 3.0 내용에 대한 큰 오류 또는 누락이 있다.
1.0	도움을 받아 점수 2.0 내용 및 점수 3.0 내용에서 부분적으로 성공한다.
0.5	도움을 받아 점수 2.0 내용은 부분적으로 성공하나 점수 3.0 내용은 성공하지 못한다.
0.0	도움이 있어도 성공하지 못한다.

[그림 1-17] 수학 숙달 척도 예시, 2학년

출처: © 2016 by Marzano Resources. 허가를 받아 수정함

학생 중심 평가는 학생 생성 평가(student-generated assessment)와 학생 자기 평가라는 두 가지 형태로 나타난다. 학생 생성 평가는 학생들이 자신이 특정 수준의 숙달 척도에서 내용을 이해하고 있다는 것을 보여 주는 과제를 설계하는 것에 참여하는 것이다. 학생들은 자신의 역량을 보여 주는 방법에 대해 매우 다양한 선택을 할 수 있다. 그들은 산출물(artifacts)을 만들거나, 시연하거나, 교사와 간단한 토론을 할 수 있다. 예를 들어, 부피 계산에 대한 숙달을 보여 주기 위해 노력하는 5학년 학생은 그래프

용지를 사용하여 불규칙한 3차원 구조를 만든 다음, 다양한 부분의 부피를 계산하는 방법을 설명할 수 있다. 다른 학습 목표를 배우는 학생들은 자신이 읽은 기사에서 문제를 내고 대답하거나, 공부하고 있는 지역의 지형도를 만들거나, 읽고 있는 이야기를 요약한 글을 쓰거나, 등장인물의 특성을 자세히 설명하는 지식 지도를 만드는 등 다양한 방법으로 과제를 할 수 있다.

학생이 생성한 평가 과정을 가능한 한 정확하게 만들기 위해, 학생들은 주어진 숙달 척도의 모든 측면을 평가에 포함해야 한다. 예를 들어, 어떤 학생은 4학년 수학 단원 "선, 반직선, 각도…… 세상에!"에서 능숙함을 보여 주기 위해 자신의 평가를 만들 수도 있다. 그녀는 각 학습 목표에 대해 2.0과 3.0 수준의 시험 문제를 작성하고 이를 적절히 배열한다. 그런 다음 학생은 자신의 문제를 풀고 각 문제에 대한 답이 왜 옳은지에 대한 설명과 함께 답안을 제공한다.

학생의 자기 평가는 학생이 생성한 평가와는 다르다. 학생의 자기 평가는 학생 자신이 특정 숙달 척도의 특정 수준에 있다고 주장할 때 이루어진다. 이것은 일반적으로 Ib 요소에서 논의된 개인 추적 매트릭스의 맥락에서 이루어진다. 개인 추적 매트릭스는 척도의 각 학습 목표에 대해 다음과 같은 척도를 사용한다는 것을 떠올리길 바란다([그림 1-5] 참고).

- 이제 이해했어요.
- 이 주제의 전부는 아니지만 일부를 배웠어요.
- 이 주제에 대해 여전히 혼란스러워요.

학생들은 각 학습 목표(즉, 개인 추적 매트릭스의 각 행)에 대해 스스로 평가한다. 모든 학습 목표에 대해 자신을 "이제 이해하였다."라고 평가하면, 이는 사실상 측정 주제의 모든 내용을 익혔음을 나타내는 자기 평가를 제공하는 것이다. 학생들이 자기 평가를 위해 개인 추적 매트릭스를 사용할 때, 마지막 열을 채우는 것이 중요한데, 마지막 열은 학생들이 자기 평가를 뒷받침하기 위해 사용하고 있는 증거를 기록하도록

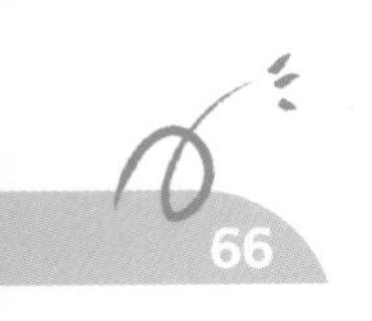

요구한다. 교사는 학생들의 자기 평가 점수와 그들이 제공하는 증거를 검토해야 한다. 학생들의 증거가 자기 평가 점수를 뒷받침한다고 판단하면, 교사는 학생들의 자기 평가 점수를 성적부에 입력할 수 있다.

마지막으로, 학생 중심 평가는 어떤 과제에서 특정 과정에 대한 집착력과 같이 비학문적인 기능과 과정에도 사용될 수 있다는 점에 주목할 필요가 있다. 이 경우, 앞서 설명한 전체 점수와 반 점수로 구성된 숙달 척도 형식을 반드시 따를 필요는 없다. 실제로 비학문적 기능과 과정에 학생 평가를 사용할 때, 숙달 척도 대신 루브릭이라는 용어가 자주 사용된다. 예를 들어, 교사가 학생들이 복도에서 어떤 행동을 해야 하는지에 대한 루브릭을 개발한다고 하자. 교사는 "복도에서 좋은 행동은 어떤 모습이고 어떻게 들릴까?"라는 질문으로 논의를 시작한다. 논의는 학생들이 루브릭의 특정 점숫값에 대한 행동으로 설명하는 것으로 나아간다. 초등학교 교실에서는 글로 된 설명 대신 그림이나 삽화를 사용할 수 있다. 예를 들어, 1학년 교실에서 줄서기 행동을 위해 개발된 루브릭은 다양한 숙달 단계를 나타내는 학생들의 사진을 포함할 수 있다.

일단 루브릭을 게시하고 나면, 이 루브릭을 시간이 지남에 따라 변경되거나 추가될 수 있는 유동적이며 살아 있는 문서로 보아야 한다. 이상적으로는 각 점수에 대한 학생 예시를 루브릭과 함께 게시하여 학생들에게 각 수준이 실제로 어떻게 보이는지 구체적으로 파악할 수 있도록 한다. [그림 1-18]의 수업에서의 협력 규칙(code of collaboration)에 대한 루브릭의 예를 생각해 보자. 협력 규칙은 상호작용하는 방식에 대해 학생과 교사가 함께 서면으로 만들어 합의한 것이다(요소 VIIe 참고). 왼쪽에는 성공적인 협력과 관련된 특성이 나열되어 있으며, 각 점수 아래에는 해당 점수와 예시 행동이 나열되어 있다.

협력 규칙 루브릭	4 나는 다른 사람들에게 모범이 된다.	3 나는 따로 알려주지 않아도 스스로 할 수 있다.	2 나는 알려 주면 어느 정도 잘할 수 있다.	1 이 목표에 대해 선생님이 도와주어야 한다.
다른 사람에게 도움이 됨	나는 우리 반 친구들이 다른 사람을 돕도록 격려한다. 나는 도움을 주는 것의 중요성을 다른 사람들과 논의한다.	나는 우리 반 친구들이 힘들어할 때 돕는다. 나는 누군가가 도움이 필요할 때 나에게 요청하지 않았어도 도움을 준다. 나는 동료들에게 도움을 요청한다.	나는 도움을 주는 것이 중요한 이유를 알고 있다. 다른 사람들이 나를 필요로 할 때 도움을 줘야 한다는 것을 때때로 떠올린다.	나는 도움이 되는 것에 대해 배우고 있다. 나는 다른 사람들에게 도움이 되려고 노력하고 있다.
긍정적으로 접근함	나는 반에서 용기를 북돋우는 사람으로, 다른 사람들이 잘한 일에 칭찬을 아끼지 않는다. 나는 동료와 만날 때마다 항상 응원한다. 나는 긍정적인 학교 환경을 조성하는 리더이다.	나는 사람들에게 좋은 말을 많이 한다. 나는 어렵고 힘든 면보다 좋은 부분에 주목한다. 나는 팀의 일원으로 활동한다.	긍정적일 필요가 있다고 때때로 내 주의를 환기할 필요가 있다. 가끔은 어려운 부분이나 마음에 들지 않는 부분에 집중할 때가 있다. 나는 긍정적인 태도의 중요성을 이해한다.	나는 긍정적인 것에 집중하기 위해 다른 사람들과 함께 노력한다. 나는 선생님의 도움으로 긍정적인 태도를 연습할 수 있다.

[그림 1-18] 협력 규칙 루브릭

협력이 포함된 과제를 완수한 후, 학생들은 자신의 수행을 되돌아보고 그에 따라 조정하기 위해 루브릭을 사용하게 된다. 루브릭을 사용하는 효과적인 방법은 한 공간(화이트보드, 복도, 교실 등)을 점수 1~4로 나누어 표시하고, 학생들이 자신의 활동 결과물이나 행동에 관련이 있다고 느끼는 점수에 자신의 활동 결과물을 배치하거나 학생이 서 있도록 하는 것이다.

이 과정은 익명으로 진행될 수도 있지만, 성장 마인드셋(Dweck, 2006) 문화가 확립된 교실에서는 학생들이 주저하지 않고 자신의 수행을 친구들이 있는 가운데 성찰한다.

[그림 1-19]는 요소 IIb에 대한 가시적 증거를 나열한 것이다.

효과적인 수업과 지도를 확인할 수 있는 증거에 다음과 같은 교사의 수행이 포함된다.

- 학생들의 개인 추적 매트릭스에서 얻은 정보를 특정 숙달 척도의 점수로 변환하는 평가 활동 활용하기
- 학생이 학생 생성 평가의 형태를 스스로 설계하고 특정 숙달 척도를 사용하여 평가 점수를 매길 수 있는 활동을 구조화하기
- 특정 숙달 척도에 대한 학생 수행의 증거로 성적부에 점수 입력하기
- 학생의 자기 평가를 위해서 행동 루브릭 사용하기

바람직한 학생의 실행과 행동을 확인할 수 있는 증거에 다음과 같은 학생의 수행이 포함된다.

- 학생 중심 평가에서 나온 피드백을 활용하여 자신이 알고 있는 것과 모르는 것을 판단하기
- 학생 자신이 알고 있는 것을 보여 줄 수 있는 다양한 방법을 찾기
- 학생 중심 평가에서 받은 시험 점수의 의미와 특정 숙달 척도와의 관계에 대해 교사와 대화하기

학생의 이해와 인식을 확인할 수 있는 증거에 다음과 같은 학생의 수행이 포함된다.

- 학생 중심 평가에서 자신이 받은 점수가 구체적인 지식의 진보와 관련하여 어떤 의미를 갖는지 설명하기
- 학생 중심 평가에서 그들의 점수가 특정 숙달 척도에서의 그들의 위치에 대해 무엇을 의미하는지 설명하기
- 학생 중심 평가가 자신이 알고 있는 것과 할 수 있는 것에 대한 정확한 지표라고 생각하는 이유 설명하기

[그림 1-19] 요소 IIb에 대한 가시적 증거

출처: © 2021 by Robert J. Marzano.

IIc. 눈에 띄지 않는 평가 사용하기

이 요소와 관련된 교사의 역할은 수업을 방해하지 않는 방식으로 특정 숙달 척도에 대한 학생들의 현재 위치를 파악하는 것이다. 이 유형의 평가는 교실 활동의 자연스러운 흐름을 방해하지 않는다는 점에서 **눈에 띄지 않는** 평가라는 이름이 붙었다. 교사는 어떤 상황에서든 눈에 띄지 않는 평가를 사용하여 학생들이 특정한 학습 목표에 대한 지식이나 기능을 보여 주고 있음을 관찰하거나, 학습 목표에 대한 지식이나 기능을 반영하여 학생들이 만든 산출물을 관찰할 수 있다.

눈에 띄지 않는 평가는 대체로 학생들이 평가받고 있다는 것조차 알아차리지 못하는 상태에서 이루어진다. 이것은 숙달 척도의 기능이 쉽게 관찰될 때 가능하다. 예를 들어, 만약 교사가 학생들의 작문 능력의 특정 측면, 예컨대 문단 간 전환을 위해 작문을 편집하는 능력을 평가하려고 한다면, 교사는 특정 학생이 스스로 작문하는 동안, 이 과정을 수행하는 것을 우연히 관찰할 수 있다. 필요하다면, 교사는 학생에게 질문을 하여 학생의 위치에 대한 보다 구체적인 정보를 얻을 수 있다. 학생들은 교사가 자기 행동을 관찰한다는 것을 자연스럽게 받아들인다.

다시 말하지만, 눈에 띄지 않는 평가는 숙달 척도가 있기에 가능하다. 그림그래프와 막대그래프의 해석을 다루는 [그림 1-17]의 2학년 수학 숙달 척도를 다시 생각해 보자. 여기에는 수직선을 이용해 수를 더하고 빼는 것을 포함해서 2.0 점수에 해당하는 학습 목표가 여러 개 있다. 만약 교사가 특정 학생이 이 기능을 보여 주는 활동을 완수하는 것을 관찰하게 되면, 교사는 그저 성적부의 숙달 척도에서 해당 학습 목표에 체크만 하면 된다.

눈에 띄지 않는 평가를 사용하는 또 다른 일반적인 방법은 교사가 학생의 데이터 노트에 있는 증거를 검토하는 것이다. 예를 들어, 교사는 특정 학생의 데이터 노트를 잘 살펴보면서 학생이 그림그래프와 막대그래프의 주요 구성요소를 식별할 수 있음을 나타내는 숙제의 일부를 발견할 수 있다. 이 경우에도 교사는 이 학습 목표 옆에 체크만 하면 된다.

[그림 1-20]은 요소 IIc에 대한 가시적 증거를 나열한 것이다.

효과적인 수업과 지도를 확인할 수 있는 증거에 다음과 같은 교사의 수행이 포함된다.

- 학생들의 관찰 결과를 활용하여 특정 숙달 척도의 점수 부여하기
- 학생이 만든 산출물을 검토하여 특정 숙달 척도의 점수 부여하기
- 특정 숙달 척도에 대한 학생 수행의 증거로 관찰 점수를 성적부에 입력하기

바람직한 학생의 실행과 행동을 확인할 수 있는 증거에 다음과 같은 학생의 수행이 포함된다.

- 눈에 띄지 않는 평가의 피드백을 사용하여 자신이 알고 있는 것과 모르는 것 판단하기
- 눈에 띄지 않는 평가에 대한 시험 점수의 의미와 특정 숙달 척도와의 관계에 대해 교사와 대화하기

학생의 이해와 인식을 확인할 수 있는 증거에 다음과 같은 학생의 수행이 포함된다.

- 눈에 띄지 않는 평가에서 받은 점수가 구체적인 지식의 진보와 관련하여 어떤 의미를 갖는지 설명하기
- 눈에 띄지 않는 평가에서 특정 숙달 척도에서의 그들의 위치에 대해 무엇을 의미하는지 설명하기
- 눈에 띄지 않는 평가가 자신이 알고 있는 것을 보여 줄 수 있는 타당한 방법이라고 생각하는 이유 설명하기

[그림 1-20] 요소 IIc에 대한 가시적 증거

출처: © 2021 by Robert J. Marzano.

IId. 현재 총합 점수 산출하기

이 요소에 내재한 교사 책임은 각 주제에 대한 학생의 기록을 활용하여 현재의 총합 점수를 생성하는 것이다. 현재의 총합 점수(current summative score)라는 용어는 마르자노 아카데미 모델에서 매우 중요한 부분을 차지한다. 여기서는 간략하게 설명하지만, 현재의 총합 점수에 대한 자세한 논의는 『Making Classroom Assessments Reliable and Valid』(Marzano, 2018)와 『The New Art and Science of Classroom Assessment』(Marzano et al., 2019)에서 확인할 수 있다.

많은 전통적인 교실에서 형성평가를 총괄 시험(summative test)을 위한 연습으로 간주한다. 다르게 말하면, 일부 교사들은 학생들의 총괄 평가 점수만이 인정되는 유일한 점수라는 입장을 갖고 있다. 이러한 관행은 개별 학생의 학습에 대한 많은 데이터

를 무시하고, 특정 시점의 특정 주제에 대해 개별 학생이 알고 있는 것을 매우 부정확한 방식으로 합산한 측정값을 만든다. 아카데미 모델에서 초등 교사는 매우 다른 접근 방법을 사용한다. 특정 숙달 척도에서 학생의 총합 점수를 단 한 번의 시험에 의존하여 결정하기보다는, 여러 평가를 사용하여 각 학생의 점수 패턴을 고려한다. 이와 같은 실천은 더 많은 증거를 고려하고 한 번 이루어진 평가에 관련된 오류의 영향을 줄이기 때문에 더 정확한 점수를 산출한다(설계 분야 II를 이해하고 계획하기 참고). 여기서는 교사가 총합 점수(summative scores)를 생성할 때 취해야 할 몇 가지 조치에 대해 논의한다.

요소 IIb인 학생 중심의 평가 사용하기를 기반으로, 총합 점수를 생성하는 과정에 학생을 참여시켜야 한다. 이상적으로, 교사는 총합 점수를 성적표에 입력하기 전에 점수에 대해 학생들과 논의해야 한다. 그리고 학생들은 교사와 이러한 심층적인 대화를 나눌 준비가 되어 있어야 한다. 이러한 논의가 모든 숙달 척도의 모든 점수에 대해 이루어질 필요는 없지만, 학생들이 자신의 총합 점수를 제안하고 자기 입장을 뒷받침하는 세부적인 증거의 제시에 능숙해질 수 있도록 정기적으로 이루어져야 한다는 점을 유념해야 한다. 교사는 공식적인 면담 일정을 마련하고 학생들이 면담 시간을 예약할 수 있게 할 수 있다.

교사는 또한 학생들에게 총합 점수 설명 양식을 작성하게 할 수 있다. 이는 교사가 특정 척도에 대한 모든 증거를 성적부에 입력한 후, 단원 학습이 끝날 때 이루어질 수 있다. 이 양식은 학생이 증거를 사용하여 척도에서 자신의 발전을 자세히 설명하고, 자신의 전반적인 이해를 보여 주는 설명을 작성할 수 있는 공간을 포함해야 한다. 학생들은 온라인 양식([그림 1-21] 참고), 지필([그림 1-22] 참고) 또는 녹화된 토론 영상과 같은 다양한 방식으로 설명을 제출할 수 있다. 교사는 학생들에게 각 제출 유형을 안내하고 학생들이 제출 유형을 선택하게 한다. 궁극적으로 최종 점수에 교사와 학생이 동의할 때까지 교사와 학생 간 서로 의견을 제출하고 학생이 추가 증거를 제출하는 등 상호 대화가 이루어질 수 있다.

교사는 학생들과 점수 및 증거에 대해 논의하는 것 외에도 공식을 사용해서 학생

들의 형성 점수를 고려하여 현재의 총합 점수를 계산할 수 있다. 마르자노 아카데미 접근법의 독특한 특징 중 하나는 수학 모델을 사용해서 모든 측정 주제에 대한 학생의 총합 점수를 결정하는 데 도움을 준다는 것이다. 이러한 계산 공식(formulas)은 『Making Classroom Assessments Reliable and Valid』(Marzano, 2018)에 제시되어 있으며, 엑셀과 같은 스프레드시트 프로그램에 적용할 수 있다. 이러한 공식은 또한 마르자노 아카데미에서 사용하는 Empower Learning의 학습관리시스템(Learning Management System: LMS)에 내재되어 있다.

총합 점수 제출-SC.05.ESS2.02

여러분의 총합 점수에 대한 다음의 질문에 답하시오.

(2.0) 지구상에 있는 물과 담수의 양과 백분율을 기술하시오.

1	2	3	4
○	○	○	○

위의 2.0 학습 목표에 대한 증거는 무엇입니까? 증거가 없으면 이해한 내용에 대한 설명을 제출하시오.

답

[그림 1-21] 총합 점수에 대한 디지털 양식

출처: © 2021 by Westminster Public Schools. 허가를 받아 사용함

총합 점수 설명
SC.05.ESS2.02-물

수준	지표	나의 점수	나의 증거	설명
4.0	담수와 염수의 비율을 시각적으로 나타내고 지구상의 분포를 보여 주는 다양한 방법을 사용한다.			
3.0	지구상의 물 분포에 대한 증거를 제시하기 위해 다양한 저수지의 물과 담수의 양 및 백분율을 기술하고 그래프로 나타낸다.			
2.0	지구상에 있는 다양한 담수원을 파악한다.			
2.0	지구상에 있는 물과 담수의 양과 백분율을 기술한다.			

[그림 1-22] 지필로 한 총합 점수 조사

출처: © 2021 by Westminster Public Schools. 허가를 받아 사용함

Empower LMS 내에서 교사가 특정 측정 주제에 대해 학생들에게 수집하는 점수를 증거 점수라고 한다. 교사가 특정 학생의 특정 숙달 척도에 대한 충분한 증거를 수집하면 LMS에 내장된 계산기가 자동으로 활성화되어 교사가 증거 점수의 패턴을 해석하고 해당 시점에서 학생에게 현재의 총합 점수를 부여하는 데 도움을 준다. 이는 [그림 1-23]과 같다.

[그림 1-23]의 점수는 약 5주의 기간에 걸쳐 나타난 것이다. 교사가 이 학생에 대해 첫 번째 입력한 점수는 2.0이었고 마지막 점수는 3.5였다. 교사는 이 학생에 대해 총 8개의 점수를 입력하였다. 이 점수들이 모두 전통적인 지필 시험에서 나온 것은 아니라는 것을 기억하길 바란다. 증거 점수는 요소 IIa, IIb, IIc에 설명된 눈에 띄는 평가, 학생 중심 평가, 또는 눈에 띄지 않는 평가의 모든 유형에서 얻을 수 있다. 예를

들어, 첫 번째 점수 2.0은 교사가 사전 시험으로 학급 전체를 대상으로 시행한 전통적인 시험에서 나왔을 수 있다. 이 학생에 대한 두 번째 증거 점수 2.0은 교사가 이 학생과 했던 탐색적 토의에서 나왔을 수도 있다. 세 번째 증거 점수 1.0은 교사가 학생을 관찰하고 그가 내용을 정확하게 이해했는지 보여 주는 데 도움이 필요하다고 판단했을 때 기록된 것일 수 있다. 가장 최근의 점수 3.5는 아마도 사후 시험으로 모든 학생을 대상으로 교사가 만든 또 다른 지필 시험에서 나왔을 것이다.

때로는 학생들의 점수가 뚜렷한 향상 추세를 나타내어 비교적 쉽게 종합 점수를 산출할 수 있다. 그러나 [그림 1-23]에서는 그렇지 않다. 점수에 대한 전체적인 관점에서 볼 때 전반적으로 상승하는 경향이 있었지만, 일부 증거 점수는 인접한 점수보다 유의하게 높거나 낮았다. 이 부분이 LMS에 내장된 계산기가 교사에게 가장 많은 도움을 제공하는 부분이다. 교사가 각 증거 점수를 입력하면 계산 결과가 업데이트되어, 학생의 점수 패턴에 대한 최신 관점을 제공한다.

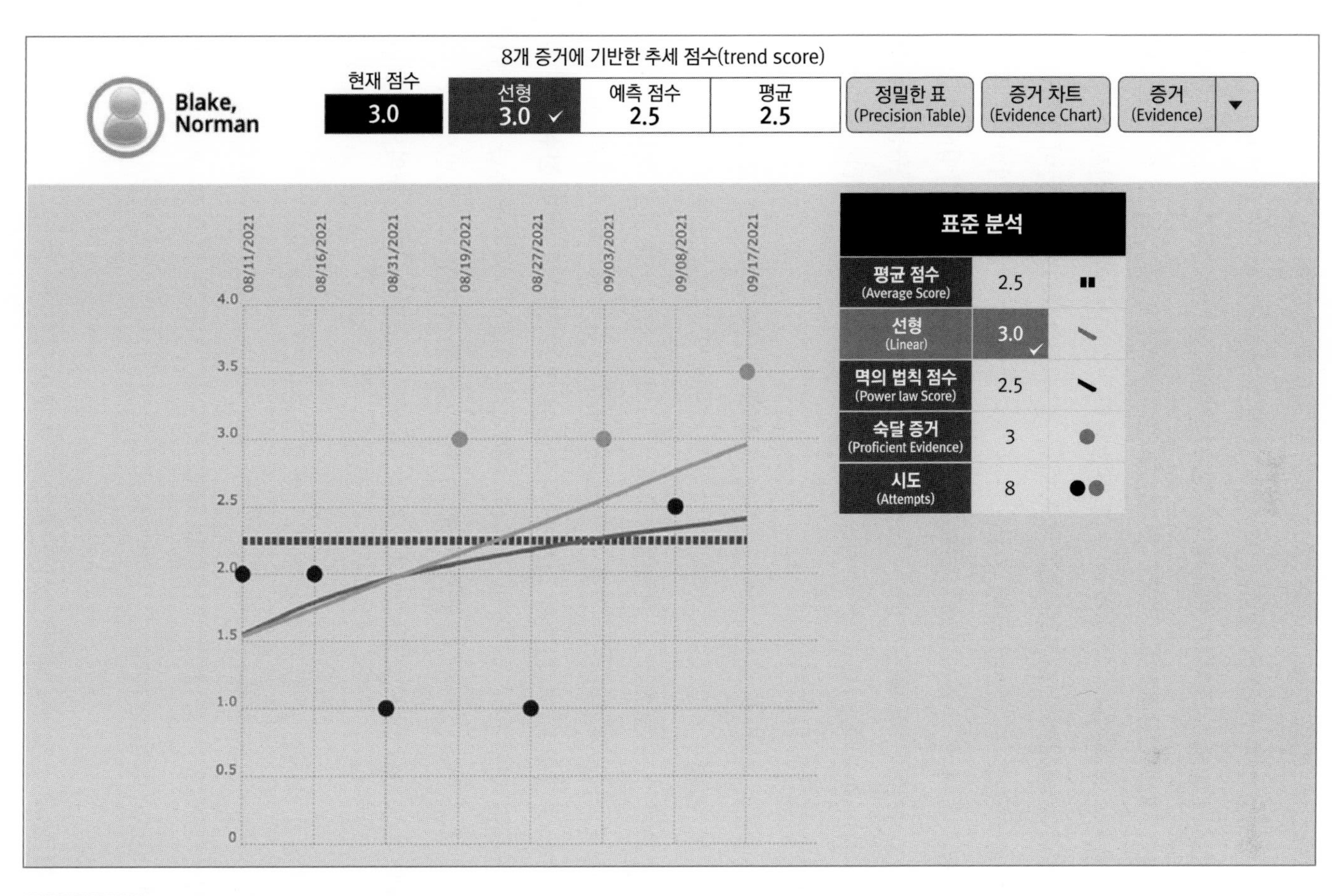

[그림 1-23] Empower Learning LMS

출처: © 2021 by Empower Learning. 허가를 받아 사용함

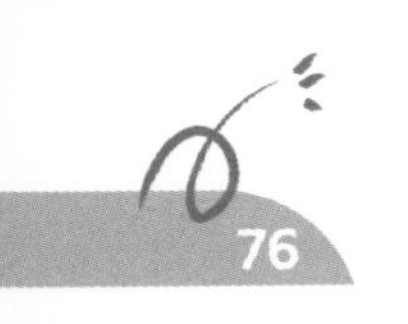

Empower LMS는 가장 가능성 있는 총합 점수를 계산하기 위해 세 개의 수학적 모델을 사용한다. 첫 번째 모델은 평균이다. 이 모델은 사실상 시간이 지남에 따라 학습이 거의 이루어지지 않는다는 가정하에 각 증거 점수에 동일한 가중치를 부여한다. 평균은 [그림 1-23]에서 점선으로 표시된다. 두 번째 수학적 패턴은 선형 경향성이다. 선형 경향성은 학생들이 일정한 속도로 학습한다는 가정하에서 계산된다. 이 선은 직선으로 왼쪽 아래에서 오른쪽 위로 이동하는 선이다. 이것은 학생들이 1주 차에서 2주 차까지 학습한 만큼 2주 차에서 3주 차까지 학습한다는 것을 의미한다. 세 번째 수학적 패턴인 멱 법칙(power of law) 경향성은 시간이 지남에 따라 평평해지는 곡선으로 표시된다. 이는 학생들이 처음에는 빠르게 학습하지만, 더 높은 수준의 숙달 척도에서 더 복잡한 내용을 학습할 때 학습 속도가 느려지거나 평평해진다는 가정 아래 계산된다.

LMS의 더 유용한 측면 중 하나는 이 세 가지 분석을 계산하는 것 외에도 오차가 가장 적은 수학적 모델을 식별하는 것이다. [그림 1-23]에서 이것은 **선형(linear)**이라는 이름에 체크 표시가 있는 강조된 직사각형으로 나타난다. 이는 이 경우 선형 추세가 세 가지 모델 중 가장 적합하다는 것을 나타낸다. 따라서 수학적으로 추천된 '최적합'의 총합 점수는 3.0이다. 교사는 이 정보를 사용하여 왼쪽 상단의 '**현재 점수**'라는 상자에 총합 점수를 입력한다. 이 경우 교사는 수학적 분석에서 추천된 총합 점수 3.0을 사용하는 것을 선택했지만, 학생의 현재 지식이나 기능 수준을 더 잘 반영하는 다른 점수가 있다고 판단한다면 교사는 계산기를 무시할 수 있다는 점에 유의할 필요가 있다.

이러한 유형의 상세한 수학적 분석을 사용하고자 하지만 이를 지원하지 않는 LMS를 사용하는 교육자는 『Making Classroom Assessments Reliable and Valid』(Marzano, 2018)에 있는 공식을 사용하여 자신만의 엑셀 버전을 만들 수 있으며, www.cbe.empowerlearning.net/marzano-calculator를 방문하여 무료 버전의 계산기를 이용할 수 있다.

[그림 1-24]는 요소 IId에 대한 가시적 증거를 나열한 것이다.

효과적인 수업과 지도를 확인할 수 있는 증거에 다음과 같은 교사의 수행이 포함된다.

- 특정 숙달 척도에 있는 학생의 여러 증거 점수를 체계적으로 입력하기
- 특정 숙달 척도에 있는 학생의 형성평가 점수 세트를 주기적으로 현재의 총합 점수로 변환하기
- 학생들과의 토론을 현재의 총합 점수를 부여할 정보로 사용하기
- 수학적 모델을 사용하여 현재의 총합 점수 부여하기

바람직한 학생의 실행과 행동을 확인할 수 있는 증거에 다음과 같은 학생의 수행이 포함된다.

- 현재 총합 점수에 따른 피드백을 활용하여 자신이 알고 있는 것과 모르는 것 판단하기
- 현재 총합 점수의 의미와 특정 숙달 척도와의 관계에 대해 교사와 대화하기
- 자신이 받아야 할 총합 점수에 대해 교사와 상호작용하기

학생의 이해와 인식을 확인할 수 있는 증거에 다음과 같은 학생의 수행이 포함된다.

- 자신이 받은 현재의 총합 점수가 특정 숙달 척도와 관련하여 어떤 의미를 갖는지 설명하기
- 자신이 제안하는 총합 점수가 그들의 현재 상태를 가장 정확하게 표현하는 이유 설명하기

[그림 1-24] 요소 IId에 대한 가시적 증거

출처: © 2021 by Robert J. Marzano.

설계 분야 II를 이해하고 계획하기

설계 분야 II는 평가된 교육과정에 초점을 맞추고 있다. 모든 평가는 특정한 숙달 척도와 직접적으로 관련되어야 하므로 마르자노 아카데미 모델 내에서 숙달 척도의 존재는 시험 설계의 모호성이나 임의성을 없애는 데 도움이 될 것이다. 앞서 논의에서 설명한 바와 같이, 숙달 척도는 평가된 교육과정을 의도된 교육과정 및 가르친 교육과정과 동일하게 만들 수 있다. 또한 설계 분야 II의 요소는 단일 평가에서 나온 학생의 점수는 시험 내용에 대한 학생의 지식을 드러내는 데 있어서 대체로 신뢰할 수 있는 지표가 아니라는 심리 측정적 사실에 근거한다. 이 원리를 인식하는 것은 K-12 교육 평가 세계에서 변혁적인 의미를 갖는다(자세한 논의는 Marzano, 2018 참고).

모든 시험은 학생이 받은 점수[관찰된 점수(observed score)라고 불림]가 약간의 오차를 포함한다는 가정하에 설계된다. 학생이 추측해서 정답을 맞히거나 교사가 실수로

오답을 정답 처리하는 것처럼 오차로 인해 점수가 높아지기도 한다. 반면 학생이 정답을 알고도 오답에 표시하거나 교사가 실수로 정답에 점수를 주지 않는 것처럼 오차가 관찰값을 인위적으로 낮추기도 한다. 시험의 신뢰도를 아는 교사와 시험 설계자는 오차가 존재하지 않을 경우, 어떤 학생에 대해서건 그 학생이 받을 수 있는 가능한 점수 범위를 계산할 수 있다. 이것을 학생의 실제 점수가 속하는 점수의 범위를 찾는 것이라고 말한다.

〈표 1-1〉은 단일 시험에서 개별 학생의 점수에서 예상할 수 있는 오차 값을 나타낸다. 시험에서 신뢰도 계수의 범위는 0.00에서 1.00으로, 값이 클수록 시험의 점수가 더 정확하다고 본다. 개별 학생의 점수에 대한 정확성 정도를 나타내기 위해 이 표의 행에는 신뢰도의 다섯 수준에서 70이라는 관찰된 점수의 정확도가 기록되어 있다. 표의 첫 번째 행에는 최상의 시나리오가 보고된다. 이 경우, 시험의 신뢰도가 0.85일 때 학생에게 유리하거나 불리하게 작용하는 오차를 설명할 수 있는 점수의 범위는 59점과 81점 사이이다. 만약 시험의 신뢰도가 0.85가 아니라 0.45이면 가능한 실제 점수의 범위는 48점과 92점 사이이다.

<표 1-1> 단일 점수와 관련된 오차-관찰된 점수 70점에 대한 95% 신뢰 구간

시험에 대해 보고된 신뢰도 계수	관찰값	최저점	최고점	범위
0.85	70	59	81	22
0.75	70	55	85	30
0.65	70	53	87	34
0.55	70	50	90	40
0.45	70	48	92	44

주: 이 시험의 표준 편차는 15이며, 상한과 하한은 반올림한 것임
출처: Marzano et al., 2019.에서 변형함

단일 평가에서 단일 점수의 신뢰도가 낮다는 것은 교사가 다루는 측정 주제와 관련해서 여러 평가를 통해 학생의 점수를 수집해야 한다는 것을 의미한다. 이것은 교사가 전통적인 시험을 더 많이 설계하고 실행해야 한다는 것을 의미하는 것이 아니라, 학생들을 더 많이 평가해야 한다는 것을 의미한다. 이를 위해서, 마르자노 아카데미의 교실 평가 모델은 전통적인 교실에서는 이루어지지 않는 많은 평가 선택지를 제공한다. 앞 절에서 기술한 바와 같이, 이러한 선택지는 눈에 띄는, 학생 중심의, 눈에 띄지 않는 평가를 포괄한다. [그림 1-25]는 요소 IIa, IIb, IIc, IId에서 직간접적으로 다룬 평가 선택지를 요약한 것이다.

전통적인 시험은 나열된 평가 유형 중 하나일 뿐이며, 그 외에도 많은 유형이 있다는 것에 주목하길 바란다. 어떤 것들은 탐색적 토의와 같이 매우 비공식적일 수 있다. 학생 중심 평가는 평가 자료를 수집하는 합리적인 방법이며, 목록의 다른 유형들과 동등한 가치를 지닌다. 다시 말하지만, 숙달 척도에 교육과정 내의 내용이 매우 명확하게 정의되어 있기 때문에, 교사는 다양한 교실 평가의 선택이 가능하다.

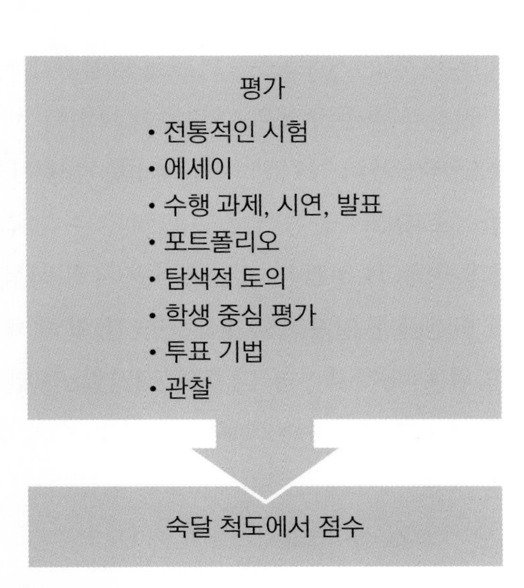

[그림 1-25] 교실 평가를 위한 개념 모형

출처: Marzano (2018)에서 변형함

마르자노 아카데미 평가 모델의 또 다른 함의는 모든 학생이 주어진 주제에 대해 같은 수의 평가를 받지 않을 것이라는 점이다. 교사는 눈에 띄지 않는 평가와 탐색적 토의처럼 일대일의 눈에 띄는 평가를 사용해서 학생들을 평가하는 의도하지 않았던 여러 기회를 가질 것이기에, 특정 숙달 척도에서 어떤 학생은 다른 학생에 비해 더 많은 평가 점수를 축적할 것이다. 학생이 학생 생성 평가나 자기 평가를 제출할 때 이 점수 또한 그 특정 척도에 대한 증거에 보탬이 된다. 일반적으로, 마르자노 아카데미 모델 내에서 권장되는 것은 교사가 자신의 현재 총합 점수에 대해 확신이 없는 학생들을 위해 더 많은 증거를 찾는 것이다.

마지막으로, 마르자노 아카데미의 평가 모델은 평가 기간 동안 숙달 척도에 대한 어떤 학생의 최종 총합 점수도 협의로 결정되어야 함을 강력하게 제안한다. 학생들은 특정한 시기에 특정한 주제에 대한 자기 능력을 정확하게 나타내는 총합 점수에 대한 증거를 제공하고, 교사는 그러한 증거의 타당성을 판단한다.

설계 분야 II에 대한 계획은 일반적으로 요소 IIa인 눈에 띄는 평가의 사용에 초점을 둔다. 이는 이러한 평가가 수업의 흐름을 중단하고 독립적으로 이루어지기 때문이다. 학생 중심의 눈에 띄지 않는 평가는 좀 더 즉흥적이거나 자발적인 방식으로 이루어질 것이다. 교사는 특정한 측정 주제와 관련하여 자신이 사용할 눈에 띄지 않는 평가의 유형을 계획해야 한다. 특히 그러한 평가가 전통적인 시험, 에세이 및 발표일 때는 더욱 그렇다. 일반적으로 교사는 단원을 시작하기 위한 전통적인 시험과 단원을 끝내기 위한 전통적인 시험, 즉 성격이 매우 유사한 사전 시험과 사후 시험을 설계할 것이다. 이것은 모든 학생에게 일관되고 비교 가능한 첫 번째와 마지막 점수를 설정하여 요소 IId에 설명된 수학적 계산을 더 쉽게 해석할 수 있게 하므로 교사가 요소 IId를 실행하고 총합 점수를 부여하는 데 큰 이점이 될 수 있다.

요약

이 장에서는 아카데미 모델에서 피드백의 영역을 다룬다. 이 영역은 두 가지 설계 분야를 포함한다. 설계 분야 I은 숙달 척도를 다룬다. 이 설계 분야의 전반적인 목적은 숙달 척도를 만들고 학생들과 소통하는 것이다. 숙달 척도는 의도한 교육과정, 가르친 교육과정, 평가된 교육과정의 기초가 된다. 이 설계 분야 내에 세 가지 요소가 있다. 설계 분야 II는 평가를 다룬다. 여기서 교사는 숙달 척도에 비추어 학생의 위치를 측정하는 평가를 설계하고 실행하며, 학생이 자신의 평가 점수와 숙달 척도에서 전반적인 위치의 관계를 이해하도록 돕는다. 이를 위해 교사가 사용할 수 있는 평가의 유형은 매우 다양하다. 이 설계 분야와 관련해서 네 가지 요소가 있다. 각 설계 분야의 요소별로 교사와 학생을 위한 가시적 증거를 제시하여 각 요소에서 의도한 결과와 관련하여 교사의 행동이 얼마나 효과적인지 파악할 수 있도록 하였다.

제2장

내용

- 설계 분야 III: 숙달 척도 수업
- 설계 분야 IV: 일반적 수업
- 요약

내용 영역은 마르자노 아카데미 모델 내에서 가르친(taught) 교육과정을 위한 수업 전략을 다룬다. 가르친 교육과정은 대부분 숙달 척도에 따라 정의된 전통적인 학업 내용을 포함하지만, 메타인지 기능과 생활 기능 같은 비전통적 내용도 포함한다(요소 Xc 참고). 기본적으로, 교사가 학생이 학습해야 할 중요한 것으로 인식한 모든 것은 이 영역(domain)에서 설계 분야(area)에 따라 철저히 검토되어야 한다. 이와 같은 검토에는 내용의 특징을 정의하고 이러한 특징을 가장 잘 다루는 수업 전략을 교사가 결정하는 것까지 포함된다.

이 영역은 두 가지 설계 분야로 구성되어 있다. 설계 분야 III은 숙달 척도 수업에 대한 것이며, 설계 분야 IV는 일반적인 수업에 대한 것이다. 두 설계 분야는 전통적인 교실에서 사용되는 많은 요소를 포함하고 있지만, 역량 기반 체제에서 교사가 이러한 요소를 사용하는 방식에는 상당한 차이가 있다.

설계 분야 III: 숙달 척도 수업(Proficiency Scale Instruction)

이 설계 분야는 교사가 초점을 두고 있는 숙달 척도에 따라 내용을 소개하고 초기에 강화하는 방식을 다룬다. 이 분야는 모든 수업 설계의 출발점이다. 이 설계 분야는 일곱 가지 요소로 구성된다.

IIIa. 내용 묶기

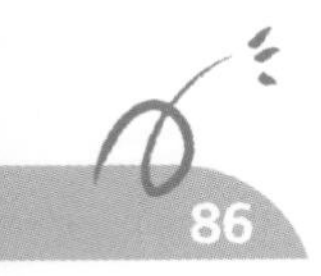

IIIb. 내용 처리하기

IIIc. 내용 기록하고 표현하기

IIId. 구조화된 연습 사용하기

IIIe. 유사점과 차이점 탐색하기

IIIf. 인지적으로 복잡한 과제에 학생들을 참여시키기

IIIg. 주장을 생성하고 입증하기

다음 이어지는 절에서 각 요소에 대해 자세히 설명한다.

IIIa. 내용 묶기

마르자노 아카데미 교사들은 이러한 처리 가능한 조각을 일반적으로 묶음(chunk)이라고 부른다. 묶음은 중요한데, 학생들이 한번에 너무 많은 새로운 정보를 처리할 수 없기 때문이다. 숙달 척도 내에서, 내용이 이미 개별 학습 목표(targets)로 조직되어 있으므로, 역량 기반 체제에서 내용 묶기는 자연스럽게 이루어질 수 있다. [그림 2-1]의 숙달 척도를 주의 깊게 살펴보자.

4.0	3.0 수행에 추가하여, 학생은 배운 내용을 뛰어넘는 심도 있는 추론과 적용을 보여준다.
3.5	3.0 수행에 추가하여, 점수 4.0 내용에 대해 부분적으로 성공한다.
3.0	학생은 IMI-텍스트의 중심 생각을 찾는다(예, Aliki의 『A Medieval Feast』에서 중심 생각은 중세 시대 사람들이 축제를 준비하는 방법이라고 말한다).
2.5	점수 2.0 내용에 대해 큰 오류나 누락이 없으며, 점수 3.0 내용에 대해 부분적으로 성공한다.
2.0	중심 생각 찾기-학생은 특정 어휘(예: 핵심어)를 인식하거나 회상하고 다음과 같은 기본적인 과정을 수행한다. • 텍스트에서 반복되는 단어와 구에 주석을 단다. • 저자가 텍스트에서 반복되는 단어와 구를 사용하는 이유를 설명한다.

	• 표제(headings)와 제목(titles)에서 핵심어를 찾는다. • 특정 텍스트의 다른 구절에 있는 공통적인 세부 사항을 설명한다. • 문장이나 짧은 단락의 주요 주제(topic)를 결정한다.
1.5	점수 2.0 내용을 부분적으로 성공하였으나 점수 3.0 내용에 대한 큰 오류 또는 누락이 있다.
1.0	도움을 받아 점수 2.0 내용 및 점수 3.0 내용에서 부분적으로 성공한다.
0.5	도움을 받아 점수 2.0 내용은 부분적으로 성공하나 점수 3.0 내용은 성공하지 못한다.
0.0	도움이 있어도 성공하지 못한다.

[그림 2-1] 중심 생각 찾기를 위한 숙달 척도, 2학년 영어

출처: © 2016 by Marzano Resources. 허가를 받아 수정함

수업의 목적으로, 교사는 척도 2.0 수준에서 내용을 시작할 가능성이 높다. 일부를 수정하여, 글머리 기호로 표시된 각 항목을 단일한 묶음으로 접근할 수 있다. 예를 들어, 교사는 먼저 학생들에게 한 구절에서 반복되는 단어를 찾게 한 다음, 그 구절의 전체적인 의미에서 반복되는 단어들이 무엇을 나타내는지 토론하게 할 것이다. 토론이 끝난 후, 교사는 학생들에게 왜 저자가 이러한 특정 단어와 구를 반복하기로 선택했는지, 그리고 이것이 구절의 전반적인 메시지에 어떤 방식으로 기여하는지 각각 설명하게 할 것이다. 다시 말하지만, 학생들은 자신의 생각을 나눌 것이다. 다음으로, 교사는 학생들에게 다른 구절에 있는 세부 사항을 검토하게 할 것이다. 실제로 교사는 숙달 척도의 학습 목표(즉, 글머리 기호)를 서로 관련이 있지만 구분되는 지식의 조각으로 학생들에게 제시할 수 있는 내용 묶음으로 해석할 수 있다. 물론, 숙달 척도에 있는 학습 목표 목록이 항상 깔끔하고 순차적인 내용 묶음이 되는 것은 아니다. 일부 더 복잡한 학습 목표는 과정 목적(process purposes)을 위해 여러 개의 묶음으로 분할되어야 할 수도 있다. 그러나 숙달 척도는 대체로 교사에게 내용 묶기에 좋은 출발점이 될 수 있다.

내용을 묶을 때, 교사는 내용의 복잡성과 학생들의 배경지식을 모두 고려해야 한다. 내용의 복잡성은 교사가 설계하는 묶음의 단위를 결정하는 주요 요인이 되어야

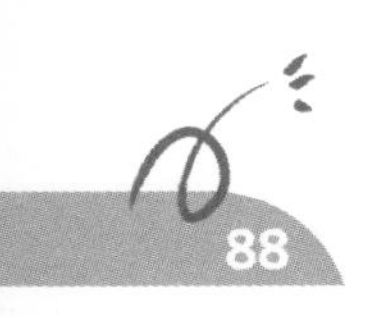

한다. 내용이 복잡할수록 묶음은 작아야 한다. 학생들의 선지식은 묶음의 크기와 수에 영향을 미친다. 만약 내용에 대한 학생들의 선지식이 거의 없다면, 묶음의 크기는 작고 수는 많아야 한다. 만약 학생들이 상당한 선지식을 지니고 있다면, 묶음의 크기는 크고 수는 적을 수 있다.

묶음을 다룰 때 고려해야 할 또 다른 요인은 학교의 LMS에서 재생 목록(playlist)을 어느 정도 활용하는가이다. 간단히 말해서, 재생 목록은 학생들이 측정 주제(measurement topic)를 학습하는 데 사용하는 일련의 정보와 활동으로 구성된다. 교사들은 학생들이 언제나 경험할 수 있도록 재생 목록을 개발하여 LMS에 저장한다. 재생 목록의 요소는 학생들이 단순한 것에서 복잡한 것으로 진행되는 내용 묶음을 접할 수 있게 구성되어야 한다. 재생 목록은 Empower LMS의 핵심 기능이다. 다른 시스템에서는 재생 목록이라는 용어를 사용하지 않을 수 있지만 유사한 기능이 있다. 이를 설명하기 위해, 교사가 Empower 시스템에 불러온 [그림 2-2]의 재생 목록을 살펴보겠다. 이 재생 목록은 학생들이 구절의 중심 생각을 결정하는 데 도움이 되는 일련의 교육 활동을 포함한다.

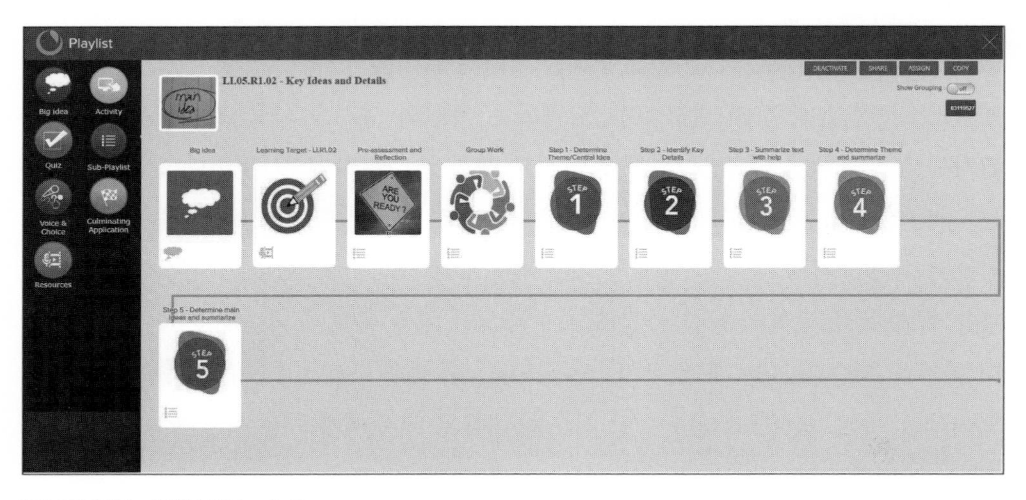

[그림 2-2] 재생 목록 사례

출처: © 2021 by Empower Learning. 허가를 받아 사용함

재생 목록은 중심 생각을 알아차리는 과정을 다섯 단계로 나눈다. 그림과 같이, 각 단계에 대한 폴더가 있지만, 이 폴더 앞에는 학생들이 중심 생각 개념의 몇 가지 중요한 특징을 이해할 수 있도록 필요한 배경 정보가 포함된 4개의 폴더가 있다. 재생 목록에는 평가 활동과 그룹 활동도 포함될 수 있다.

[그림 2-3]은 요소 Ⅲa에 대한 가시적 증거를 나열한 것이다.

효과적인 수업과 지도를 확인할 수 있는 증거에 다음과 같은 교사의 수행이 포함된다.

- 새로운 내용에 대한 학생의 초기 이해를 바탕으로 더 크거나 작은 묶음으로 새로운 내용 제시하기
- 학생들을 그룹으로 나누어 가르친 정보 묶음 처리하기
- 새로운 명제적 지식을 제시하면서, 논리적으로 함께 사용되는 개념과 세부 사항으로 묶음 구성하기
- 새로운 절차적 지식을 제시할 때, 함께 이루어진 처리 단계로 묶음 구성하기

바람직한 학생의 실행과 행동을 확인할 수 있는 증거에 다음과 같은 학생의 수행이 포함된다.

- 묶음 간 내용의 처리에 적극적으로 참여하기
- 묶음별 내용에 대한 이해 보여 주기

학생의 이해와 인식을 확인할 수 있는 증거에 다음과 같은 학생의 수행이 포함된다.

- 새로운 내용을 제시하는 동안 교사가 특정 지점에서 왜 멈추는지 설명하기
- 묶음은 학생들이 학습하는 데 어떻게 도움이 되는지 설명하기

[그림 2-3] 요소 IIIa에 대한 가시적 증거

출처: © 2021 by Robert J. Marzano.

IIIb. 내용 처리하기

이 요소의 목적은 교사가 내용을 제시할 때 학생들이 해당 내용에 대해 일관성 있는 이해를 만들 수 있게 각각의 새로운 묶음을 생각하게 하는 것이다. 달리 말하면, 적절한 크기의 내용 묶음을 학생들에게 명확하게 제시한 후에도, 교사는 학생들이 내용에 대해 다른 사람들과 상호작용하고, 방금 학습한 것을 분석하고, 이미 알고 있는

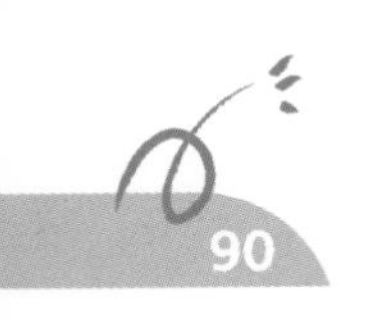

것과 어떻게 관련이 있는지 알아내는 기회를 제공해야 한다.

이는 대개 몇몇 유형의 협력 활동에서 수행된다. 예를 들어, 'Jot Thoughts'(Wincel, 2016)는 이를 쉽게 사용할 수 있는 전략이다. 교사가 프롬프트를 제시한 후, 각 그룹원은 떠오르는 아이디어를 점착 메모지에 적고 테이블에 메모지를 붙이며 자기 아이디어를 큰 소리로 말한다. 그룹원은 그들의 모든 아이디어를 명확하게 표현할 때까지 이를 계속 진행한다. 다음으로, 교사는 학생들에게 아이디어 목록을 조직 · 결합 · 개선하여, 그룹에서 의견이 일치하는 가장 좋아하는 최종 아이디어에 도달하게 한다.

이와 유사하게, 인물 특성에 대한 숙달 척도와 관련된 소리 내어 읽기 활동 중에 교사는 학생들에게 2~3명으로 그룹을 구성하여 텍스트에서 가능한 인물 특성과 이를 뒷받침하는 텍스트 내 근거를 작성해 보도록 질문할 수 있다. 마지막으로, 학생들이 한 국가 내 지역에 대해 학습하고 있다면, 교사는 학생들을 특정 지역의 전문가가 될 수 있도록 서로 다른 그룹으로 나눌 수 있다. 나중에 돌아와서 학생들은 그들이 알게 된 것을 보고하고, 교사는 모든 학생이 정보를 모으고 요약할 수 있도록 학생들을 전체 토론에 참여하게 한다. 이 외에도 유사한 상호작용 전략들이 많다. 이러한 전략은 『The Handbook for the New Art and Science of Teaching』(Marzano, 2019a)에 설명된 바와 같이, 관점 분석, 상보적 교수, 개념 획득, 혼자서-둘이서-함께(think-pair-share), 이야기 번갈아 듣고 말하기(scripted dyads) 등이 있다.

사실상 효과적인 내용 처리 활동 대부분은 학생들이 두 가지 기본적인 인지 조작인 '요약과 분류'를 하게 한다. 다음은 요약에 대한 간단한 길잡이 문장이다.

- 배운 내용에서 가장 중요한 것을 설명하라.
- 배운 내용에서 가장 눈에 띄는 점은 무엇인가?
- 배운 내용을 간략하게 어떻게 설명하겠는가?
- 배운 내용에서 어떤 핵심 아이디어가 눈에 띄는가?
- 배운 내용에서 기억해야 할 가장 중요한 점은 무엇인가?
- 만약 누군가에게 배운 내용을 간략히 전해야 한다면, 어떻게 말하겠는가?

다음은 분류에 대한 간단한 길잡이 문장이다.

- 이러한 아이디어를 어떻게 나눌 수 있는가?
- 어떤 아이디어가 서로 유사한가?
- 여기 있는 아이디어 모음은 무엇이며, 아이디어 모음은 어떻게 다른가?
- 다양한 아이디어의 공통적인 특징은 무엇인가?

[그림 2-4]는 요소 IIIb에 대한 가시적 증거를 나열한 것이다.

효과적인 수업과 지도를 확인할 수 있는 증거에 다음과 같은 교사의 수행이 포함된다.

- 학생들을 그룹으로 구성하여 그룹 안에서 새로운 정보를 요약하게 하고, 명료한 질문을 하며, 예측하게 하기
- 관점 분석, 사고 모자(thinking hats), 협력 과정, 직소, 상보적 교수, 개념 획득, 혼자서-둘이서-함께, 이야기 번갈아 듣고 말하기 같은 그룹 처리 전략 활용하기

바람직한 학생의 실행과 행동을 확인할 수 있는 증거에 다음과 같은 학생의 수행이 포함된다.

- 내용과 적극적으로 상호작용하며, 내용에 대해 동료들과 적극적으로 상호작용하기
- 요약문 작성하기
- 자발적으로 예측하기
- 자발적으로 질문하기

학생의 이해와 인식을 확인할 수 있는 증거에 다음과 같은 학생의 수행이 포함된다.

- 방금 배운 내용 설명하기
- 새로운 정보를 처리하는 것이 이를 더 잘 이해하는 데 어떻게 도움이 되는지 설명하기

[그림 2-4] 요소 IIIb에 대한 가시적 증거

출처: © 2021 by Robert J. Marzano.

IIIc. 내용 기록하고 표현하기

이 요소에 있는 교사의 책임은 학생들에게 학습 중인 새로운 내용을 기록하고 표현할 기회를 제공하는 것이다. 이 활동에는 학생의 학습을 향상하게 하는 다양한 결과가 있다. 첫째, 학생들이 내용을 기록하거나 표현하기 위해 내용을 회상(recall)해야 한다는 것이다. 둘째, 기록과 표현은 정보를 부호화 한 형태이다. 이는 학생들이 자신의 현재 이해를 표현하는 방식으로 내용을 다시 설명함을 의미한다. 실제로 학생들이 현재 이해하고 있는 내용을 설명할 때마다 그들은 기록과 표현에 참여하는 것이다.

학생들이 정보를 기록하고 표현하기 위해 사용할 수 있는 전략은 다양하고 많다. 예를 들어, 멸종 위기에 처한 종을 다룬 단원에서, 교사는 학생들에게 '생성-분류-연결-정교화' 과정을 사용하도록 안내할 수 있다(Ritchhart, Church, & Morrison, 2011). 과학자들이 드론을 사용하여 참고래를 추적하고 그들의 생활에 대해 더 많은 정보를 얻는 방법에 관해 함께 읽기를 한 후, 학생들은 방금 읽은 텍스트의 정보를 사용하여 처음에는 러닝 레코드(running record)라 불리는 그래픽 조직자(graphic organizer)를 생성할 수 있다([그림 2-5] 참고). 이 조직자에는 고래에 관한 세부 사항, 멸종 위기에 처한 원인, 고래를 돕기 위한 노력, 정보 출처를 기록하는 열(column)이 포함되어 있다. 단

동물	세부 사항	멸종 위기 원인	돕기 위한 노력	출처
참고래	머리에 거친 반점이 하얗게 보임. 세 가지 다른 종이 있음. 고래 중 두 번째로 큼	사냥, 대형 선박의 프로펠러에 의한 죽음	멸종 위기종으로 보호함. 선박의 제한 속도를 낮춤	National Geographic

[그림 2-5] 러닝 레코드

원 학습이 진행되는 동안 학생들이 배울 다른 동물에 대한 행(row)도 있다. 새로운 멸종 위기종에 관한 정보를 접할 때마다 학생들은 러닝 레코드의 행에 기록하게 된다.

예를 들어, 단원의 후반부에서 학생들에게 상어 지느러미 수프와 전 세계 상어 개체 수 감소에 관한 기사를 요약하게 할 수 있다. 학생들은 이 정보를 러닝 레코드의 다른 행에 기록할 것이다. 단원이 진행됨에 따라 더 많은 행이 기록된다. 이러한 활동은 생성-분류-연결-정교화 전략에서 생성 단계를 구성한다. 다음으로, 학생들은 러닝 레코드에 있는 동물들을 세부 사항, 멸종 위기 원인, 또는 돕기 위한 노력에서 비슷한 특징을 가진 그룹으로 분류한다. 그런 다음 학생들은 다양한 그룹의 동물들이 어떻게 연결되어 있는지 설명하고 이러한 연결을 글로 정교화한다.

[그림 2-6] 중요한 정보를 강조한 포스터

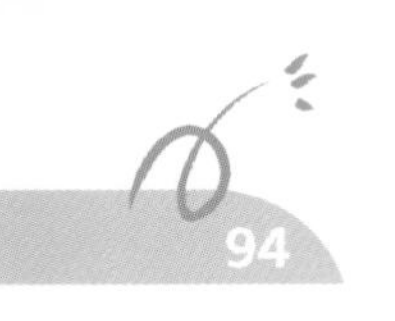

이 활동을 더 확장하기 위해, 그룹은 도움이 필요한 다양한 종 중 하나를 선택하고, 시각적 · 언어적으로 중요한 정보를 강조하는 포스터를 만들 수 있다([그림 2-6] 참고). 이 또한 내용을 표현한 것이다. 학생들은 자신이 선택한 종에 대한 기사를 작성하여 원본 삽화와 함께 학급 책(class book)에 수록하게 되는데, 이는 내용을 표현하는 또 다른 형태이다. 단원은 다이앤 포시(Dian Fossey)와 르완다에서 고릴라와 함께한 그녀의 연구에 관한 각본을 낭독하는 것으로 이어진다. 각본 낭독은 새로운 정보를 표현하는 또 다른 기술이다. 단원의 마무리에서 학생들은 자신이 선택한 동물이 왜 가장 심각한 멸종 위기에 처해 있고 학급의 도움이 가장 필요한가에 대한 제안서를 작성한다. 학생들은 어떤 동물을 구할 것인지 투표하고, 그들의 동물을 기리기 위해 세계자연기금에 기부할 돈을 모으는 모금 행사를 시작한다. 이러한 최종 활동은 내용을 기록하고 나타내는 것은 아니지만, 학생들에게 그들의 학습을 마무리하게 하고, 학습한 내용의 최종 결론을 제공한다.

학생들이 내용을 기록하고 표현하는 방법은 무한하지만, 마르자노 아카데미 모델은 교사들이 지식 지도(knowledge maps)라고 불리는 특정한 유형의 그래픽 조직자를 사용할 것을 권한다. 지식 지도를 어떻게 사용하는지 설명하기 위해, 교사가 학생들에게 정치적 사건에서 시위에 관한 이야기를 읽게 하는 상황을 상상해 보자. 교사는 학생들에게 간단한 순서도([그림 2-7] 참고)와 복잡한 순서도([그림 2-8] 참고)를 제공하고, 학생들에게 이야기에서 발생한 사건을 가장 잘 포착한다고 생각한 지도를 사용하게 하였다. 이야기를 사건이 연속해서 발생한 것으로 본 학생은 간단한 순서도를 사용할 것이다. 수평선은 시간을 나타내고, 경사진 직선은 개별 사건을 나타낸다(예, 군중이 모이기 시작했다, 상당한 사람들이 모였을 때 그들은 구호를 외치고 노래를 부르기 시작했다, 등등). 또 다른 학생은 각각의 수평선을 사용하여 여러 사람의 관점(시위 참가자, 질서 유지를 맡은 경찰관, 아파트 창으로 시위를 보는 사람 등)에서 사건을 묘사하는 데 사용하는 복잡한 순서도를 선택할 수도 있다.

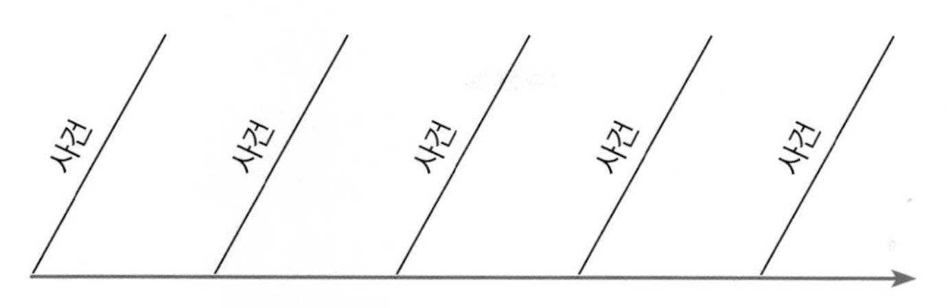

[그림 2-7] 간단한 순서 지식 지도

출처: © 2017 by Marzano Resources. 허가를 받아 사용함

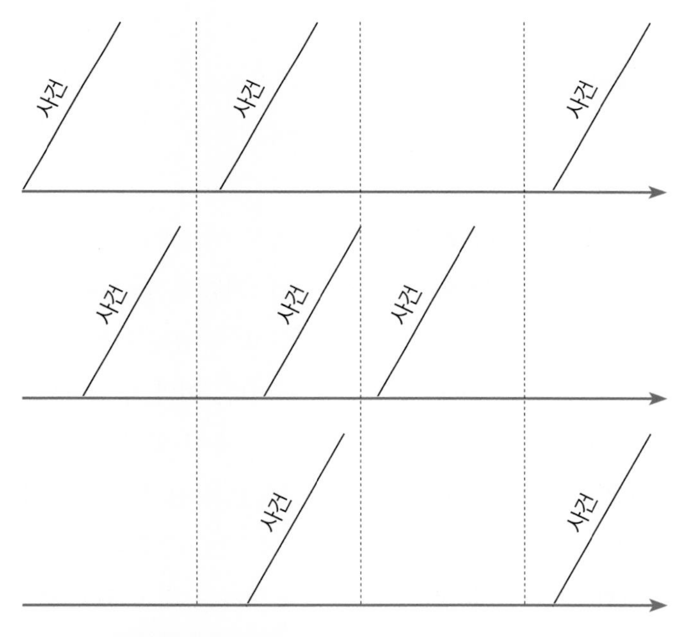

[그림 2-8] 복잡한 순서 지식 지도

출처: © 2017 by Marzano Resources. 허가를 받아 사용함

지식 지도 시스템을 사용할 때 교사가 할 수 있는 또 다른 선택지는 학생들에게 읽고 듣고 본 것을 표현하는 데 사용할 수 있는 다양한 유형의 지도를 제시하는 것이다. 예를 들어, 시위에 관한 설명을 사용하여, 교사는 학생들에게 순서도 또는 인과도([그림 2-9] 참고)를 사용할 수 있는 선택지를 제공할 수 있다.

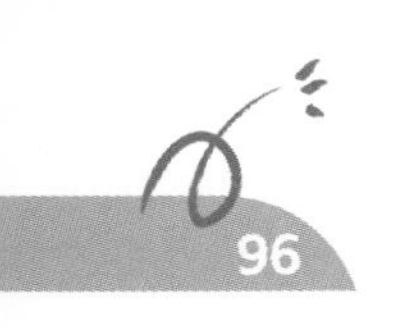

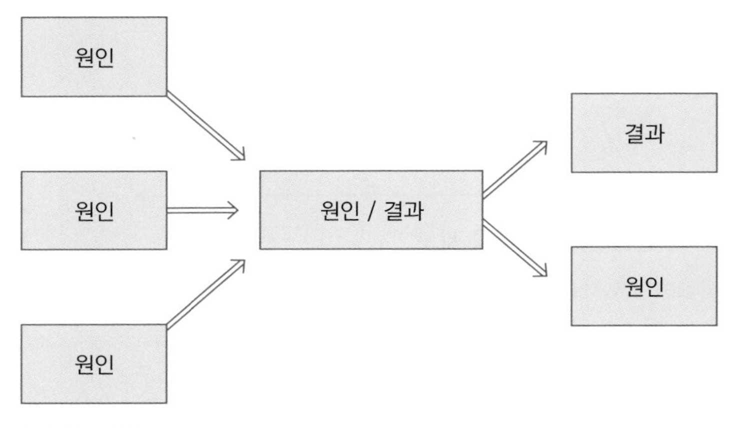

[그림 2-9] 간단한 인과 지식 지도

출처: © 2017 by Marzano Resources. 허가를 받아 사용함

전통적인 교실에서는 교사가 하나의 그래픽 조직자를 사용하는 경향이 있지만, 지식 지도는 세트로 사용되도록 고안되었다. 예를 들면, 전통적인 그래픽 조직자를 사용하는 경우, 교사는 특정 조직자를 학생에게 제시하고, 학생들에게 그 조직자를 사용해서 읽거나, 듣거나, 본 것을 표현해 보라고 할 것이다. 이와 대조적으로, 지식 지도를 사용할 때 교사는 일반적으로 학생들에게 두 가지 유형 이상의 지식 지도를 제시하고, 학생들에게 정보에 가장 적합한 유형을 선택하고 자신의 선택을 정당화해 보라고 할 것이다. 요컨대, 아카데미 모델을 사용하는 교사는 지식 지도를 학생들이 모든 학년 수준과 모든 교과 영역의 내용을 이해하고 조직하는 데 도움을 줄 수 있는 통합적인 시스템으로 생각해야 한다. 아카데미 모델에 사용된 지식 지도 시스템을 설명하기 위해 14가지 유형의 지식 지도가 나열된 [그림 2-10]을 살펴보길 바란다. 대부분의 유형 내에서 지식 지도는 간단한 것에서 복잡한 것까지 다양하다. 예를 들어, 순서도는 인과도와 마찬가지로 간단한 버전과 복잡한 버전이 있다. 문제 해결 지도에는 간단한, 복잡한, 심화된 버전이 있다. 이 범위와 순서는 특정한 지식 지도가 특정한 학년 수준 범위에 더 적합할 수 있음을 시사한다. 이는 유용한 지침이지만, 우리가 발견한 것은 일부 초등 교사는 학생들과 함께 더 복잡한 지식 지도를 효과적으로 사

용하고 있으며, 일부 중등 교사는 더 간단한 지식 지도를 중등학교 학생들에게도 관련성 있게 만드는 방법을 찾고 있다는 것이다.

구조	유치원 이전	K~2	3-5	6-8	9-12
1. 기본 관계	×	×	×	×	×
2. 기술	×	×	×	×	×
3. 순서	간단	×	복잡	×	×
4. 인과		간단	복잡	×	×
5. 문제 해결		간단	복잡	심화	×
6. 비교		×	×	×	×
7. 모음		간단한 목록	결합된 목록	교차한 목록	중첩된 목록
8. 분류		간단	복잡	×	×
9. 논증		간단	복잡	×	×
10. 추론				귀납	×
				연역	×
11. 시스템		과정	×	×	×
		주기	×	×	×
		흐름도	×	×	×
			시스템	×	×
12. 일화			×	×	×
13. 은유			×	×	×
14. 유추			×	×	×
합계	3	12	16	18	18

[그림 2-10] 지식 지도의 수직적 정렬(vertical alignment)

출처: © 2020 by Marzano Academies, Inc. 허가를 받아 사용함

[그림 2-11]은 요소 IIIc에 대한 가시적 증거를 나열한 것이다.

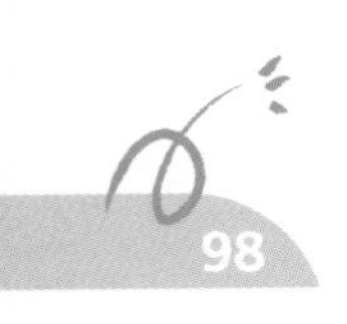

효과적인 수업과 지도를 확인할 수 있는 증거에 다음과 같은 교사의 수행이 포함된다.

- 언어적 · 비언어적 방식으로 자기 생각을 기록하고 표현하는 데 도움이 되는 활동에 학생들 참여시키기
- 비공식적 개요, 요약, 그림 메모, 조합 메모, 그래픽 조직자, 교과 노트, 자유로운 흐름의 그물, 실연(dramatic enactment), 기억술(mnemonic devices), 걸이 단어법(rhyming pegwords), 연결 전략(link strategies) 같은 전략 활용하기
- 공통의 지식 지도 시스템 사용하기

바람직한 학생의 실행과 행동을 확인할 수 있는 증거에 다음과 같은 학생의 수행이 포함된다.

- 다양한 유형의 그래픽 조직자를 만들어 자기 생각 표현하기
- 다양한 버전의 지식 지도 사용하기
- 중요한 정보를 포함하여 요약하기
- 새로운 정보를 정신적으로 표상하기

학생의 이해와 인식을 확인할 수 있는 증거에 다음과 같은 학생의 수행이 포함된다.

- 새로운 정보의 정신적 표상 설명하기
- 비언어적 표현 설명하기
- 이전 수업의 중요한 내용 기억하기

[그림 2-11] 요소 IIIc에 대한 가시적 증거

출처: © 2021 by Robert J. Marzano.

IIId. 구조화된 연습 사용하기

이 요소에서 교사의 책임은 학생들에게 새로운 기능이나 과정을 배울 때 구조화된 연습 기회를 제공하는 것이다. 이는 매우 중요한데, 구조화된 연습 기간이 없으면, 학생들은 새로운 기능이나 과정을 자동적이고 능숙한 수준까지 학습하기 어려울 것이다.

이 요소를 실행하려면 명제적 지식(declarative knowledge)과 절차적 지식(procedural knowledge)의 차이를 이해하는 것이 중요하다. 기술적인 용어를 사용하지 않고, 명제적 지식이란 본질적으로 정보를 제공하는 것이다. 학생들이 날씨, 다양한 유형의 문학, 또는 정부 유형 등을 학습할 때 명제적 지식을 배우게 된다. 대조적으로, 절차적 지식은 기능이나 과정을 포함한다. 〈표 2-1〉은 학생들이 초등학교 수준에서 배우는

절차적 지식 유형의 전형적 사례이다. 명제적 지식과 절차적 지식을 구별하는 것은 중요하다. 왜냐하면 교사가 다루는 지식의 유형에 따라 수업이 달라져야 하기 때문이다. 구체적으로 교사는 학생들에게 절차적 지식을 연습하게 해야 하지만, 학생들이 명제적 지식에 대해 깊이 이해할 수 있도록 도와야 한다. 우리는 요소 Ⅲe에서 명제적 지식을 심화하기 위한 전략을 살펴본다.

<표 2-1> 초등학교 수준에서 다루는 절차적 지식 유형

교과	절차적 지식 예
수학	분수 나누기
언어 - 읽기	읽기 중 알아보지 못한 단어의 발음법
언어 - 쓰기	설명하는 에세이 쓰기
외국어	비공식 대화에서 일반적인 관용구 사용하기
지리	지도 읽기
건강	개인적인 운동 루틴 적용하기
체육	던지기와 받기
예술 - 음악	바이올린으로 음계 연주하기
기술 - 컴퓨터 과학	코드에 오류가 있는 부분 해결하기

출처: Marzano et al. (2019)에서 변형함

학생들이 절차적 지식을 연습하도록 돕기 위한 전제 조건은 교사가 가르쳐야 할 기능이나 과정의 특정 단계를 이미 파악하고 있어야 한다는 것이다. 이것은 절차화라고 하며, 이는 『Understanding Rigor in the Classroom』(Marzano, 2019b)에 자세히 설명되어 있다. 비록 **절차화**라는 용어가 대중 사이의 일상 용어는 아니지만, 교사의 수업 실천에서 중요한 부분이 되어야 한다. 단순히 보자면 이는 기능과 과정에 대한 일련의 단계를 만드는 것으로, 특히 해당 단계가 학생에게 명확하지 않을 때 더욱 그렇다. 예를 들어, 교사가 학생들의 시 읽기 능력의 향상에 어려움을 겪고 있다면, 교사

는 시를 읽는 명료한 절차를 만들어 학생들의 기능을 향상하게 할 수 있다. 이러한 절차는 다음의 시 읽기를 위한 절차와 같이 학생들에게 단계별로 제시되어야 한다.

1. 시를 살펴보고 이해하지 못한 단어를 찾아보세요.
2. 사전에서 해당 단어의 뜻을 찾아보세요.
3. 시를 적어도 두세 번 읽어 보세요.
4. 시에서 누가 말하는지 자신에게 물어보세요(힌트: 시인이 아닐 수도 있습니다).
5. 자기 말로 시를 표현해 보세요. 연마다 나누어서 그렇게 하세요.
6. 시가 의미하는 바를 몇 문장으로 요약해 보세요.

이 절차는 비교적 일반적인 것이지만, 매우 구체적인 과정을 다루는 다른 단계별 절차도 있다. 다음 과정은 읽을 때 알아보지 못한 한 음절 단어를 소리내는 데 사용된다.

1. 단어에서 모음 소리를 찾으세요.
2. 끝소리를 찾고 모음 소리와 조합해 보세요.
3. 단어의 시작 소리를 찾고 모음 소리와 끝소리를 조합해 보세요.

교사가 제공하려는 세부 정보의 정도에 따라, 단계별 절차는 학생이 특정 순서에 따라 수행해야 할 여러 단계가 포함될 수 있다. 예를 들어, 다음은 읽기 중 알아보지 못한 한 음절 단어를 소리 내는 것에 관한 단계별 절차이다(Williams, n.d.).

1. 모음 소리를 찾으세요.
2. 모음 소리 바로 뒤에 오는 자음 소리를 찾으세요.
3. 모음 소리에 이어 나오는 자음 소리를 조합해 보세요.
4. 모음 뒤에 자음 2개가 나와서 쉽게 조합할 수 없다면 다음과 같이 하세요.

a. 모음 소리를 분리하고 뒤이어 나오는 첫 번째 자음과 조합해 보세요.

b. 두 번째 자음 소리를 분리하고 이를 모음과 첫 번째 자음 소리를 조합해 보세요.

5. 모음 앞에 나오는 자음 소리를 찾고, 이를 모음 소리와 모음 뒤에 나오는 다른 글자와 조합해 보세요.
6. 모음 앞에 2~3개의 글자가 오는 경우, 이것이 알아볼 수 있는 소리를 만드는 짝(team)인지 확인하고, 해당 소리를 모음 소리 및 모음 뒤 나오는 글자 혹은 글자들과 조합해 보세요.
7. 모음 앞에 자음이 2~3개 와서 짝을 이룰 수 없는 경우 모음에 가장 가까운 자음부터 시작하세요. 자음 소리를 찾고 모음 소리와 모음 뒤에 오는 글자 또는 글자들을 조합하세요. 그런 다음 옆에 있는 자음 소리를 확인하고 이미 결정된 나머지 단어와 조합하세요. 모음 앞에 세 번째 자음이 있는 경우에도 마찬가지입니다.

단계별 절차를 만드는 것은 교사가 새로운 기능이나 과정을 가르치기 위해 준비할 때 가장 먼저 해야 할 행동이다. 왜냐하면 이러한 절차는 학생들에게 무엇을 해야 하는지에 대해 명확하게 보여 주기 때문이다. 일단 절차를 학습하고 나면, 일반적으로 학생들은 특정한 방식으로 수행되는 일련의 단계를 그대로 실행하지 않는다. 실제로 학생들이 절차에 능숙해지면 단계를 결합하고 절차를 단축한 버전을 개발하기도 한다. 그러나 초기에는 단계별 절차를 통해 학생들이 새로운 절차를 구체적인 행동 집합으로 보게 된다.

제시된 단계에 대해 학생들이 어떻게 작동하는지에 대한 지식을 갖추게 되면, 교사는 학생들을 구조화된 연습 기간에 참여시켜야 한다. 처음에는 이러한 연습 기간을 집중적으로 두고 교사가 면밀히 모니터해야 한다. 집중 연습 기간을 통해 학생들은 학습 중인 단계에 대해 상대적으로 즉각적인 강화를 받을 수 있다. 연습 기간 간격이 너무 떨어져 있으면, 학생들은 관련된 단계를 잊어버리게 되어 절차를 사용할 때마다 무엇을 해야 하는지 떠올려야만 한다. 충분한 집중 연습 기간 후, 학생들은 단계를 기억하지 않고도 절차를 실행할 수 있는 지점에 도달할 수 있다. 학생들이 스스로 단계를 실행하는 데 어느 정도 능력을 갖추기 시작하면, 연습 기간은 더욱 분산된다. 이처럼 간격이 있는 연습 기간은 학생들이 심각한 오류 없이 독립적으로 절차를 사용할 수 있을 때까지 계속되어야 한다.

[그림 2-12]는 요소 IIId에 대한 가시적 증거를 나열한 것이다.

효과적인 수업과 지도를 확인할 수 있는 증거에 다음과 같은 교사의 수행이 포함된다.

- 학생들이 새로운 기능, 전략 및 과정을 연습할 수 있는, 잘 구조화된 기회를 제공하고 학생들의 행동을 모니터하여 초기 오류나 오해 바로잡기
- 학생들을 위해 기능, 전략, 과정 모델링하기
- 절차를 가르칠 때 단계별 모델 만들기
- 시험 전에 다양한 연습, 숙달을 위한 연습, 예제 풀이 또는 연습 기간에 학생들 참여시키기

바람직한 학생의 실행과 행동을 확인할 수 있는 증거에 다음과 같은 학생의 수행이 포함된다.

- 연습에 적극적으로 참여하기
- 새로운 절차에 대해 질문하기
- 절차에 대한 역량 기르기
- 절차를 실행하는 능력에 대해 자신감 기르기
- 절차 실행에 대한 능숙도 기르기

학생의 이해와 인식을 확인할 수 있는 증거에 다음과 같은 학생의 수행이 포함된다.

- 연습 기간으로 더 나아지고 있다고 말하기
- 자신에게 가장 잘 맞는 연습 유형 설명하기
- 절차를 더 유용하게 만들기 위해 어떻게 절차를 변경했는지 설명하기

[그림 2-12] 요소 IIId에 대한 가시적 증거

출처: © 2021 by Robert J. Marzano

IIIe. 유사점과 차이점 탐색하기

이 요소에 내재한 교사의 책임은 학생들에게 그들이 공부하는 주제 간 유사점과 차이점을 탐색할 기회를 제공하는 것이다. 여기에서도 명제적 지식과 절차적 지식을 구별하는 것은 도움이 된다. IIId에서 설명했듯이, 교사는 학생들에게 절차적 지식을

연습할 기회를 제공해야 하지만, 명제적 지식을 심화할 기회도 제공해야 한다. 매우 구체적인 수준에서 유사점과 차이점을 포함한 활동은 날씨, 문학의 유형, 정부의 유형 등 정보를 다루는 주제에 가장 적합한 활동임을 의미한다. 〈표 2-2〉는 다양한 교과에서 유사점과 차이점을 분석할 수 있는 명제적 주제를 기술한 것이다.

<표 2-2> 초등학교 수준에서 다루는 명제적 지식 유형

교과	명제적 지식 예
수학	측정 단위
언어-읽기	문학 유형
언어-쓰기	에세이 유형
외국어	학습 대상이 되는 언어 사용자의 관습
지리	특정 지역의 특성
건강	칼로리 섭취와 건강에 관한 정보
체육	다양한 게임이나 스포츠에 관한 정보
예술-음악	다양한 음악 혹은 예술 유형에 관한 정보
기술-컴퓨터 과학	특정 코딩 언어 내에서 따라야 하는 규칙

출처: Marzano et al. (2019)에서 변형함

유사점과 차이점을 탐색하는 것은 비교, 대조, 분류, 유추, 은유 만들기와 같이 다양한 형태로 이루어질 수 있다. 간단히 말해서, 교사는 유사점과 차이점을 구별하고 이를 수행하는 다양한 전략을 사용하는 데 학생들을 참여시킬 수 있다.

유사점과 차이점을 탐색하는 것은 학생들이 탐색하는 주제에 관해 상당한 지식을 갖추고 있을 때 가장 효과가 좋다. 따라서 교사는 먼저 학생들이 비교할 주제에 대해 알고 있는지 확인하는 활동을 제공해야 한다. 예를 들어, 침입종(invasive species)에 관한 단원에서 교사는 각 학생에게 연구할 침입종의 특정 유형을 선택하게 할 수 있다. 학생들이 자신이 선택한 종에 대한 지식을 축적하면 교사는 자신이 선택한 종의

위험성과 이로 인한 피해를 줄이는 방법을 대중에게 알리는 포스터를 디자인하고 제작하게 한다([그림 2-13] 참고).

[그림 2-13] 침입종 포스터

교실 곳곳에 포스터를 전시한 후, 학생들은 침입종이 지닌 특성의 구체적인 범주(종이 어떻게 퍼지는지, 왜 위험한지, 어디서 왔는지 등)에 대한 정보를 각 포스터에서 찾아 수집할 목적으로 갤러리 워크(gallery walk)를 수행할 수 있다. 실제로 갤러리 워크 중에 각 학생은 종의 특성을 비교하여 다양한 침입종을 범주로 분류하게 된다. 종을 분류한 후 학생들은 그룹으로 모여 자신이 만든 범주를 설명하고 지지하게 될 것이다. 마지막 활동은 각 그룹이 침입종에 대처하는 방법에 대한 일반적인 지침을 만들어 내는 것일 수 있다.

사실적인 정보에 관한 유사점과 차이점을 탐색하는 또 다른 예로, 자신이 조사해 온 나라에 대한 전시판을 완성한 학생을 생각해 보자. 그녀의 교사는 학생들에게 그

들이 조사한 나라와 유사한 나라 하나, 그리고 다른 나라 하나를 찾고 그 이유를 설명하는 과제를 주었다. 학생들은 서로의 포스터를 보면서 눈에 띄는 특정한 유사점이나 차이점을 찾는다.

이 요소를 적용하는 다른 방법은 학생들이 작품의 질적 수준을 향상할 수 있도록 비교를 사용하게 하는 것이다. 학생들이 자기 작품과 다른 사람의 작품 간 유사점과 차이점을 비교하게 하는 것은 글쓰기 기술을 향상하는 데 강력한 방법이다. 학생들은 동료의 작품에서 어떤 부분을 주로 살펴볼지 중점을 두고 갤러리 워크나 원탁 토론 동안 다른 학생들의 글을 검토할 수 있다([그림 2-14] 참고). 예를 들어, 교사는 학생들에게 다른 학생들이 에세이를 어떻게 시작하고 끝내는지 살펴보도록 안내할 수 있다. 학생들이 비교 자료를 수집한 후에 동료의 글과 자신의 글에서 어떤 점이 비슷하고 다른지 성찰하고 기록할 기회가 주어진다. 마지막으로, 학생들은 배운 내용을 바탕으로 자신의 글을 수정하게 된다.

[그림 2-14] 동료의 글에서 구체적인 특징을 찾기

*사진은 허가를 받아 사용함

CBE 교사의 역할 중 하나는 학생들이 자신의 강점과 약점에 관해 동료 피드백을 편안하게 주고받을 수 있는 분위기를 조성하는 것이다. 처음에는 이러한 피드백이 포함된 활동이 일부 학생에게 어색하게 느껴질 수 있으며, 교사는 명시적인 지도를 해야 할 수도 있다. 학생들이 모든 사람에게 장단점이 있고, 따라서 긍정적이고 건설적인 피드백을 모두 받게 될 것이며 그러한 피드백이 가치 있는 학습 도구라는 것을 깨닫게 되면, 이러한 활동은 학생들에게 매우 활기를 불어넣는 경험이 될 수 있다.

또한 일부 절차적 지식에는 유사점과 차이점을 사용하여 다룰 수 있는 명제적인 요소가 있다는 점에 유의하는 것도 중요하다. 예를 들어, 오버핸드 스로(overhand throw)를 수행하는 체육 교과의 절차를 생각해 보자. 체육 교사가 이 절차를 학생에게 처음 소개할 때, 학생들에게 과정을 설명하고 제일 먼저 해야 할 것, 그다음 해야 할 것 등을 움직임으로 보여 줄 것이다. 또한 교사는 공을 얼마나 단단히 잡아야 하는지, 체중을 뒤에서 앞으로 어떻게 옮겨야 하는지 등과 같은 과정에 대한 중요한 일반화도 설명할 것이다. 이때 과정은 단순히 정보일 뿐이다.

학생들은 실제로 오버핸드 스로를 수행하는 것이 아니라, 이를 명제적 지식으로 학습하고 있다. 절차의 명제적인 부분은 유사점과 차이점을 포함하는 과제의 주제가 될 수 있다. 예를 들어, 체육 교사는 학생들에게 오버핸드 스로를 수행하는 과정과 언더핸드 스로(underhand throw)를 수행하는 과정을 비교하게 할 수 있다. 마찬가지로, 분수 곱셈에 관한 수학 단원에서 교사는 학생들에게 분수의 곱셈과 분수의 덧셈 또는 뺄셈 간 유사점과 차이점을 탐색하게 할 수 있다. 학생들은 곱셈, 덧셈, 뺄셈 절차에 대한 명제적 지식에 기초하여 유사점과 차이점을 찾는다.

[그림 2-15]는 요소 Ⅲe에 대한 가시적 증거를 나열한 것이다.

효과적인 수업과 지도를 확인할 수 있는 증거에 다음과 같은 교사의 수행이 포함된다.

- 학생들이 내용의 두 요소 이상에서 유사점과 차이점 찾게 하기
- 그래픽 조직자(예: 벤다이어그램, T-차트, 더블 버블 다이어그램, 또는 비교 매트리스)를 사용해서 학생들이 유사점과 차이점 탐색하게 돕기
- 유사점과 차이점 탐색에 도움이 되도록 직유, 은유 또는 비유 사용하게 하기

바람직한 학생의 실행과 행동을 확인할 수 있는 증거에 다음과 같은 학생의 수행이 포함된다.

- 비교 대상이 되는 요소 간 유사점과 차이점을 적극적으로 표현하기
- 비교 대상이 되는 요소 간 유사점과 차이점에 대해 질문하기
- 자신이 찾은 유사점과 차이점에 대해 요약문 작성하기

학생의 이해와 인식을 확인할 수 있는 증거에 다음과 같은 학생의 수행이 포함된다.

- 유사점과 차이점을 찾은 결과 무엇을 배웠는지 설명하기
- 이러한 활동이 내용에 대한 이해를 심화하는 데 도움이 됨을 말하기
- 유사점과 차이점을 찾기 위한 다양한 방법 제안하기

[그림 2-15] 요소 IIIe에 대한 가시적 증거

출처: © 2021 by Robert J. Marzano.

IIIf. 인지적으로 복잡한 과제에 학생들을 참여시키기

이 요소를 실행하기 위해 교사는 학생들에게 복잡한 과제 맥락에서 학습한 내용을 사용할 기회를 제공한다. 본질적으로 복잡한 과제는 학생들이 배우지 않은 방식으로 내용을 활용하기를 요구한다. 마르자노 아카데미 모델에는 여섯 가지 복잡한 과제 유형이 있다. 이는 〈표 2-3〉에 설명되어 있다. CBE 교실에서 이러한 과제에 학생들을 참여시키는 것은 전통적인 교실에서 복잡한 과제를 사용하는 것과 유사하지만 한 가지 예외가 있다. 복잡한 과제를 수행하는 동안 역량 기반 교실의 학생들은 내용에 대한 자신의 지식뿐만 아니라 복잡한 작업에 내재한 과정을 수행하는 능력을 보여주고자 한다. 예를 들어, 교사가 보스턴 대학살 당시 발생한 사건을 조사하는 과제를 학생들에게 수행하게 하였다고 가정해 보자. 전통적인 교실에서는 해당 사건에 대한 사실을 배우는 것에 중점을 둘 것이다. CBE 교실에서 학생들은 사실뿐만 아니라 조

사 과정을 정확하게 수행한 정도 모두 책임을 지게 된다.

<표 2-3> 복잡한 과제

복잡한 과제	설명
의사 결정	의사 결정은 동등해 보이는 대안 중에서 선택을 위한 기준을 생성하고 적용하는 과정이다.
문제 해결	문제 해결은 목표를 달성하기 위해 장애물이나 제약을 극복하는 과정이다.
발명	발명은 특정한 요구 사항을 충족하는 새로운 절차나 산출물을 만드는 과정이다. 어떤 면에서는 특정 요구 사항을 해결한다는 점에서 문제 해결과 유사하다고 볼 수 있다. 하지만 문제 해결은 기간이 한정적이다.
실험적 탐구	실험적 탐구는 물리적이거나 심리적인 현상에 대한 가설을 세우고 그 가설을 검증하는 과정이다.
조사	조사는 개념, 역사적 사건, 또는 미래에 일어날 수 있는 사건에 대한 의견차이나 모순되는 정보를 파악하고 해결하는 과정이다.
시스템 분석	시스템 분석은 시스템의 부분을 설명하고 분석하는 과정으로 특히 부분 간의 관계에 중점을 둔다.

출처: © 2021 by Robert J. Marzano.

〈표 2-3〉 복잡한 과제의 가장 유용한 측면 중 하나는 교사가 어떤 교과 영역에서든 여섯 가지 유형의 과제를 모두 사용할 수 있다는 것이다. 교사는 학생들의 선호와 성향을 고려해야 함을 주의해야 한다. 예를 들어, 학생들은 타고난 탐구자이며 모호하고 논쟁의 여지가 있는 이슈를 더 깊이 파고드는 기회를 즐긴다. 교사는 보스턴 대학살을 둘러싼 사건(누가 먼저 쏘았고, '누가 이에 책임을 져야 하는가?')에 초점을 둔 과제를 제안할 수 있다. 마르자노 아카데미 모델에서는 학생들에게 이 문제를 단순히 조사하게 하는 대신, 교사가 학생들에게 이를 수행하는 구체적인 과정을 제공한다. 실제로 교사는 학생들이 이용할 것으로 예상하는 모든 복잡한 과제를 절차화해야 한다. 복잡한 과제로서 조사 절차는 간략히 다음과 같은 단계로 진행된다.

1. 주어진 질문을 명확히 하세요. 어떤 사건이나 아이디어를 설명하고 싶은가요?
2. 여러분의 주제에 대해 선생님께서 제공한 정보를 검토하세요. 사람들이 이미 알고 있는 것은 무엇인가요?
3. 선생님께서 제공한 정보를 사용하여 주제에 대해 이미 알려진 정보를 요약하세요. 사람들이 이미 알고 있는 것을 알리는 가장 좋은 방법은 무엇인가요?
4. 사람들이 혼란스러워하는 것이나 서로 다른 의견을 가지고 있는 것을 설명하세요. 사람들은 아이디어나 사건에 대해 어떤 혼란을 느끼나요?
5. 혼란이나 차이를 해결하는 방법을 설명하고, 필요한 경우 해결 방법을 뒷받침할 추가 정보를 수집하세요. 이 혼란을 해결하기 위한 제안이 있나요? 여러분의 제안을 어떻게 뒷받침할 수 있을까요?

3~5학년 학생들을 위해 마련된 이 과정은 교사의 적극적인 지도가 필요하다. 예를 들어, 첫 번째 단계에서 교사는 학생들에게 질문이나 조사를 제시한다. 보스턴 대학살 예시에서 교사는 "보스턴 대학살 동안 실제로 무슨 일이 일어났는가?"라는 질문을 제시한다. 두 번째 단계에서 교사는 학생들에게 양측의 목격자 증언, 당시의 신문 기사, 사건에 대한 통찰을 제공하는 그림이나 만화 같은 해당 사건에 관한 정보를 제공할 것이다. [그림 2-16]은 LMS에 있는 보스턴 대학살의 재생 목록이다. 이러한 자료를 활용하여 학생들은 소그룹 또는 개별적으로 나머지 단계에 참여하게 된다. 조사가 완료되면, 학생들은 자신의 결론과 함께 조사 과정을 어떻게 수행했는지 발표해야 한다.

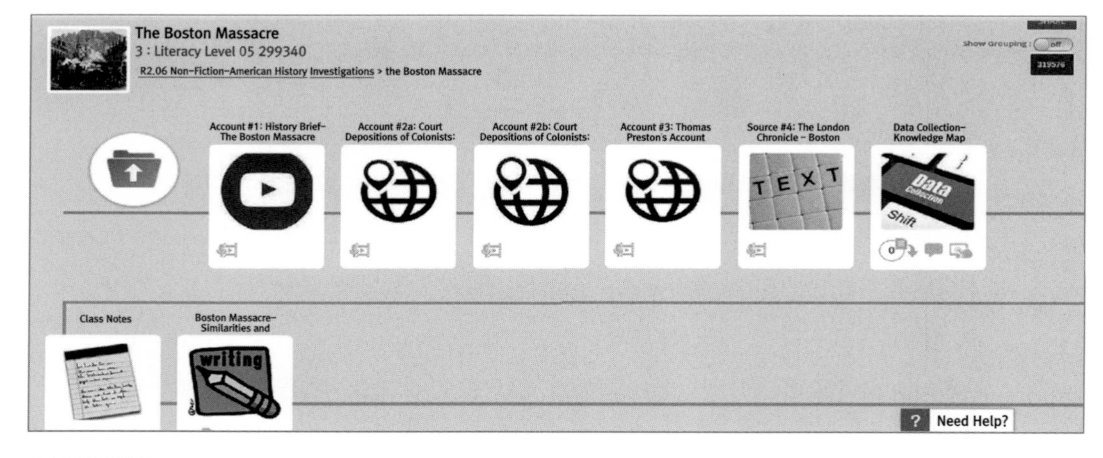

[그림 2-16] 보스턴 대학살 조사를 위한 재생 목록

출처: © 2021 by Empower Learning. 허가를 받아 사용함

저학년 수준에서 교사는 『골디락스와 곰 세 마리』 또는 『아기 돼지 삼 형제』와 같은 고전 동화에서 어떤 일이 '실제로' 일어났는지 가상의 조사를 시작할 수 있다. 중학년 교실에서는 과거의 사건을 조사하면서 사회 교과 내용(보스턴 대학살 사례에서 설명된 것처럼)에 대한 조사를 쉽게 연결할 수 있다. 아마도 교사는 학생들에게 자신의 가계도나 조상의 고향을 조사할 기회를 주고, 학생들은 확인된 나라의 유물이나 음식과 함께 그들의 연구 결과를 발표하는 다문화 박람회로 끝을 맺는다.

발명 과제는 초등학생들이 자연스럽게 좋아하는 또 다른 과제이다. 교사는 빨리 완성할 수 있고 재미가 있는 과제로 발명을 소개할 수 있다. 교실 공학 프로젝트를 위한 다양한 STEM 자료가 있는데, 그중 매우 빠르며 간단한 것들이 있다. 아기 돼지 삼 형제에게 실제로 일어난 일에 대한 가상의 조사 과제를 부여할 때 저학년 교사는 학생들에게 돼지가 어떤 디자인을 사용해야 했는지 확인하기 위해 '폭파'할 집을 설계하고 만들게 할 수 있다. 과학 교사는 학생들에게 나무와 식물이 씨앗을 퍼뜨리는 방법에 대한 지식을 활용하여 자신만의 씨앗 운반 도구를 만들고 효율성을 테스트하게 할 수 있다. 휴식이나 분위기 전환이 필요한 수업에서는 학생들에게 10분 동안 종이 5장

만을 사용하여 가장 많은 책을 지탱하는 구조물을 만드는 시합을 할 수 있다([그림 2-17] 참고).

[그림 2-17] 구조물 과제

이러한 흥미를 끄는 경험을 쌓은 뒤에 학생들은 3~5학년을 위한 다음과 같은 상세한 발명 과정을 학습할 수 있다.

- 단계 1: 선택
  - 더 나은 것을 만들어 달라는 요청 또는 발명해 달라는 요청을 받은 상황을 생각해 보세요. 나는 무엇을 만들고 싶은가요, 또는 나는 무엇을 개선하고 싶은가요?
  - 발명이 완료되면 어떤 모습이어야 하는지, 충족해야 할 구체적인 목적은 무엇인지 명료화하세요. 내 발명품에 대해 어떤 기준을 세우고 싶은가요?

- 단계 2: 초안 작성
  - 내 발명품이 충족해야 하는 기준을 고려하고 확실하지 않은 것을 명료화하세요. 내 발명품이 성공적이라는 것을 어떻게 알 수 있을까요?
  - 내 발명품의 스케치, 모형, 또는 대략적인 초안을 만드세요. 내 발명품 초안을 작성하는 가장 좋은 방법은 무엇인가요?
  - 내 발명품 개발을 시작하고, 서로 이어지는 작은 단계에 관해 생각하세요. 앞으로 나아가려면 무엇을 해야 하나요?
  - 때때로 한발 물러나서 내 발명품 전체를 의도적으로 살펴보고 모든 부분이 함께 작동하여 목적을 달성하는지 확인하세요. 내 발명품은 내가 설정한 기준을 충족하나요?

- 단계 3: 수정
  - 내 발명품을 다양한 상황에서 시험해 보고 무엇이 잘 작동하는지, 작동하지 않는지 기록해 보세요. 초안을 어떻게 개선할 수 있나요?
  - 내 발명품이 초기 목적을 달성했고 내가 설정한 기준을 충족하였다고 생각하면 멈추세요. 내 발명품은 완성되었나요?

다시 말하지만, 교사는 발명의 세 단계에 포함된 여덟 가지 과정을 설명하고 예를 들며, 촉진할 것이다. 학생들이 전체 과정에 대한 지식을 갖추게 되면, 학교 내 학생들의 일상생활을 개선할 발명이나 지역 사회 사람들의 삶을 개선할 발명을 찾아 지식을 더 적용할 수 있다.

[그림 2-18]은 요소 IIIf에 대한 가시적 증거를 나열한 것이다.

효과적인 수업과 지도를 확인할 수 있는 증거에 다음과 같은 교사의 수행이 포함된다.

- 명시적인 실험 탐구 과제에 학생들 참여시키기
- 명시적인 문제 해결 과제에 학생들 참여시키기
- 명시적인 의사 결정 과제에 학생들 참여시키기
- 명시적인 조사 과제에 학생들 참여시키기
- 명시적인 발명 과제에 학생들 참여시키기
- 명시적인 시스템 분석 과제에 학생들 참여시키기

바람직한 학생의 실행과 행동을 확인할 수 있는 증거에 다음과 같은 학생의 수행이 포함된다.

- 인지적으로 복잡한 과제에 적극적으로 참여하기
- 인지적으로 복잡한 과제의 다양한 단계에 대해 질문하기
- 인지적으로 복잡한 과제의 다양한 단계에 대해 도움을 구하기
- 인지적으로 복잡한 과제에서 학습한 내용에 대한 결론을 생성하고 입증하기

학생의 이해와 인식을 확인할 수 있는 증거에 다음과 같은 학생의 수행이 포함된다.

- 참여하고 있는 인지적으로 복잡한 과제 설명하기
- 복잡한 과제를 통해 학습한 것 설명하기
- 자신이 도출한 결론을 설명하고 입증하기

[그림 2-18] 요소 IIIf에 대한 가시적 증거

출처: © 2021 by Robert J. Marzano.

IIIg. 주장을 생성하고 입증하기

학생들이 내용 지식을 더욱 깊이 이해하는 데 도움이 되는 교육 요소는 주장을 생성하고 입증하는 기회를 제공하는 것이다. 본질적으로 주장을 생성하려면 학생들은 고유하거나 독창적인 결론을 구성해야 한다. 주장을 입증한다는 것은 학생들이 자신의 결론을 뒷받침하는 증거를 제시해야 함을 의미한다. 이러한 유형의 사고를 할 수 있도록 돕기 위해서, 교사는 먼저 학생들에게 주장의 특성에 대해 직접 가르칠 수 있다. 가령, 4학년 교사는 학생들에게 운영 위원회의 위원과 지역 주민이 지역 내 우려 사항에 대해 논의하는 학교 운영 위원회 회의 녹화 영상처럼 친숙한 문제를 토론하는 사람들의 영상을 보게 할 수 있다. 교사는 영상을 주기적으로 멈추고 학생들에게

토론자가 증거를 제시했어야 하는 주장을 찾게 하였다. 교사는 사람들이 살아가면서 주장하는 것이 빈번하게 이루어진다는 점을 강조할 수 있다. 사람들이 어떤 것을 사실 혹은 사실이 아니라고 표명할 때마다, 그들은 주장하는 것이다. 대부분 이러한 주장은 비공식적 토론의 맥락에서 발생하기 때문에 근거가 필요하지는 않다. 그러나 주장이 결과를 초래할 수 있는 공식적인 토론에서는 근거를 제시해야 한다.

학생들이 주장의 특성에 대한 지식을 갖추게 되면, 교사는 그들에게 주장을 뒷받침하기 위한 구체적인 과정을 제공해야 한다. 초등학생들은 다음과 같은 간단한 질문을 사용할 수 있다.

1. 내가 전하고 싶은 새로운 아이디어는 무엇인가요?
2. 이 아이디어가 사실이라고 생각하는 이유는 무엇인가요?
3. 각 이유에 대한 증거는 무엇인가요?
4. 나의 새로운 아이디어가 사실이 아닐 수 있는 상황은 무엇인가요?

고학년 수준의 학생들에게는 다음과 같이 더 복잡한 버전을 제시할 수 있다.

1. 지지가 필요한 의견을 진술하고 있는지 확인하세요.
2. 그렇다면, 가능한 한 명확하게 의견(즉, 주장)을 밝히세요.
3. 여러분의 주장을 뒷받침하기 위해 이것을 사실이라고 믿는 하나 이상의 이유(근거)를 제시하세요.
4. 각 이유에 대해, 이유가 정확함을 나타내는 증거(뒷받침)를 제시하세요.
5. 필요한 경우, 여러분의 주장이 타당하지 않을 수 있는 상황(제한 조건)을 설명하세요.

인지적으로 복잡한 과제를 포함하는 많은 활동은 IIIf 요소에서 설명된 대로 학생들이 주장을 생성하고 입증하는 상황을 만들 수 있다. 예를 들어서, 잃어버린 로어노크 식민지(the lost colony of Roanoke)에 대한 가능한 이론을 조사한 후, 학생들은 자신이

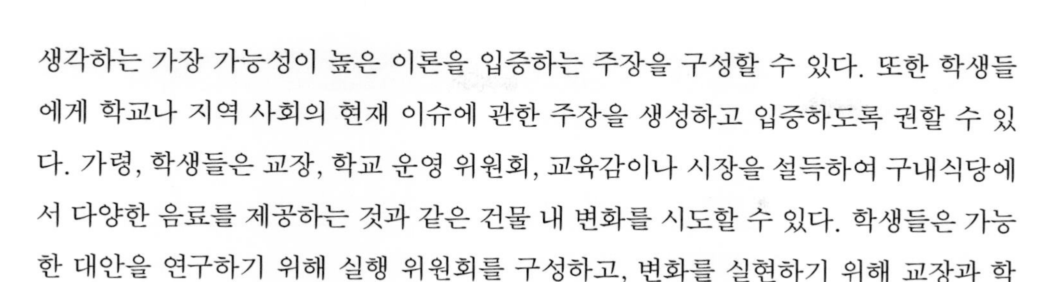

생각하는 가장 가능성이 높은 이론을 입증하는 주장을 구성할 수 있다. 또한 학생들에게 학교나 지역 사회의 현재 이슈에 관한 주장을 생성하고 입증하도록 권할 수 있다. 가령, 학생들은 교장, 학교 운영 위원회, 교육감이나 시장을 설득하여 구내식당에서 다양한 음료를 제공하는 것과 같은 건물 내 변화를 시도할 수 있다. 학생들은 가능한 대안을 연구하기 위해 실행 위원회를 구성하고, 변화를 실현하기 위해 교장과 학교 운영 위원회에 그들의 제안에 대해 분명한 근거가 담긴 편지를 쓸 수 있다. 학생들이 주장을 생성하고 입증할 수 있는 이러한 유형의 실제적인 기회는 특히 강력하다.

학생들이 주장을 제기하고 입증하는 데 있어서 테크놀로지는 또한 몇 가지 독특한 기회를 제공한다. 온라인 채팅방, 토론 게시판, 또는 플립그리드(Flipgrid)와 같은 비디오 채팅 플랫폼은 학생들이 그들의 생각을 입증할 수 있는 좋은 장소이다. 학교 폭력에 대해 토론한 후, 교사는 학생들에게 구내식당 좌석 지정의 이점에 관한 기사를 읽어 보라고 할 수 있다. 그런 다음 학생들에게 자리를 배정하는 것이 학교 폭력을 줄이는 데 도움이 될지 아니면 더 많은 문제를 일으킬지에 대해 토론하는 영상을 녹화하게 한다. 그다음 학생들은 토론을 더 발전시키기 위해 다른 학생들의 영상에 댓글을 남긴다.

[그림 2-19]는 요소 IIIg에 대한 가시적 증거를 나열한 것이다.

효과적인 수업과 지도를 확인할 수 있는 증거에 다음과 같은 교사의 수행이 포함된다.

- 주장과 근거의 개념 소개하기
- 주장과 근거의 형식적인 구조 제시하기
- 학생들이 주장을 생성하고 근거를 제시하며, 주장을 뒷받침하고, 주장에 대한 제한 조건을 생성하는 기회 제공하기
- 학생들에게 주장을 공식적으로(구두 또는 서면) 발표하는 기회 제공하기

바람직한 학생의 실행과 행동을 확인할 수 있는 증거에 다음과 같은 학생의 수행이 포함된다.

- 주장 생성하기
- 주장에 대한 근거 제시하기
- 자신의 근거에 대한 뒷받침 제시하기
- 주장에 대한 제한 조건 제시하기

학생의 이해와 인식을 확인할 수 있는 증거에 다음과 같은 학생의 수행이 포함된다.
• 주장을 생성하고 이를 뒷받침하는 것이 왜 더 깊이 있고 정확하게 학습하는 데 도움이 되는지 설명하기 • 지금 하는 주장이 무엇이며, 이 주장이 그들에게 왜 중요한지 설명하기

[그림 2-19] 요소 IIIg에 대한 가시적 증거

출처: © 2021 by Robert J. Marzano.

설계 분야 III을 이해하고 계획하기

이 설계 분야는 CBE 교실의 수업 계획의 중심이다. 제목인 숙달 척도 수업은 다음과 같은 메시지, 즉 'CBE 교실에서 모든 교육은 숙달 척도로 시작한다.'를 전달한다. 설계 영역 I에 대한 논의에서 언급한 바와 같이, 숙달 척도는 매우 집중적이고 투명한 (1) 의도된 교육과정, (2) 가르친 교육과정, (3) 평가된 교육과정을 만든다. 세 가지 중 설계 영역 III은 가르친 교육과정에 중점을 둔다. 교육과정 단원 내 수업과 평가 단원 계획은 단원의 중심이 되는 숙달 척도를 검토하는 것에서 시작한다. 예를 들어 설명하기 위해 [그림 2-20]에 있는 숙달 척도를 자세히 살펴보자.

4.0	학생은 다음을 한다. • 문제를 푸는 여러 단계에서 암산과 어림 전략을 사용해서 답의 타당성을 평가할 것이다(예, 남자 아이가 야구 카드 221장을 가진 친구보다 야구 카드 374장을 더 많이 가지고 있고, 186장의 카드를 더 구매했다고 할 때, 반올림을 사용하여 남자 아이가 처음 가진 야구 카드의 수는 600장에 가깝고, 그가 마지막으로 가진 카드의 수는 약 800장이라고 어림한다).
3.5	점수 3.0 수행에 추가하여 점수 4.0 내용에 대해 부분적으로 성공한다.
3.0	학생은 다음을 한다. • 주어진 숫자를 가장 가까운 10이나 100으로 반올림할 것이다(예, 숫자 23, 50, 95, 447, 283, 509, 962를 가장 가까운 10과 가장 가까운 100으로 반올림한다).

2.5	점수 2.0 내용에 대해 큰 오류나 누락이 없으며 점수 3.0 내용에서 부분적으로 성공한다.
2.0	학생은 특정한 어휘(예, 숫자, 추정, 백의 자릿수, 수직선, 일의 자릿수, 자릿수, 자릿값, 반올림, 올림, 버림, 십의 자릿수, 천의 자릿수)를 인식하거나 회상하고, 다음과 같은 기본 과정을 수행한다. • 10과 100의 배수를 찾는다. • 자릿수 간의 관계를 파악한다. 예를 들어, 1의 자리 10개는 10이 되고, 10의 자리 10개는 100이 된다는 것을 설명한다. • 어떤 숫자를 주어진 자리에서 반올림하면 그 숫자 값을 반올림하고자 하는 그 자릿수의 가장 가까운 배수로 추정하거나 근사시킬 수 있다는 것을 설명한다. 예를 들어, 가장 가까운 10에 반올림하면 그 숫자의 값을 가장 가까운 10의 배수에 근사시킬 수 있다. • 주어진 자리에서 수를 반올림하면 그 자리에서 목표한 자리보다 작은(더 오른쪽에 있는) 자리에 0의 값이 남는다는 것을 설명한다. 예를 들어, 가장 가까운 100으로 숫자를 반올림하면 십의 자릿값과 일의 자릿값은 0으로 남는다. • 수직선을 이용하여 주어진 숫자에 대해서 특정 자리의 가장 가까운 배수를 찾는다. 예를 들어, 수직선에 숫자 146이 표시되면 100을 100의 가장 가까운 배수로 찾는다. • 주어진 자릿수 바로 오른쪽에 있는 숫자가 5 이상이면 주어진 자리로 올림을 한다고, 4 이하이면 버림을 한다고 설명한다. • 반올림이 유용할 수 있는 상황을 찾는다. 예를 들어, 더해야 하는 수 각각을 반올림하여 더한 것은 반올림하지 않은 수의 합이 정확한지 평가하는 데 유용할 수 있음을 설명한다.
1.5	점수 2.0 내용을 부분적으로 성공하였으나 점수 3.0 내용에 큰 오류나 누락이 있다.
1.0	도움을 받아, 점수 2.0 내용 및 점수 3.0 내용에서 부분적으로 성공한다.
0.5	도움을 받아, 점수 2.0 내용은 부분적으로 성공하나 점수 3.0 내용은 성공하지 못한다.
0.0	도움을 받아도 성공하지 못한다.

[그림 2-20] 3학년 수학, 측정 주제인 반올림의 숙달 척도

출처: Marzano et al. (2019)에서 변형함

측정 주제(measurement topic)를 위한 수업을 계획할 때, 교사는 이 설계 분야의 7개 요소 중 어느 것이 숙달 척도의 다양한 학습 목표에 적용되는지 결정한다.

IIIa. 내용 묶기
IIIb. 내용 처리하기
IIIc. 내용 기록하고 표현하기
IIId. 구조화된 연습 사용하기
IIIe. 유사점과 차이점 탐색하기
IIIf. 인지적으로 복잡한 과제에 학생을 참여시키기
IIIg. 주장을 생성하고 입증하기

교사의 이러한 숙고는 3.0 수준의 내용부터 시작될 수 있다. 해당 수준의 내용은 다음과 같다.

> 주어진 위치로 숫자를 반올림하면 대상 위치(오른쪽으로)보다 작은 각 자리에는 0의 값이 남게 된다는 것을 설명한다. 예를 들어, 숫자를 가장 가까운 100단위로 반올림하면 십의 자리와 일의 자리에 0의 값이 남는다.

이 특정한 학습 목표에 대해 교사는 숫자를 반올림하면 해당 자릿값보다 작은 각 자리에는 값이 0으로 남게 된다는 사실과 같은 일반적인 반올림 규칙에 대한 직접적인 지도가 필요하다고 판단할 수 있다. 이를 위해 교사는 묶기 전략(요소 IIIa)을 사용하여 반올림의 기본 규칙을 설명하고, 각 숫자에 대해 왜 특정한 반올림을 결정하는지 소리 내어 생각하면서 일련의 짧은 예를 사용하여 실제로 보여 준다. 이 교사는 각 예시 문제를 작은 묶음으로 간주한다. 각각의 묶음 후에 그녀는 학생들을 소그룹으로 모아 그들이 관찰한 교사의 행동에 관해 토론하게 한다(요소 IIIb). 모든 묶음을 제시하고 학생들이 이에 대해 처리하면 교사는 학생들을 독립적이고 구조화된 연습 활

동에 참여시킬 것이다(요소 IIId).

따라서 이 단일 학습 목표에 대해 교사는 설계 분야 III의 세 교육 요소(요소 IIIa, IIIb, IIId)에서 전략을 선택하였다. 숙달 척도에서 남아 있는 각 학습 목표에 대해서도 비슷한 숙고가 이루어질 것이다. 실제로 설계 분야 III을 계획할 때 교사는 각 학습 목표에 대해 다음과 같은 질문을 한다.

IIIa. **내용 묶기**: 이 학습 목표에 대해 정보를 작은 묶음으로 제공해야 하는가?

IIIb. **내용 처리하기**: 이 학습 목표를 위해 학생들이 소그룹에서 상호작용하게 해야 하는가?

IIIc. **내용 기록하고 표현하기**: 학생들에게 이 목표에 대한 정보를 기록하고 표현하도록 해야 하는가?

IIId. **구조화된 연습 사용하기**: 학생들에게 특정한 방식으로 이 목표에 대한 내용을 연습하게 해야 하는가?

IIIe. **유사점과 차이점 탐색하기**: 학생들에게 이 목표의 정보에 대한 유사점과 차이점을 탐색하게 해야 하는가?

IIIf. **인지적으로 복잡한 과제에 학생을 참여시키기**: 학생들을 이 목표의 정보와 관련된 복잡한 과제에 참여시켜야 하는가?

IIIg. **주장을 생성하고 입증하기**: 학생들에게 이 목표의 내용과 관련된 주장을 생성하고 입증하게 해야 하는가?

마르자노 아카데미 모델 내에서 설계 분야 III에 대한 계획은 내용의 성격에 따라 결정된다는 점을 강조하는 것이 중요하다. 교사는 학습 목표의 내용을 탐색하고, 그 구조와 내용에 가장 적합한 수업 활동을 결정한다. 특정 학습 목표에 포함된 내용의 복잡성으로 인해 교사는 이를 이해 가능한 작은 묶음으로 나누어야 할 수도 있고, 일부 내용의 불분명한 성격으로 인해 학생들은 해당 내용에 관한 주장을 생성하고 입증해야 할 수도 있다.

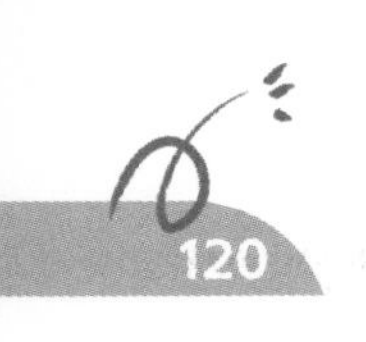

설계 분야 III의 계획에 있어서 또 다른 중요한 부분은 교사가 가상 자원(virtual resources)이 필요한 내용을 결정하는 것이다. 이론적으로 가상 수업과 강화(reinforcement)는 이 설계 분야에서 설명된 모든 수업 활동에서 이루어질 수 있다. 묶기는 가상 환경에서 실현될 수 있고, 기록 및 표현 등도 마찬가지이다. 예를 들어, 교사가 여러 유형의 클라우드에 대한 정보를 각각 약 2분 길이의 세 가지 간단한 프레젠테이션으로 나누었다고 가정해 보자. 교사는 이러한 부분(segment)을 하나의 프레젠테이션으로 녹화할 수 있지만, 각 묶음이 끝날 때 학생들에게 영상을 중지하고 방금 보고 들은 내용에 대한 하나 이상의 구체적인 질문에 답하게 할 수 있다. 교사는 학생들의 응답을 보관함으로써 그들의 동료들이 각 묶음에 어떻게 반응하는지 보게 할 수 있다.

우리는 교사들이 모든 숙달 척도의 점수 2.0, 3.0, 4.0 수준에서 모든 학습 목표의 가상 자원을 지속하여 개발할 것을 권한다. 물론, 개별 교사가 한 번에 시도한다면 상당한 시간이 소요될 것이다. 그러나 교사들이 팀을 구성하여 이를 다룬다면, 누구도 과중한 부담 없이 작업을 나눌 수 있다. 예를 들어, 4학년 과학 교육과정에 15개의 측정 주제가 포함되어 있다고 가정해 보자. 각 숙달 척도에는 명시적인 세 가지 수준의 내용(점수 2.0, 점수 3.0, 점수 4.0)이 있으므로 개발해야 할 가상 자원은 45개 세트이다. 학교에서 4학년 과학을 담당하는 교사가 세 명이라면 그들은 각자 1년 동안 가상 자원 15개를 찾거나 만드는 일을 맡을 수 있다. 이러한 노력이 시작된 첫해가 끝날 때, 학교는 각 척도의 점수 2.0, 3.0 및 4.0 내용에 대한 가상 자원을 갖추게 된다. 다음 해에 교사들이 이 자원 기반에 계속하여 추가할 것이다.

교사가 만든 스크린캐스트(screencast)는 이러한 목적에 완벽한 도구이다. 특히 많은 학교에서 교사에게 무료 녹화 앱 외에도 스크린캐스트 소프트웨어 라이선스를 제공하고 있어 스크린캐스트를 쉽고 저렴하게 만들 수 있다. 교사는 책상이나 주방 테이블에 앉아 상대적으로 짧은 시간 내에 특정 숙달 척도의 내용에 대한 스크린캐스트를 녹화할 수 있다. 또한 학생들이 점수 2.0, 3.0 및 4.0 내용에 대한 자신의 이해를 보여 주는 비디오 녹화를 만들 경우(요소 II에 대한 논의에서 설명한 대로, 학생 중심 평가를 사용하여), 이러한 영상은 숙달 척도에서 특정한 학습 목표와 관련된 숙달의 모범 사례로 학생들이 볼 수 있도록 보관될 수 있다.

설계 분야 IV: 일반적 수업(General Instruction)

설계 분야 IV에 중점을 둘 때, 교사는 학생들이 특정 내용에 대한 지식을 새롭게 떠올리고, 수정하고, 통합하는 데 도움이 되는 교육 활동을 설계하고 실행한다. 이러한 일반적 수업 요소의 목적은 학생들이 이미 알고 있는 내용을 통합하고 변경하는 등 내용을 지속적으로 처리하는 과정에 참여하게 하는 것이다. 이 설계 영역은 가르친 모든 내용에 적용할 수 있는 전략이기 때문에 일반적 수업이라고 불린다. 설계 영역 III에서는 모든 전략이 모든 내용에 적합한 것은 아니며 교사의 역할은 올바른 수업 전략을 내용에 연결하는 것이다. 설계 분야 IV에서는 모든 전략을 언제든지 모든 유형의 내용에 적용할 수 있다. 여기서 교사의 역할은 학생들의 필요에 따라 어떤 전략을 어떤 학생에게 적용해야 하는지 결정하는 것이다.

이 설계 분야에는 일곱 가지 요소가 있다.

IVa. 내용 복습하기
IVb. 지식 수정하기
IVc. 오류 살펴보고 바로잡기
IVd. 중요한 정보 강조하기
IVe. 내용 미리보기
IVf. 정교한 추론 자극하기
IVg. 숙제를 통해 학습 확장하기

다음 이어지는 절에서 각 요소에 대해 자세히 설명한다.

Ⅳa. 내용 복습하기

이 요소는 학생들이 이전에 학습한 내용을 복습하는 기회의 중요성을 다룬다. 복습은 마르자노 아카데미 모델에서 일상적으로 제공하는 것으로 교사는 학생들이 체계적으로 복습 활동에 참여하게 한다.

복습에는 다양한 방법이 있다. 예를 들어, 주별 퀴즈는 매우 유용한 복습 활동일 수 있다. 교사는 이전에 다루었던 주요 내용을 복습할 수 있도록 계획된 퀴즈 질문을 만든 다음 색인 카드에 쓰고 뒷면에는 답을 쓴다. 매주 또는 교사가 적절하다고 생각하는 간격으로 학생들은 교실에 있는 동료들과 함께 플래시 카드 질문을 서로 교환하는 '교환 퀴즈'에 참여한다. 교사는 먼저 학생에게 색인 카드를 나눠 주고 답을 익힐 시간을 준다. 그다음 학생들은 일어나서 짝을 찾는다. 한 학생이 질문을 하고 다른 학생이 답을 한다. 만약 답이 틀릴 경우, 질문을 한 학생은 상대방이 답을 이해하도록 돕는다. 그런 다음 처음 질문했던 학생의 플래시 카드에서도 같은 절차로 진행한다. 두 학생 모두 활동이 끝나면 색인 카드를 교환하고 새로운 짝을 찾는다. 새로운 내용을 다루거나 기존 내용이 수정되면, 교사는 더 많은 카드를 만들고 이를 퀴즈 카드 모음에 추가한다. 이 복습 활동은 학생들이 도서관 혹은 특별활동에서 돌아올 때처럼 쉬는 시간에서 교실로 돌아올 때, 또는 휴식이나 기분을 전환하는 활동으로 수행할 수 있다.

교사들은 또한 일주일 중 하루를 이전 내용을 복습하는 데 할애함으로써, 내용 복습을 준비 과정의 일반적인 부분으로 만들 수 있다. 예를 들어, 금요일을 '복습하는 금요일'로 정하고, 수업 시작 종소리에 맞춰 이루어지는 활동으로 이전에 다루었던 내용을 복습하는 활동을 포함할 수 있다. 예를 들어, 단어의 어원과 어근에 대해 배우고 있는 학생들은 비유적인 언어에 대한 이전 단원 학습을 복습할 수 있다.

이러한 복습 활동 외에도 마르자노 아카데미 모델은 **누적(cumulative) 복습**이라고 하는 특유한 과정을 강조한다. 누적 복습 과정은 세 단계로 구성된다.

1. 기록

2. 복습

3. 수정

각 단계에서 학생은 내용으로 다른 활동을 수행한다. 첫 번째 단계에서 학생들은 누적 복습 과정의 초점이 되는 주제에 대해 기억하는 것을 기록한다. 교사는 수업에서 이전에 다루었던 주제를 다시 소개하거나 이전 주제에 대한 새로운 정보를 제공하기도 한다. 그런 다음 학생들은 해당 내용에 대해 기억하는 것을 기록한다. 예를 들어, 교사는 이전에 학생들에게 제시했던 반올림 기술을 다시 설명할 수 있다. 이 첫 번째 단계에서 교사는 학생들에게 반올림에 대해 기억나는 것을 기록하게 한다. 학생들은 일 년 내내 누적 복습 공책을 보관해야 한다. 이는 학생의 연령에 따라 다양한 형식을 띨 수 있다. 예를 들어, 5학년 교사는 학생들에게 복습 일지나 해당 연도의 각 측정 주제(measurement topic)가 표시된 3공 바인더를 사용하게 할 수 있다. 이 바인더는 학생들이 요약이나 일련의 메모를 기록하는 데 사용한다. 유치원 교사는 학생들에게 센터에서 완료할 수 있는 그림문자(pictographic) 기록을 제공할 수 있다. 이를 보관하기 위해 교사는 학생들의 그림문자를 사진으로 찍어 파일로 보관하고, 복습에 필요한 것을 선택하여 주기적으로 보여 줄 수 있다.

두 번째 단계는 복습 단계이다. 여기서 학생들은 자신이 기록한 내용을 분석한다. 복습 단계의 목적은 학생들이 복습 중인 내용에 대한 자신의 이해도를 검토하거나 확인하게 하는 것이다. 이를 촉진하는 가장 좋은 방법의 하나는 다음과 같이 학생들에게 처음에 배운 것 이상을 요구하는 것이다.

- 여러분이 기록한 내용에 대해 더 자세하게 제시하세요.
- 여러분이 현재 알고 있는 일반화와 원리를 설명하고 예를 들어 보세요.
- 추론하고 이를 입증해 보세요.

예를 들어, 반올림을 복습하는 학생들은 반올림에 관해 사실이라고 생각하는 일반

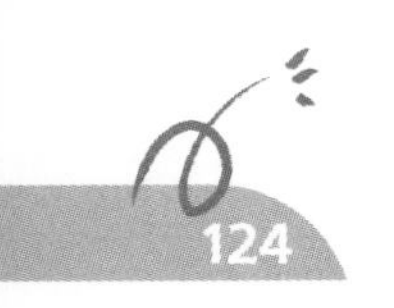

화를 작성할 수 있다. 한 학생은 반올림하는 간격이 상황에 비해 너무 크지 않을 때 반올림이 가장 적합한 것 같다는 일반화를 작성할 수 있다. 학생은 이에 대해 몇 가지 예를 제시하고 설명할 것이다.

세 번째 단계인 수정은 학생들이 자신의 지식에 실질적인 변화를 이루는 단계이다. 여기서 학생들은 이전의 오개념을 확인하고 바로잡는다. 또한 그들은 차이를 메우고 추가한다. 여기에서도 다음과 같은 간단한 길잡이 질문이 이러한 노력에 도움이 된다.

- 여러분이 틀렸다고 이제 깨달은 것은 무엇인가요?
- 지금 여러분의 공책에 추가해야 한다고 생각하는 것은 무엇인가요?
- 아직도 이해하지 못했거나 모르는 것은 무엇인가요?

교사는 반올림을 복습하는 학생들에게 자신이 잘못 알고 있는 것이 무엇인지 확인하게 한다. 한 학생은 예전에는 소수점 이하 자릿수에서 반올림을 하면 안 된다고 생각했지만, 이제는 그렇게 하는 과정이 기본적으로 정수로 반올림하는 것과 같다는 것을 알게 되었다고 언급할 수 있다. 이러한 유형의 사고 결과는 소그룹이나 학급 전체에 공유할 수 있다. 누적 복습 과정에서 학생들은 이전에 배운 내용을 다양한 방법으로 분석해야 한다. 이는 학생들이 자신의 이해를 깊이 있고 분명하게 하도록 돕는다.

[그림 2-21]은 요소 IVa에 대한 가시적 증거를 나열한 것이다.

효과적인 수업과 지도를 확인할 수 있는 증거에 다음과 같은 교사의 수행이 포함된다.

- 누적 복습을 사용하여 학생들이 오개념을 확인하고 수정하도록 돕기
- 즉흥적 혹은 계획에 따라 빠르게 복습 활동하기
- 이전에 학습한 내용 요약하게 하기
- 복습 질문하기

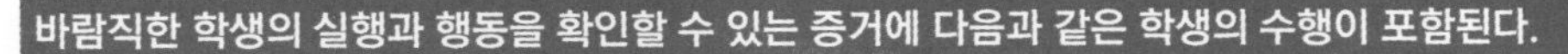

바람직한 학생의 실행과 행동을 확인할 수 있는 증거에 다음과 같은 학생의 수행이 포함된다.

- 이전에 학습한 내용을 다시 생각해 보기
- 이전에 학습한 내용에 대해 질문하기
- 이전에 학습한 내용에 새로운 이해 추가하기

학생의 이해와 인식을 확인할 수 있는 증거에 다음과 같은 학생의 수행이 포함된다.

- 내용에 대해 지금까지 자신이 이해하고 있었던 것 설명하기
- 복습 활동의 결과로 자신이 이해가 어떻게 바뀌었는지 설명하기
- 복습할 때 자신에게 가장 효과적인 방식은 무엇인지 설명하기

[그림 2-21] 요소 IVa에 대한 가시적 증거

출처: © 2021 by Robert J. Marzano.

IVb. 지식 수정하기

이 요소에 대한 교사의 역할은 학생들에게 학습한 내용을 수정할 기회를 제공하는 것이다. 지식을 수정하는 것은 학습 과정에서 중요한 부분이다. 사람들은 특정한 내용에 대해 많은 경험을 쌓으면서 자신이 옳았던 점과 처음에 틀렸던 것이 무엇인지 깨닫기 시작한다. 수정하는 과정을 통해서 학생들은 자신이 틀렸던 부분을 바꿀 수 있고, 옳았던 부분을 강화할 수 있다. 마지막으로, 이전에는 자신이 지닌 지식에 포함되지 않았던 새로운 정보를 추가할 수 있다. 요소 IVa에 대한 논의에서 설명한 바와 같이, 수정은 누적 복습 과정의 한 부분이다. 그러나 다양한 방법으로 단독으로 사용할 수도 있다. 학생들이 내용에 대한 이해를 수정하는 것의 중요성은 아무리 강조해도 지나치지 않으므로, 교사는 수정 전략을 자유롭게 자주 사용해야 한다.

성찰 일지는 CBE 교실과 전통적인 교실에서 흔히 사용된다. 성찰 일지를 통해 학생들은 자기 생각을 수정하고 시간이 지남에 따라 생각이 어떻게 변했는지 고려할 수 있다. 새로운 개념을 소개하거나 단원을 마무리할 때, 교사는 '나는 예전에는 _____ 라고 생각했지만 지금은 ______라고 생각한다.'라는 프롬프트를 사용할 수 있다. 이 프롬프트는 주제가 표면적으로 학생들에게 새로운 것이더라도 작동하는데, 왜냐하면 학생들은 대부분의 주제에 대해 어떤 측면에서 제한적이나마 배경지식을 가지고

있을 것이기 때문이다.

교사들은 전체 학급 토론 중에 관련된 접근법을 사용할 수 있다. 이러한 토론 중에 교사들은 학생들에게 다른 학생의 발언에 댓글을 남기게 할 수 있다. 이러한 댓글은 그 자체로 수정의 한 유형이다. 이와 같은 수정을 하는 학생들에게 자신이 어떤 유형의 댓글을 제시하는지 명확히 설명하게 할 수 있다. 예를 들어, 토론에 참여하는 학생들은 먼저 자신이 다른 사람이 이미 말한 내용에 대해 의견을 밝히는지, 이미 언급한 내용에 대해 새로운 정보를 추가하는지, 이미 언급한 내용을 수정하고 있는지, 아니면 명료화를 위한 질문을 하는지 확인한다. 학생들이 네 가지 토론 기술에 익숙해질 때까지 토론 중에 학생들이 참고할 수 있도록 이 네 가지 토론 도구를 교실에 게시해야 한다([그림 2-22] 참고).

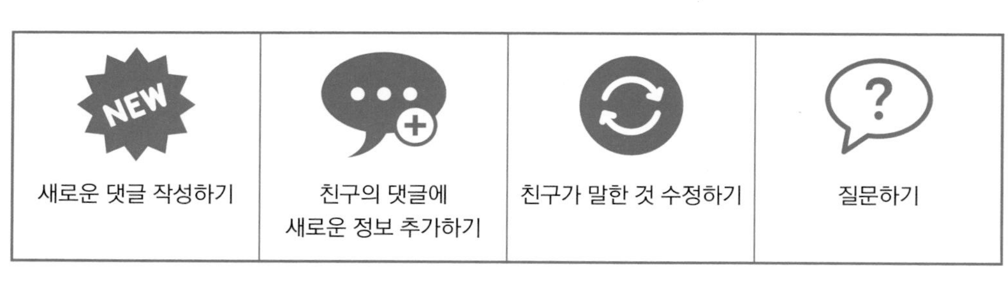

[그림 2-22] 네 가지 유형의 수정 댓글

더 넓은 의미에서 수정을 고려할 때, 역량 기반 교실의 학생들은 항상 능숙함을 보여 주기 위해 노력하고 있음을 기억하는 것이 중요하다. 그러므로 학생들은 과제를 수정하여 다시 제출하고 더 나은 점수를 위해 평가를 다시 치를 수 있다. 학생들은 다양한 색상의 색연필이나 펜을 사용하여 그들의 활동을 수정하거나 교정할 수 있으며, 이를 통해 교사는 학생들의 사고 변화를 쉽게 확인할 수 있다(원하는 경우 교사는 모든 교과 영역에서 사용할 특정한 수정 색상을 선택할 수 있다). 이를 염두에 두고, 교사가 평가 및 과제에 제공하는 피드백은 학생들에게 정답을 제공하는 것이 아니라 학생들이 자신의 지식을 수정하도록 이끌어야 한다.

예를 들어, 6학년 수학의 비와 비율 단원에서, 학생은 양의 백분율을 비율로 이해하는 데 어려움을 겪을 수 있다. 해당 학생은 다른 3.0 학습 목표에 능숙하지만, 이 특정한 목표에 어려움을 겪고 있다. 그는 교사와 만나 자신의 전체 총합 점수에 대해 논의했고, 백분율 학습 목표에 대한 근거가 부족하기 때문에 현재 2.5라고 주장한다. 그의 교사는 그가 교육용 영상 혹은 연습 자료와 같은 새로운 정보를 찾아 자신의 지식을 수정할 것을 보여 준다면, 그가 2.0을 받은 가장 최근 평가를 다시 치르는 데 동의하였다. 교사에게 일대일 지도를 받은 후, 추가 숙제 한두 개를 완료하고, 유튜브에서 교사의 수업 영상을 시청한 후, 학생은 다른 색의 펜을 사용하여 시험을 다시 보며 생각의 변화를 교사에게 보여 주었다. 이 과정은 학생이 능숙함을 보여 줄 때까지 필요한 만큼 계속될 수 있다.

[그림 2-23]은 요소 IVb에 대한 가시적 증거를 나열한 것이다.

효과적인 수업과 지도를 확인할 수 있는 증거에 다음과 같은 교사의 수행이 포함된다.

- 학생들에게 실수를 찾고 수정하도록 다시 한번 알려 주기
- 학생들이 이해의 공백을 파악하고 채우게 하기
- 학생들에게 과제에 대한 피드백을 제공하고 그 피드백을 기반으로 학생들이 과제 수정하게 하기

바람직한 학생의 실행과 행동을 확인할 수 있는 증거에 다음과 같은 학생의 수행이 포함된다.

- 이전에 학습한 내용 수정하기
- 혼란스러울 수 있는 사항에 대한 정보를 찾아 내용 명확히 하기
- 이해도가 높아짐에 따른 만족 나타내기

학생의 이해와 인식을 확인할 수 있는 증거에 다음과 같은 학생의 수행이 포함된다.

- 내용에 대해 이전에 가졌던 오개념 설명하기
- 지식을 수정하는 과정이 학습자인 자신에게 어떻게 이로움을 주었는지 설명하기

[그림 2-23] 요소 IVb에 대한 가시적 증거

출처: © 2021 by Robert J. Marzano.

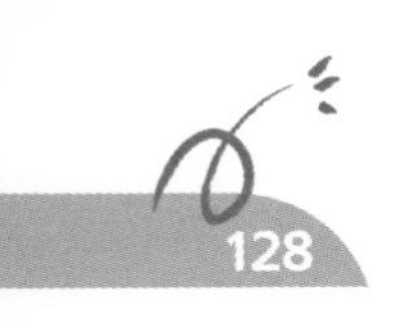

IVc. 오류 살펴보고 바로잡기

이 요소에 대해 교사가 해야 할 일은 학생들이 자신이나 다른 사람의 추론에서 오류를 확인하고 교정할 수 있도록 돕는 것이다. 오류를 교정하는 것은 지식을 수정하는 것과 밀접한 관련이 있다. 여러분이 틀렸음을 일단 깨닫고 나면, 여러분은 이 오류를 바로잡기 위해 노력한다. 교사가 집중할 수 있는 오류에는 두 가지 기본 영역이 있다. 이는 숙달 척도의 내용과 관련된 오류와 추론에 대한 일반적인 오류이다.

교사가 집중할 수 있는 가장 확실한 오류 유형은 숙달 척도의 내용에 대한 학생들의 이해에서 발생하는 오류이다. 내용 오류를 교정하는 것은 누적 복습 맥락에서 수행될 수 있다(요소 IVa 논의에서 설명함). 또한 수업 중 어느 부분에나 넣을 수 있다. [그림 2-24]는 한 학생이 수학 문제에 답을 작성한 것으로, 이 중 세 개는 틀렸다(중요한 점은, 학생 이름은 삭제되었다).

1. Write the following in exponential form and as a multiplication sentence using only 10 as a factor (for example, $100 = 10^2 = 10 \times 10$).

a. 1,000 = 10^3 = $10 \times 10 \times 10$

b. 10,000 = 10^4 = $10 \times 10 \times 10 \times 10$

2. Write the following in standard form (for example, $4 \times 10^2 = 400$).

a. $3 \times 10^2 =$ 300

X b. $2.16 \times 10^4 =$ 2,160

X c. $800 \div 10^3 =$ 8.00

X d. $754.2 \div 10^2 =$ 75.4

[그림 2-24] 오류 교정 활동

수업 시작 종소리에 맞춰 이루어지는 활동으로, 각 학생에게 수학 문제지 복사본을 나눠 주고, 잘못 푼 것을 교정하고 나서 왜 이런 오류가 생길 수 있는지 이유를 설명하게 한다. 이는 학생들이 다른 사람의 생각에 있는 오류를 분석하게 할 뿐만 아니라,

자신만 그렇게 실수하는 것이 아니라는 것을 알게 되어 수업 중에 실수하는 것을 편하게 느끼도록 만든다. 이를 위해 교사는 모든 학생의 오류가 이 활동에 (익명으로) 사용될 것임을 확실히 해야 한다.

교사가 다뤄야 할 두 번째 오류 영역에는 일반적인 추론 오류가 포함된다. 〈표 2-4〉에 설명된 바와 같이, 추론에서 생기는 오류는 네 가지 유형으로 구성된다.

<표 2-4> 추론에서 일반적인 오류

유형	오류	정의
잘못된 논리	모순	주장을 뒷받침하기 위해 모순된 정보를 제시하는 것이다. 예를 들어, 만약 어떤 상원의원이 세금 인상에 지지한다고 말하다가 잠시 후에 세금 인상에 반대한다고 말하면 그녀는 모순의 오류를 범한 것이다.
	우연	증거가 규칙의 예외일 수 있음을 인식하지 못하는 것이다. 예를 들어, neighbor와 weigh라는 단어의 철자를 관찰한 후 항상 e가 i 앞에 온다고 결론을 내리는 것이 우연의 사례이다.
	잘못된 인과 관계	시간 순서와 인과 관계를 혼동하거나 매우 복잡한 인과 관계를 단순화하는 것이다. 예를 들어, 누군가가 달에 사람을 보내기로 한 결정이 미국이 위성을 궤도에 보내려는 시도에 실패한 것과 직접적인 인과 관계가 있다고 결론을 지으면, 그는 시간 순서를 인과 관계를 혼동한 것이다. 만약 어떤 이가 남북 전쟁의 원인을 한두 가지만 기술한다면, 남북 전쟁의 원인은 다양하고 복잡하게 연관되어 있으므로, 그는 인과의 오류를 범한 것이다.
	선결 문제 요구 (순환)	주장을 하고 이를 증명하는 데 근거가 되지 않는 유사한 진술로 뒷받침하는 것이다. 예를 들어, "그 제품은 그다지 유용하지 않습니다."라고 말한 다음 "그것으로 아무것도 할 수 없어요."라고 주장을 뒷받침한다면, 여러분은 거의 같은 의미의 다른 진술로 주장을 뒷받침한 것이다.
	문제 회피	주제를 바꾸어 문제를 회피하는 것이다. 예를 들어, 외국을 대상으로 한 무기 거래에 관여하는 바를 물어보았을 때 누군가가 대화 주제를 무기의 필요성으로 바꾸었다면, 그는 문제를 회피한 것이다.
	무지에 의한 논증	그 반대를 증명할 수 없음이 주장을 뒷받침하는 것이다. 예를 들어, 다른 곳에 생명체가 존재한다는 것을 증명할 수 없으므로 지구 이외의 행성에 지능을 가진 생명체가 존재하지 않는다고 주장하는 것은 무지에 의한 논증이다.

	합성과 분할	한 부분이 사실이기 때문에 전체가 사실이라고 주장하거나(합성), 전체가 사실이기 때문에 그 부분도 사실이라고 주장하는 것(분할)이다. 예를 들어, 가족 중 한 명이 똑똑하므로 가족 구성원 모두가 똑똑하다고 가정한다면 합성의 오류를 범하는 것이다. 반면, 오리건주 전체가 강우량으로 유명하다는 이유로 오리건주 내 특정 도시에 비가 많이 내린다고 결론을 짓는 것은 분할의 오류이다.
공격	우물에 독 풀기	자기 입장과 반대되는 모든 것을 공격하는 것이다. 이러한 유형의 공격은 자기 의견과 상반된 것을 들으려 하지 않거나 생각하지 않으려 하는 사람에게서 나타난다.
	인신공격	자기 입장에 반대하는 사람에 대해 경멸하는 발언을 하는 것이다. 예를 들어, 한 정치인이 다른 정치인의 출신 배경을 맹비난하며 핵군축에 대한 입장을 거부한다면, 그는 다른 정치인에게 인신공격을 한 것이다.
	힘에 호소	당신의 의견에 반대하는 사람에게 정신적 · 육체적으로 해를 끼치겠다고 위협하는 것이다. 어떤 문제에 대해 그녀가 당신 편을 들지 않으면 다른 누군가에게 그녀를 더 이상 좋아하지 않을 것이라고 말하는 것은 힘에 호소하는 사례이다.
설득력 없는 참고	습관적 · 확증적 편향을 반영한 자료 사용	습관적 편향이나 확증적 편향이 포함된 출처를 참고하는 것이다. 습관적 편향은 사람들의 사고에 무의식적으로 형성된다. 예를 들어, 여러분에게 특정 라디오 토크쇼 진행자의 아이디어를 거부하거나 특정 TV 네트워크의 아이디어를 수용하는 경향이 있을 수 있다. 확증적 편향은 자신이 믿는 바를 뒷받침하는 정보만 받아들이고 자기 입장에 반대되는 정보는 거부하는 것이다.
	신뢰성이 부족한 출처의 자료 사용	주제에 대해 충분히 다루고 있는 문서 기록이 없거나 부정확한 정보를 제공하는 출처의 자료를 사용하는 것이다. 주제 혹은 문제와 관련된 정보는 신뢰성이 부족한 자료에서 나올 수 있다. 예를 들어, 특정 대통령 후보자를 지지하는 것으로 알려진 신문의 정보만 사용하는 것은 신뢰성이 부족한 자료를 사용하는 것이다.
	권위에 호소	자신의 우월한 지위(예, 사회적 영향력, 단체에서 위치)를 증거로 내 주장이 사실임을 주장하는 것이다. 예를 들어, 누군가가 무엇을 사실(또는 거짓)이라고 주장하는 이유가 단순히 상급자가 그렇게 말했기 때문이라면 그는 권위에 호소하는 것이다.

	대중에 호소	자기가 한 주장이 대중적인 입장이기 때문에 그것이 사실이라고 주장하는 것이다. 예를 들어, "늦게 자도 내 학업에 영향을 주지 않는다."라는 주장을 뒷받침하기 위해 학교의 모든 사람이 늦게까지 자지 않는다고 말하는 것은 대중에 호소하는 사례이다.
	감정에 호소	감정을 일으켜 여러분의 주장이 사실임을 주요 증거로 제시하는 것이다. 예를 들어, 연설자가 특정 정치 후보에게 투표하도록 사람들을 설득하려고 후보의 가족이 비극적인 사고로 사망한 이야기를 할 때, 그는 감정에 호소하는 것이다.
잘못된 정보	사실 혼동	사실을 왜곡하거나 수정하여 주장을 뒷받침하는 것이다. 예를 들어, 특정 사건의 순서를 부정확하게 설명하여 주장을 뒷받침하는 것은 사실을 혼동시키는 예이다.
	개념 혹은 일반화의 잘못 적용	자신의 주장을 뒷받침하기 위해 개념이나 일반화에 대한 부정확한 정보를 사용하는 것이다. 예를 들어, 시청에서 집회하는 시위자들은 반역을 저지른 것이므로 이들이 체포되어야 한다고 누군가가 주장한다면, 이는 반역의 개념을 잘못 적용한 것이다.

출처: Marzano & Pickering (1997)에서 변형함

교사는 먼저 학생들과 이러한 오류 유형에 대해 논의하고 예시를 제시한 다음, 수업에서 학생들이 자기 지식에 이를 적용하게 해야 한다. 논증 단원은 학생들이 추론 오류를 조사하기에 좋다. 설득하는 글을 읽을 때 학생들은 저자의 주장을 지지하는 근거와 이를 뒷받침하는 자료를 확인하는 것뿐만 아니라 여기에 추론 오류가 있는지도 파악해야 한다. 수업 중 설득하는 글쓰기에 대한 동료 검토와 수정은 또한 추론 오류를 검토하는 데 훌륭한 기회이지만, 학생과 교사는 동료(학생)의 오류를 지적할 때 세심할 필요가 있다.

학생들은 추론의 일반적인 오류를 실생활 내용에도 적용할 수 있다. 구체적으로, 학생들은 다양한 유형의 미디어를 끊임없이 소비하고 있다. 유튜브(Youtube)와 비메오(Vimeo) 같은 웹사이트는 사실에 근거하지 않을 수 있는 온갖 이상한 내용을 주장하는 영상이 가득하다. 담임교사는 주중에 시간을 두고 학생들이 영상, 음모론 또는 기사에서 오류를 조사하는 '진실 탐험대' 조사 활동을 하게 할 수 있다. 스놉스

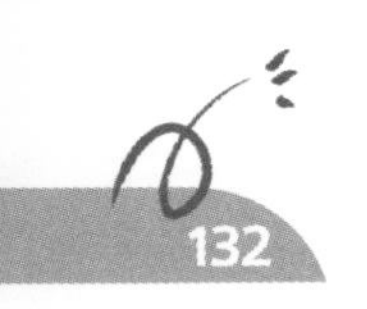

(Snopes, www.snopes.com)는 오해의 소지가 있는 최근 이야기를 찾을 수 있는 훌륭한 자원으로, 교사는 쉽게 관련된 이야기를 찾아 수업에 활용할 수 있다. 인어가 실존한다거나, 세상의 종말이 다가오고 있다거나, 좋아하는 가수나 배우가 이상한 일을 하였다고 주장하는 영상은 초등학생의 관심을 끄는 항목이 될 수 있다. 최신 음모론과 영상 외에도, 스놉스는 특히 선거와 관련한 추론 오류를 확인하는 데 유용한 자료로 활용될 수 있는 정치 이야기를 무수히 밝히고 있다. 주요 선거 기간 동안 학생들은 후보자의 주장과 홍보를 분석하고, 그들만의 사실 확인팀을 구성하며, 정직성과 정확한 추론을 바탕으로 후보자에게 점수를 부여할 수 있다.

[그림 2-25]는 요소 IVc에 대한 가시적 증거를 나열한 것이다.

효과적인 수업과 지도를 확인할 수 있는 증거에 다음과 같은 교사의 수행이 포함된다.

- 학생들이 자신의 추론이나 제시된 정보의 전반적인 논리에서 발생한 오류를 확인하게 하기
- 잘못된 논리, 공격 오류, 설득력 없는 참고 오류, 잘못된 정보 오류, 논리 오류 등 학생들이 특정한 유형의 추론 오류를 찾고 수정하게 하기
- 학생들에게 주장에 대한 근거를 조사하게 하고, 통계에서 한계를 파악하거나 저자의 연구에서 추론과 증거를 판단하게 하기

바람직한 학생의 실행과 행동을 확인할 수 있는 증거에 다음과 같은 학생의 수행이 포함된다.

- 자신의 오류를 적극적으로 파악하고 분석하기
- 그들이 접하는 다른 사람의 자료와 자원의 오류를 적극적으로 파악하고 분석하기

학생의 이해와 인식을 확인할 수 있는 증거에 다음과 같은 학생의 수행이 포함된다.

- 다양한 유형의 오류를 설명하고 예시하기
- 내용에 대한 자신의 이해가 활동을 통해 어떻게 높아지게 되었는지 설명하기

[그림 2-25] 요소 IVc에 대한 가시적 증거

출처: © 2021 by Robert J. Marzano.

IVd. 중요한 정보 강조하기

이 요소를 적절하게 다룰 수 있도록 교사는 학생들에게 그들이 주의를 기울여야 하

는 특히 중요한 내용에 대한 단서를 제공한다. 거의 모든 수업 시간 동안, 학생들은 교사, 교과서, 웹사이트, 동료 등으로부터 받는 정보의 홍수에 시달린다. 일부 학생들은 어떤 내용이 가장 중요한지 판단하는 방법이 전혀 없는 채로 이 모든 정보를 경험해야 할 수도 있다. 이러한 학생들에게는 그들이 받는 정보가 거의 이해되지 않는, 마치 불협화음처럼 보일 수 있다. 이러한 결과를 줄이기 위해 교사는 수업 내에서 그리고 단원 전체에 걸쳐 중요한 내용을 계속해서 짚어야 한다.

마르자노 아카데미 모델을 사용하는 학교에서는 교사가 학생에게 강조할 내용을 결정하는 데 있어서 숙달 척도를 주요 자료로 사용해야 한다. 수업 중에 교사는 특정 척도의 내용을 명시적으로 참고할 수 있다. 이를 가능하도록, 교사는 학생들이 수업의 특정한 측면을 연결하는 데 도움이 되는 방식으로 숙달 척도를 구성할 수 있다. 예를 들어, [그림 2-26]을 살펴보자. 이 척도의 오른쪽 열은 학생들이 경험한 수업과 활동이 나열되어 있으며, 이는 척도의 특정한 학습 목표와 직접적으로 관련이 있다.

측정 주제: LI.04.R1.02–주제 (소설)

목표 설명: 텍스트의 세부 사항을 통해 이야기, 드라마, 시의 주제(theme)를 정한다. 텍스트를 요약한다.

숙달 척도		수업 또는 예시
점수 4.0	더 나아가기: 학습자는 유사한 주제를 가진 여러 텍스트를 파악하고, 저자가 제시한 방식의 유사점과 차이점을 설명할 수 있다.	
점수 3.5	점수 3.0 수행에 더하여 점수 4.0 내용에 대해 부분적으로 성공한다.	
점수 3.0	학습자는 …… • 텍스트의 세부 사항을 통해 이야기, 드라마, 시의 주제를 찾는다. • 텍스트를 요약한다.	• 이야기 주제 선택 • …에 대해 말해 보세요. • 간단히 요약하기

점수 2.5	학습자는 점수 2.0의 내용과 관련하여 큰 오류나 누락이 없고, 3.0과 관련하여 부분적으로 성공한다.	
점수 2.0	학습자는 특정 어휘(예, 중심 내용, 세부 사항, 요약, 근거, 텍스트, 주제)를 인식하거나 회상하고 다음과 같은 기본 과정을 수행한다. • 교사가 제공한 그래픽 조직자를 사용하여 학년에 적합하게 요약한다. • 학년에 적합한 텍스트의 주제 혹은 중심 내용을 찾는다. • 이를 뒷받침하는 세부 사항을 확인한다.	• 니모를 찾아서(Finding Nemo) 주제 • 데스페로(Despereaux) 주제 • 요약하기 • 요약판
점수 1.5	점수 2.0 내용에 대해 부분적으로 성공하였으나 점수 3.0 내용에 대해 큰 오류 또는 누락이 있다.	
점수 1.0	도움을 받아, 일부 간단한 세부 사항과 과정, 조금 더 복잡한 아이디어와 과정을 부분적으로 이해한다.	

[그림 2-26] 수업 및 활동에 대한 링크가 포함된 숙달 척도

출처: © 2021 by Westminster Public Schools. 허가를 받아 사용함

이 간단한 방법은 교사가 현재 수업에서 중요한 내용을 강조하고 학생들이 핵심 내용에 집중하도록 돕는다.

또한 덜 구조화된 접근법과 뜻밖의 방법으로 중요한 정보를 강조하기도 한다. 이런 경우에 교사의 특성과 발표 양식이 유용한 도구가 될 수 있다. 그럴 생각이 있다면 교사는 극적인 행동의 사용을 결코 꺼려서는 안 된다. 이러한 행동에는 노래하기, 소리치기, 재미있는 목소리 사용 등이 있다. 이 모든 것은 학생들의 관심을 끌고 중요한 정보를 강조하는 적당한 방법이다.

차트, 그래픽 조직자 및 기타 시각 자료도 중요한 정보를 강조할 수 있다. 교사는 이러한 자료를 재생 목록, 포커스 보드 또는 화이트보드에 게시하여 수업이나 단원 전반에 걸쳐 학생들에게 중요한 내용을 생각나게 할 수 있다. 마지막으로, 교사는 학

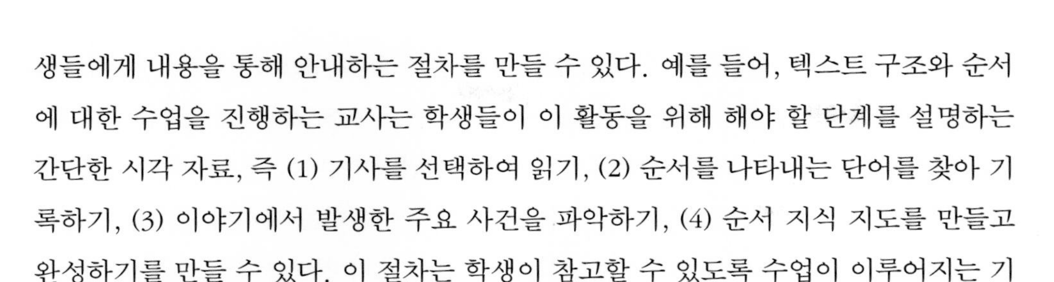

생들에게 내용을 통해 안내하는 절차를 만들 수 있다. 예를 들어, 텍스트 구조와 순서에 대한 수업을 진행하는 교사는 학생들이 이 활동을 위해 해야 할 단계를 설명하는 간단한 시각 자료, 즉 (1) 기사를 선택하여 읽기, (2) 순서를 나타내는 단어를 찾아 기록하기, (3) 이야기에서 발생한 주요 사건을 파악하기, (4) 순서 지식 지도를 만들고 완성하기를 만들 수 있다. 이 절차는 학생이 참고할 수 있도록 수업이 이루어지는 기간 동안 표시될 것이다.

[그림 2-27]은 요소 IVd에 대한 가시적 증거를 나열한 것이다.

효과적인 수업과 지도를 확인할 수 있는 증거에 다음과 같은 교사의 수행이 포함된다.

- 숙달 척도 참고하기
- 가장 중요한 내용 반복하기
- 가장 중요한 내용에 초점을 둔 질문하기
- 중요한 정보를 강조하기 위해 목소리 톤, 몸짓, 자세 사용하기

바람직한 학생의 실행과 행동을 확인할 수 있는 증거에 다음과 같은 학생의 수행이 포함된다.

- 강조한 정보에 대해 질문하기
- 중요한 정보가 강조되면 주의해야 할 수준을 눈에 띄게 정리하기
- 강조된 정보에 주목하기

학생의 이해와 인식을 확인할 수 있는 증거에 다음과 같은 학생의 수행이 포함된다.

- 특정한 정보의 중요도 설명하기
- 특정한 내용을 아는 것이 왜 중요한지 설명하기
- 이어지는 내용에 대해 세부 정보를 요청하는 질문 말하기

[그림 2-27] 요소 IVd에 대한 가시적 증거

출처: © 2021 by Robert J. Marzano.

IVe. 내용 미리보기

내용 미리보기는 교사가 학생에게 그들이 학습해야 할 것 중 가장 중요한 것이 무엇인지 미리 안내하는 것을 의미한다. 미리보기의 기본 원리는 수업에서 다루는 주

제에 대한 학생들의 선지식을 활성화하는 것이다. 또한 이 요소는 학생들이 새로운 내용을 경험할 때 그들이 정신 모델(mental model)을 구축하도록 돕는 것을 다룬다. **정신 모델**이라는 용어는 다양한 방식으로 사용되지만, 여기서는 학생들이 학습할 내용에 대한 정신적 이미지를 생성하고, 이미지와 함께 어울리는 서술적 언어를 사용할 필요성을 언급한다. 교사가 이용할 수 있는 여러 미리보기 전략과 활동이 있다.

"생성-분류-연결-정교화 활동"(Ritchhart et al., 2011)은 선지식을 드러내고 조직하는 훌륭한 방법으로, 수업이나 단원이 시작되기 전에 학생들이 (지식을) 연결하도록 돕는다. 우리는 요소 Ⅲc(내용 기록하고 표현하기)에 대한 논의에서 이 전략을 소개했지만, 이 요소에도 적절하다. 예를 들어, 인체 시스템에 대한 단원을 시작하는 교사를 상상해 보자. 그녀는 소그룹 학생들에게 스티커 메모지를 나누어 주고 "여러분은 인체 시스템에 대해 무엇을 알고 있나요?"라고 토론할 내용을 제시한다. 생성 단계에서, 학생들은 자기 생각을 쓰고, 완료되면 쓴 것을 큰 소리로 읽고 커다란 차트에 놓는다. 주어진 시간이 지나면 분류 단계로 이동하여 스티커 메모를 범주별로 분류하고 그룹화한다. 예를 들어, 범주는 구체적인 것(순환계)부터 일반적인 것(신체 부위, 신체 과정)까지 다양하다. 연결 단계에서 소그룹 내 한 학생이 전체 학생에게 분류 결과를 발표하거나 혹은 모든 소그룹 구성원이 교실을 돌아다니며 다른 소그룹의 분류 결과를 보는 방식으로 그들의 분류 결과를 공유한다. 마지막 단계인 정교화에서 학생들은 앞의 세 단계에서 알게 된 것을 설명한다. 학생들이 배운 내용을 설명하기 위해 그림, 픽토그래프(pictographs), 또는 그래픽 조직자를 사용하는 경우 가장 직접적으로 정신 모델과 관련된다. 이러한 유형의 활동은 다양한 형태로 나타날 수 있지만, 주요 요소는 일반적으로 동일하다. 즉, 학생들에게 선지식에 접근할 시간을 주고, 동료들과 자신이 무엇을 알고 있는지 토론하며, 새로운 지식에 뛰어들기 전에 해당 개념을 조금 다뤄보는 시간을 제공한다.

정보가 있는 훅(hook) 또한 학생들의 관심을 끄는 재미있고 효과적인 방법이다. 예를 들어, 주제와 관련된 유튜브 영상 또는 뉴스에서 발췌한 이야기는 중요한 내용에 대한 학생의 관심을 촉발하고 강조한다. 영상과 링크는 수업 재생 목록에 게시할 수

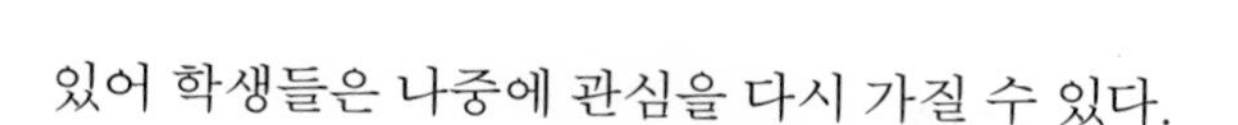

있어 학생들은 나중에 관심을 다시 가질 수 있다.

아마도 가장 좋은 미리보기 전략의 하나는 거꾸로(flipped) 학습을 사용하는 것이다. 일반적으로 거꾸로 학습은 교사가 공식적으로 내용을 소개하기 전에 학생들이 내용을 이해하도록 돕는 활동을 제공하는 것이다. 예를 들어, 한 영어 교사는 코미디 장르에 대한 단원을 시작하기 일주일 전에 이 장르의 특성을 설명하고 예시를 제시한 스크린캐스트를 만들 수 있다. 학생들은 단원이 시작되기 전에 자신이 선택한 시간에 스크린캐스트를 시청하게 된다. 테크놀로지는 거꾸로 학습의 미리보기 활동에 훌륭한 도구이다. LMS를 통해 교사가 영상, 스크린캐스트 등을 게시할 수 있는 경우 학생들은 수업이 시작되기 전에 이러한 자료를 보며 주제에 대한 정신 모델을 개발하는 데 도움을 받을 수 있다.

[그림 2-28]은 요소 IVe 요소에 대한 가시적 증거를 나열한 것이다.

효과적인 수업과 지도를 확인할 수 있는 증거에 다음과 같은 교사의 수행이 포함된다.

- 학생들을 위해 앞으로 다룰 내용을 미리 보는 방법으로 활동 전에 학생들 평가하기
- 앞으로 다룰 내용에 대해 학생들에게 질문하게 하기
- 앞으로 다룰 내용을 미리보기를 할 수 있도록 정보가 있는 훅, 수업 종, 혹은 읽기 전 안내 사용하기
- 학생들이 선지식과 새로운 내용을 명확하게 연결하도록 돕기
- 거꾸로 교실 활동 사용하기

바람직한 학생의 실행과 행동을 확인할 수 있는 증거에 다음과 같은 학생의 수행이 포함된다.

- 교사가 사용하는 미리보기 전략에 적극적으로 참여하기
- 이전에 학습한 내용과 연결하기
- 앞으로 다룰 내용에 대해 질문하기

학생의 이해와 인식을 확인할 수 있는 증거에 다음과 같은 학생의 수행이 포함된다.

- 선지식과의 연결을 설명하기
- 자신이 기대하는 것에 대해 예측하기

[그림 2-28] 요소 IVe에 대한 가시적 증거

출처: © 2021 by Robert J. Marzano.

Ⅳf. 정교한 추론 자극하기

이 요소에 내재한 교사의 책임은 학생들이 배우고 있는 내용에 대해 추론할 기회를 제공하는 것이다. 아카데미 모델에서 교사는 기본적 추론과 합리적 추론이라는 두 가지 유형의 추론에 중점을 둔다. 이들 유형은 우리가 다음 부분에서 설명하는 독특한 특성을 지닌다. 그러나 학생들이 이러한 유형의 추론을 효과적으로 활용하려면, 교사는 그렇게 할 수 있는 다양한 기회와 장소를 확보해야 한다.

백채널 챗(Backchannel Chat), 키알로(Kialo), YO! Teach와 구글 행아웃(Google Hangouts)과 같은 온라인 토론 공간과 플랫폼은 정교화를 자극하는 데 매우 효과적이다. 학생들에게 토론 프롬프트 또는 질문에 응답하거나, 동료 간 댓글 남기기에 참여하거나 동료의 댓글에 응답하거나, 특정 유형의 추론을 자극하도록 고안된 방식으로 자기 아이디어를 설명하고 정당화하게 할 수 있다. 예를 들어, 민권에 대한 단원을 진행하는 교사는 학생들에게 민권 지도자의 구체적인 사례를 제시하라는 요건과 함께 평화적으로 시위하는 전술에 관한 온라인 토론에 의견을 제시하게 할 수 있다. 이 프롬프트는 학생들이 평화로운 시위의 특성에 관해 추론하도록 요구한다.

플립그리드(Flipgrid)와 같은 비디오 녹화 프로그램을 사용하면 교사가 학생들과 비동기식 토론을 주고받을 수 있다. 교사는 학생들에게 교실에서 현재 공유하고 있는 소설에서 인물을 선택하고, 특정 에피소드나 장(chapter)에서 해당 인물의 동기나 감정에 관한 토론하게 할 수 있다. 그다음 교사는 영상을 보고 학생들에게 세부적인 질문과 목표 도달을 이끄는 질문(targeted questions)에 응답하게 할 수 있다. 또한 교사는 특정 영상을 강조하고 학급 전체와 공유할 수 있다.

이러한 일반적인 활동은 학생의 추론을 자극한다는 기본 목표를 달성하지만, 교사들은 계획한 추론 질문을 주요 교육 도구로 사용하면 학생의 학습에서 정교화의 긍정적인 영향을 높일 수 있을 것이다. 정교한 질문을 계획할 때 교사는 추론의 두 가지 기본 유형인 기본적 추론과 합리적 추론을 고려하는 것이 유용하다. 이러한 추론 유형은 『Understanding Rigor in the Classroom』(Marzano, 2019b)에 자세히 설명되어 있다. 여기에서는 이를 간단히 살펴보겠다.

■ 기본적 추론

기본적 추론은 학생이 어떤 특성이 특정한 주제와 연관되어 있다고 무의식적으로 가정할 때 발생한다. 예를 들어, 학생들이 특정 유형의 곤충 영상을 볼 때, 이들은 곧바로 해당 곤충이 다음과 같은 특성을 가진다고 가정할 수 있다.

- 몸 바깥쪽이 껍질로 덮여 있을 것이다.
- 머리끝에 더듬이가 있을 것이다.
- 기거나 날아다닐 것이다.

이는 학생들이 교실에서 이루어진 공식적인 수업이나 교실 밖에서 비공식적으로 내용에 대한 노출로 학습한 것이기 때문에 기본적 추론이다. 일단 학습이 이루어지고 나면, 학생들은 이러한 특성이 자신이 배우고 있는 새로운 유형의 곤충에 적용된다고 가정한다.

또 다른 예로, 소방관인 누군가를 만난다면 여러분은 그 사람의 신체가 건강하고, 위험한 상황에 직면하며, 용감하다고 생각할 수 있다. 어느 순간에 학생들은 부정적인 특성과 사람들의 범주를 연관 짓는 고정관념을 만들 것이라는 점에 유의하는 것이 중요하다. 이는 인간의 편향, 인종차별 등 기본인 특성에 관해 토론할 기회이다. 물론 이러한 토론은 연령에 적합해야 하며, 학생의 문화적 배경을 고려한 방식으로 진행되어야 한다.

이러한 예시는 기본적 추론을 만드는 데 있어서 주제가 속한 범주에 대해 아는 것이 필요함을 보여 준다. 어떤 주제를 범주와 연결하면, 사람들은 그 범주와 관련된 특성에 대해 저장된 지식에 접근하고, 그것이 해당 주제에 적용된다고 가정한다. 교사는 학생들이 이미 알고 있다고 생각하는 것을 확인하는 직접적인 질문을 사용하여, 그들이 새로운 명제적 지식을 학습할 때 저장된 정보에 접근하는 것을 도울 수 있다. 이처럼 집중적이고 잘 구조화된 질문을 통해 교사는 학생들의 가정을 정확하게 분석할 수 있다. 이러한 질문을 만드는 데 도움이 될 수 있게, 우리는 교사들이 〈표 2-5〉

에 있는 프롬프트를 사용할 것을 제안한다.

<표 2-5> 기본적 추론의 일반적 유형과 질문

주제	기본적 질문
특정한 인물 또는 인물 유형 (에이브러햄 링컨, 미국 대통령)	• 이 인물과 관련된 시기는 언제인가요? • 이 인물과 관련된 장소는 어디인가요? • 이 인물과 관련된 사건은 무엇인가요? • 이 인물과 관련된 업적은 무엇인가요?
특정한 조직 또는 조직 유형 (뉴욕 양키스, 프로 야구단)	• 이 조직 또는 단체와 관련된 신념은 무엇인가요? • 이 조직 혹은 단체와 관련된 위치는 어디인가요? • 이 조직 혹은 단체와 관련된 시기는 언제인가요? • 이 조직 혹은 단체와 관련된 사건은 무엇인가요?
지적이거나 예술적인 특정한 산물 또는 지적이거나 예술적인 특정한 산물 유형 (모나리자, 유명한 그림)	• 이 산물과 관련된 인물은 누구인가요? • 이 산물과 관련된 시기는 언제인가요? • 이 산물과 관련된 사건은 무엇인가요? • 이 산물과 관련된 원인 또는 결과는 무엇인가요? • 이 산물과 관련된 장소는 어디인가요? • 이 산물과 관련된 가치는 무엇인가요?
특정한 자연 발생적 개체 또는 자연 발생적 개체 유형 (보리수, 나무)	• 이 개체와 관련된 사건은 무엇인가요? • 이 개체와 관련된 사람은 누구인가요? • 이 개체와 관련된 시기는 언제인가요? • 이 개체와 관련된 위치는 어디인가요?
특정한 자연 발생적 장소 또는 자연 발생적 장소 유형 (북극해, 해양)	• 이 장소와 관련된 사건은 무엇인가요? • 이 장소와 관련된 사람은 누구인가요? • 이 장소와 관련된 시기는 언제인가요? • 이 장소와 관련된 위치는 어디인가요?
특정한 동물 또는 동물 유형 (세크리테어리엇, 유명한 경주마)	• 이 동물 혹은 동물 유형과 관련된 사건은 무엇인가요? • 이 동물과 관련된 사람은 누구인가요? • 이 동물과 관련된 시기는 언제인가요? • 이 동물과 관련된 위치는 어디인가요? • 이 동물은 어떤 체계의 일부인가요? • 이 동물과 관련된 색깔, 수, 양, 또는 크기는 어떠한가요?

사람이 만든 특정한 물건 또는 물건 유형 (롤스로이스, 고가의 승용차)	• 이 물건과 관련된 위치는 어디인가요? • 이 물건은 어떻게 사용되나요? • 이 물건을 포함하는 더 큰 개념은 무엇인가요? • 이 물건을 만드는 과정은 어떻게 되나요? • 이 물건은 어떤 모습인가요? • 이 물건과 관련된 가치는 무엇인가요? • 이 물건과 관련된 위험은 무엇인가요?
사람이 만든 특정한 장소 또는 장소 유형 (콜로세움, 스포츠 경기장)	• 이 장소와 관련된 사건은 무엇인가요? • 이 장소와 관련된 사람은 누구인가요? • 이 장소와 관련된 위치는 어디인가요? • 이 장소에서 수행된 행동은 무엇인가요? • 이 장소를 포함하는 더 큰 개체는 무엇인가요? • 이 장소는 어떻게 취득되거나 판매되었나요? • 이 장소와 관련된 가치는 무엇인가요? • 이 장소와 관련된 위험은 무엇인가요?
자연 현상이나 사건 또는 자연 현상이나 사건 유형 (세인트헬렌스 산 폭발, 화산 폭발)	• 이 현상과 관련된 장소는 어디인가요? • 이 현상과 관련된 시기는 언제인가요? • 이 현상과 관련된 원인이나 결과는 무엇인가요? • 이 현상이 일어나는 동안 무슨 일이 벌어졌거나 벌어지나요?
사람이 만든 특정한 현상이나 사건 또는 현상이나 사건 유형 (메이시스 추수감사절 퍼레이드, 퍼레이드)	• 이 사건과 관련된 사람은 누구인가요? • 이 사건과 관련된 시기 또는 날짜는 언제인가요? • 이 사건과 관련된 원인이나 결과는 무엇인가요? • 이 사건이 일어나는 동안 무슨 일이 벌어졌나요? • 이 사건이 일어나는 동안 사용된 도구는 무엇인가요? • 이 사건으로 인해 어떤 문제가 생기거나 해결되었나요?
사람이 만든 특정한 개념이나 개념 유형 (기능, 사랑)	• 다른 개념과 구별되는 이 개념의 특징은 무엇인가요? • 이 개념에 필수적인 조건은 무엇인가요? • 이 개념은 무엇을 설명하거나 조직하는 데 도움이 되나요? • 이 개념에는 어떤 유형이 있나요? • 이 개념은 어떤 상황에서 유용하거나 중요한가요? • 이 개념은 어떤 범주에 속하나요?

출처: Marzano et al. (2019); Marzano & Simms (2014)에서 변형함

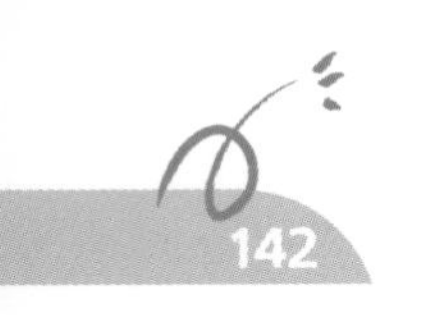

〈표 2-5〉에는 교사가 기본적인 정교화 질문을 설계할 수 있는 일반적인 주제가 나열되어 있다. 각 주제에 대해 프롬프트 모음이 제공되었다. 예를 들어, 한 교사가 1980년 세인트헬렌스 산 폭발이라는 주제를 소개하고 있다고 가정해 보자. 교사는 학생들이 이 폭발에 대해 어느 정도의 지식을 가지고 있음을 알고 있다. 그러나 교사는 그 지식의 정도나 정확성은 알지 못한다. 교사는 기본적 추론의 범주를 참고하면서, 세인트헬렌스 산의 폭발이 자연적으로 발생하는 현상의 한 유형이라고 판단하고 이 주제와 일반적인 질문을 사용한다.

- 이 현상과 관련된 장소는 어디인가요?
- 이 현상과 관련된 시기는 언제인가요?
- 이 현상과 관련된 원인이나 결과는 무엇인가요?
- 이 현상이 일어나는 동안 무슨 일이 벌어졌거나 벌어지나요?

교사는 이러한 일반적인 질문을 다음과 같이 보다 구체적인 질문으로 바꾼다.

- 세인트헬렌스 산 폭발로 가장 큰 영향을 받은 도시는 구체적으로 어디인가요?
- 세인트헬렌스 산이 폭발할 것이라는 첫 번째 주요 징후는 언제 나타났으며 그것은 무엇이었나요?
- 화산 폭발이 워싱턴 주와 미국 전역에 준 영향은 무엇이었나요?
- 폭발 후 처음 24시간 동안 무슨 일이 일어났나요?

이러한 질문을 사용하여, 교사는 학생들이 주제에 대해 무엇을 알고 있다고 생각하는지 확인한 다음 해당 정보를 사용하여 주제에 대한 학생의 심화를 도울 수 있다. 다음 단계는 교사가 〈표 2-5〉를 사용하여 기본 추론을 활성화할 때 겪을 수 있는 과정을 설명한다.

1. 교사는 학생들이 대상 주제에 관한 정보를 어떻게 얻을 것인지 확인한다(예, 발표 듣기, 자료 읽기, 영상 보기, 인터넷에서 정보 검색 등).
2. 교사는 학생들에게 기본적 추론이 일어나도록 단서를 주는 구체적 질문을 구성한다.
3. 주제에 대한 정보를 제시하기 전에, 교사는 학생들에게 질문에 답하고 자신의 대답이 정확하다고 생각하는 이유를 설명하게 한다.
4. 교사는 정보를 제시하고, 학생들에게 새로 받은 정보를 바탕으로 자신의 원래 답을 다시 살펴보게 한다.
5. 교사는 학생들에게 학습한 내용을 요약하게 하고, 그들의 사고가 어떻게 변화했는지 간략하게 말하게 한다.

이와 같은 단계를 설명하기 위해, 문화에서 기념물의 중요성에 관한 단원을 진행하는 교사를 생각해 보자. 교사는 학생들에게 자유의 여신상을 녹화한 영상을 보게 한다. 그러나 영상을 보기 전에 교사는 학생들에게 다음과 같은 질문에 답하게 한다.

- 자유의 여신상은 어디에 있나요?
- 자유의 여신상은 어떻게 생겼나요?
- 미국은 어떻게 자유의 여신상을 얻었나요?
- 자유의 여신상은 무엇을 상징하나요?

학생들이 이러한 질문에 대답할 때, 교사는 학생들에게 그들의 답이 정확한지 어떻게 알 수 있는지 물어본다. 그런 다음 학생들은 영상을 시청하고, 그들의 답에 대해 논의하고 다시 생각해 본다.

■ 합리적 추론

두 번째 정교화 유형은 합리적 추론이다. 이러한 유형의 추론에서 사람들은 '만약

이것이 사실이라면, 다른 어떤 것도 사실이어야 한다'는 가설적 사고를 사용한다. 이러한 유형의 정교화는 교사가 학생들을 가르치는 과정의 단계를 명확하게 파악하는 경우 가장 효과적이다. 이를 위해 교사는 학생들과 함께 다음과 같은 일련의 활동을 사용한다.

1. 교사는 이미 소개된 단계별 과정에 학생들의 주의를 집중시킨다.
2. 교사는 단계별 과정에서 하나 이상의 단계를 선택하고 학생들에게 해당 단계에서 무엇이 쉽고 무엇이 어려운지 설명하게 한다.
3. 교사는 학생들에게 해당 단계를 어떻게 더 쉽게 만들 수 있는지 설명하게 한다.
4. 교사는 학생들에게 그들의 아이디어를 시도해 보게 한다.
5. 교사는 학생들에게 학습한 내용을 요약하고 그들의 생각이 어떻게 바뀌었는지 논의하게 한다.

예를 들어, 교사가 학생들에게 알 수 없는 한 음절 단어를 발음하는 단계별 과정을 제공하였다고 가정하자. 이 과정은 먼저 모음에 초점을 두고, 그다음 끝소리와 섞이고, 마지막으로 시작 소리와 섞인다. 학급 전체가 교사의 지도에 따라 과정 중 가장 어렵거나 혼란스러운 부분에 관한 이야기한다. 교사는 이 과정을 명확하게 만드는 방법에 대해 학급 전체가 토론하도록 이끈다. 교사는 학생들이 자신의 추론을 '만약 내가 이 단계를 다음과 같이 바꾸면, 다음과 같은 결과를 기대할 수 있다.'와 같은 '만약 ~라면' 문장으로 구성하도록 도와야 한다. 그다음 학생들은 새로운 과정을 시도하고 바뀐 사항으로 과정이 어떻게 더 쉬워지는지 논의한다.

[그림 2-29]는 요소 IVf에 대한 가시적 증거를 나열한 것이다.

효과적인 수업과 지도를 확인할 수 있는 증거에 다음과 같은 교사의 수행이 포함된다.

- 학생들에게 계획된 추론 질문하기
- 정교한 질문에 참여하게 하기
- 질문의 순서 사용하기(즉, 세부 질문, 범주 질문, 정교화 질문, 증거 질문)
- 학생들에게 답변 확장하게 하기

바람직한 학생의 실행과 행동을 확인할 수 있는 증거에 다음과 같은 학생의 수행이 포함된다.

- 추론적 질문에 대해 자발적으로 답하기
- 답변에 대한 설명 제시하기
- 추론적 성격의 질문 요청하기

학생의 이해와 인식을 확인할 수 있는 증거에 다음과 같은 학생의 수행이 포함된다.

- 교사의 질문이 도전적이지만 도움이 된다고 설명하기
- 추론적 질문에서 무엇을 해야 하는지 설명하기

[그림 2-29] 요소 IVf에 대한 가시적 증거

출처: © 2021 by Robert J. Marzano.

IVg. 숙제를 통해 학습 확장하기

이 요소의 목적은 숙제를 통해 학생들이 배우고 있는 내용과 관련된 지식의 깊이와 유창함을 더욱 발전시키는 것이다. 학생들이 집에서 수업과 활동에 접근할 수 있도록 해주는 LMS는 특히 이와 같은 목적에 유익하다. 재생 목록 및 기타 온라인 도구를 활용하여 교사는 학생들이 집에 있는 동안 수업 과제에 접근하게 할 수 있다.

숙제를 통해 학습을 확장하면 여러 가지 이점이 있는데, 그중 첫 번째는 학생들이 다음 날 수업을 준비하기 위해 독서나 활동을 완료할 수 있는 점이다. 이러한 거꾸로 과제는 학생들에게 수업 시간에 공부하게 될 새로운 기사, 이야기 또는 개념을 소개하는 데 도움이 될 수 있다. 예를 들어, 우주 탐사 단원을 시작할 때 교사는 학생들에게 아폴로 13호 임무를 다룬 「Disaster in Space」(Tarshis, 2017)라는 기사를 읽게 할 수 있다. 다음 날 교사는 톰 행크스 주연의 영화 〈Apollo 13〉(Howard, 1995)의 짧은 영상을 보여 주며 수업을 시작하고, 학생들이 그룹별로 해당 기사에 대해 토론하는 과정

활동을 진행한다. 토론에 앞서, 교사는 많은 학생이 전날 밤에 읽기를 하지 않았다고 느끼거나 전반적인 이해도가 낮음을 확인했을 경우 학생들에게 기사를 다시 읽게 할 수 있다. 이러한 유형의 거꾸로 교실 활동은 부모와 함께 읽기 과제로 제시하여, 가정에서 어느 정도의 지원을 제공하고 독서 참여도를 높일 수 있다. 교사는 인터넷 접속이 불가능하거나 종이로 읽는 것을 선호하는 학생들에게 기사 출력본을 제공할 수 있다.

온라인 수업 플랫폼 사용이 가능한 경우, 학생들이 자신의 속도에 맞춰 재생 목록이나 단원을 진행하는 것을 숙제로 포함할 수 있다. 특정한 주제에 동기가 생긴 학생들은 추가 과제를 완료하고 교육용 영상을 보고, 기능을 강화하는 게임을 하며, 동료들과 온라인 토론을 할 수 있다. 부족한 이전 학습을 따라잡고자 하는 학생들은 도움교사(interventionist)가 제공한 도움 과제를 완료하거나, 이전 단원에서 놓친 과제를 마무리하거나, 오개념을 교정하기 위한 개별 지도 영상을 시청할 수 있다.

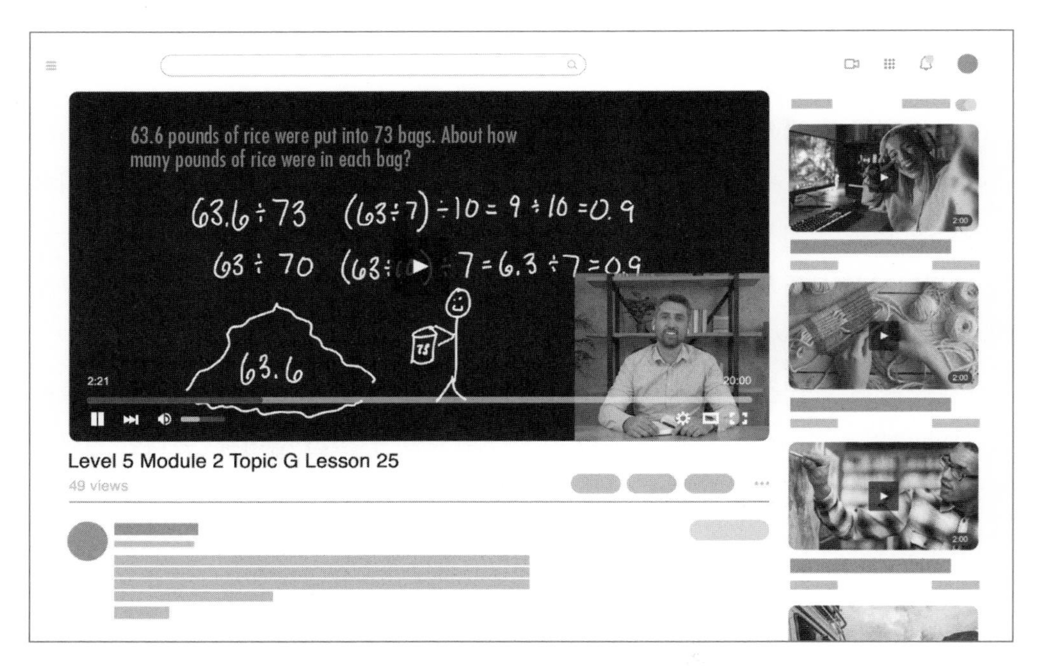

[그림 2-30] 교사가 만든 숙제 영상

교사가 만든 영상은 숙제 활동을 위한 훌륭한 자료이다. 예를 들어, 교사는 특정한 기술을 설명하고 시연하는 수학 영상을 만들 수 있다([그림 2-30] 참고). 그는 학생들에게 영상을 시청하고 댓글을 작성하는 숙제를 낼 수 있다. 다음 날, 학생들은 이미 영상을 시청한 상태로 수업에 참여한다. 교사는 처음 몇 분 동안 부족한 부분을 보완하거나 오개념을 다룬 후, 학생들의 지식을 발전시키기 위해 마련된 활동을 진행한다.

[그림 2-31]은 요소 IVg에 대한 가시적 증거를 나열한 것이다.

효과적인 수업과 지도를 확인할 수 있는 증거에 다음과 같은 교사의 수행이 포함된다.

- 수업 시간에 공부하게 될 개념이나 아이디어를 미리 볼 수 있도록 숙제 내기
- 학생들의 지식을 심화시키기 위한 숙제 내기
- 학생들이 과정이나 기능을 유창하게 발전시키도록 도움이 되는 숙제 내기

바람직한 학생의 실행과 행동을 확인할 수 있는 증거에 다음과 같은 학생의 수행이 포함된다.

- 숙제 목적에 대한 이해 보여 주기
- 숙제를 받은 후 새로운 학습에 준비가 되어 있기
- 숙제를 통해 내용에 대한 이해 심화하기
- 숙제를 통해 속도, 정확성, 유창성 향상하기

학생의 이해와 인식을 확인할 수 있는 증거에 다음과 같은 학생의 수행이 포함된다.

- 특정한 숙제의 목적 설명하기
- 숙제가 자신에게 어떻게 도움이 되었는지 설명하기

[그림 2-31] 요소 IVg에 대한 가시적 증거

출처: © 2021 by Robert J. Marzano.

설계 분야 IV를 이해하고 계획하기

설계 분야 III(숙달 척도 수업)은 내용의 성격에 중점을 두는 반면, 설계 분야 IV(일반적 수업)은 학생의 즉각적인 요구에 중점을 둔다. 특히 설계 분야 III 범위 내에서 내용은 매우 복잡하고 이를 이해할 수 있게 분석할 필요가 있으므로 교사는 내용(요소 IIIa)을 묶기로 정할 수 있다. 대조적으로, 설계 분야 IV의 요소 사용에 관한 결정을 내

릴 때, 교사는 학생의 현재 필요에 초점을 두고, 특정 요소의 수업 전략이 학급 전체, 소수의 학생 그룹, 또는 개별 학생의 특정 학습 목표에 대한 지식 향상을 돕는 데 필요한지 여부를 결정한다. 예를 들어, 교사는 대다수 학생이 여전히 특정한 과학 개념에 대해 심각한 오개념을 갖고 있다고 판단하고, 이러한 오개념을 찾고 교정하기 위해 고안된 활동에 학급 학생을 참여하도록 결정할 수 있다(요소 IVc).

이 절 전체에 설명한 바와 같이, 이 설계 분야에는 일곱 가지 요소가 있다. 일곱 가지 요소 내에서 수업 전략을 어떻게 활용할지 고려할 때 교사들은 다음과 같은 질문을 할 수 있다.

- Ⅳa. **내용 복습하기**: 특정 학생을 위한 특정 내용을 복습해야 할 필요가 있는가?
- Ⅳb. **지식 수정하기**: 특정 학생이 특정 내용에 대한 이해를 수정하게 할 필요가 있는가?
- Ⅳc. **오류를 살펴보고 바로잡기**: 특정 학생이 자신이나 다른 사람의 사고에 있는 오류를 검토해야 할 필요가 있는가?
- Ⅳd. **중요한 정보 강조하기**: 특정 학생을 위해 특정 내용을 강조해야 할 필요가 있는가?
- Ⅳe. **내용 미리보기**: 특정 학생과 함께 특정 내용을 미리 보아야 할 필요가 있는가?
- Ⅳf. **정교한 추론 자극하기**: 특정 학생이 특정 내용에 대해 정교한 추론을 해야 할 필요가 있는가?
- Ⅳg. **숙제를 통해 학습 확장하기**: 특정 학생에게 특정 내용에 대한 숙제를 내주어야 할 필요가 있는가?

이 설계 분야에서 주목할 만한 또 다른 측면은 학생들이 지식을 처음 이해한 후에 지식을 다시 떠올리고 수정하며 통합하는 데 중점을 둔 점이다. 이 설계 분야의 작동 원리는 학생들이 이전에 학습한 것을 회상해야만 해당 지식이 더욱 발전할 수 있다는 것이다. 이는 일부 교사의 관점에서 매우 큰 변화이다. 인지 과정에서 회상은

K-12 교육에서 크게 비판받아 왔는데, 이는 아마도 『블룸의 교육목표분류학(Bloom's taxonomy)』(Bloom, 1956)과 개정판(Anderson & Krathwohl, 2001)이 대중화되었기 때문일 것이다. 두 연구는 모두 회상이 낮은 수준의 인지 과정임을 밝히고 있다. 특히 1956년 출판물에서는 인지의 가장 낮은 수준이 회상이었고, 2001년 출판물에서는 기억이 가장 가장 낮은 수준의 인지였다. 이로 인해 K-12 교육 공동체는 회상 활동을 학생들에게 내용을 다양한 방식으로 사용하도록 요구하는 활동보다 열등한 것으로 취급하였다. 확실히, 학생들이 이미 알게 된 내용을 적용하는 것은 학습 경험에서 중요하지만, 회상은 학생들이 자신의 지식을 계속해서 정련해 나갈 수 있는 도구이다.

신경과학 문헌에서 회상 또는 기억하는 행위는 일반적으로 학습에 있어서 가장 강력한 도구의 하나로 간주한다. 『Uncommon Sense Teaching』(Oakley, Rogowsky, & Sejnowski, 2021)에서 설명된 바와 같이, 학생들이 정보를 회상할 때 장기 기억에 저장된 그대로 작업 기억으로 내려받는 것은 아니다. 대신에 회상 행위는 학생들에게 작업 기억에서 정보를 통합된 전체로 모으기를 요구한다. 학생들이 이를 더 많이 하면 할수록, 새로운 구성체는 강력해진다. 이러한 유형의 회상을 통해 학생들은 수정하기, 오류 찾기, 정교화하기 등과 같은 활동에 참여함으로써 자신의 이해를 세부적으로 조정해 나갈 수 있다. 실제로 학생들이 정보를 회상할 때마다, 이는 학생들이 기억된 내용에 대한 그들의 이해를 개선하고 향상하는 기회를 제공한다. 반대로, 학생들이 내용을 회상하고 다시 처리하지 않으면 상대적으로 빠르게 사라질 것이다. 설계 분야 IV는 신경과학 문헌의 권장 사항을 실행할 수 있는 회상과 기억 활동에 학생들을 참여시키는 전략을 교사에게 제공한다.

요약

이 장에서는 마르자노 아카데미 수업 모델의 내용 영역을 다룬다. 여기에는 두 가지 설계 분야가 포함되어 있으며, 두 영역 모두 숙달 척도로 정의된 정보를 가르치는

데 중점을 두고 있다. 설계 분야 Ⅲ, 숙달 척도 수업은 교사가 특정 숙달 척도의 특정 학습 목표와 함께 사용하는 일곱 가지 요소가 포함되어 있다. 설계 분야 Ⅳ, 일반적 수업에서는 교사가 학생들이 지식을 검토하고, 새로 고치고, 수정하는 데 사용하는 일곱 가지 요소가 포함되어 있다. 사용할 전략을 결정하는 것은 학생의 필요에 좌우된다. 각 요소와 관련된 교사와 학생을 위한 가시적 증거는 각 요소의 목적한 결과와 관련하여 그들의 행동이 얼마나 효과적인지 결정하도록 교사를 돕는다.

제3장

맥락

- 설계 분야 V: 그룹화와 재그룹화
- 설계 분야 VI: 참여
- 설계 분야 Ⅶ: 편안함, 안전, 질서
- 요약

명칭에서 알 수 있듯이 맥락 영역은 교실의 전반적인 환경, 즉 학습을 지원하거나 방해하는 맥락을 다룬다. 이 영역의 수업 전략은 확실히 학문적인 내용과 관련이 있지만, 주된 목적은 학습자를 지원하는 것이다. 이러한 지원에는 학생들이 학습을 심화하는 방법으로 동료들과 상호작용하는 충분한 기회를 보장해야 한다. 또한 지원에는 학생들이 다양한 방식과 수준에서 계속 참여할 수 있는 활동도 포함되어야 한다. 마지막으로 이러한 지원은 학생의 기본적인 생리적 · 심리적 요구를 다루어야 한다. 이 영역은 세 가지 분야를 포함하며, 이는 '설계 분야 V: 그룹화와 재그룹화' '설계 분야 VI: 참여' '설계 분야 VII: 편안함, 안전, 질서'이다. 이 세 가지 설계 분야의 전략은 함께 작동하며, 의식적이며 구체적으로 다뤄져야 한다.

설계 분야 V: 그룹화와 재그룹화(Grouping and Regrouping)

CBE 교실에서 그룹화와 재그룹화는 교사가 수업을 구성하는 데 있어서 핵심적인 역할을 한다. 물론 전통적인 교실의 교사도 학생들을 그룹화하고 재그룹화한다. 예를 들어, 교사는 방금 제시한 새로운 내용에 관해 이야기를 나눌 수 있도록 즉석에서 그룹을 만들거나, 학생들이 교실 프로젝트에서 함께 작업하게 할 수도 있다. CBE 교실은 복잡성을 더하지만 조금 더 쉽게 접근할 수 있는 요소가 있다. 구체적으로, CBE 교실에서 학생들은 그룹 내에서 다양한 주제를 다룰 수 있다. 이를 위해서 교사는 가장 이롭게 학생들을 그룹화하는 것뿐 아니라 내용을 가장 이롭게 조직하는 측면도 생

각해야 한다.

이 설계 분야에는 세 가지 요소가 있다.

Va. 그룹 상호작용 지원하기
Vb. 그룹 이동 지원하기
Vc. 그룹 지원 제공하기

다음 이어지는 절에서 각 요소에 대해 자세히 설명한다.

Va. 그룹 상호작용 지원하기

이 요소에 내재한 교사의 책임은 학생들을 그룹화하여 그룹 내에서 일어나는 공식적 · 비공식적 상호작용을 통해 학생의 학습 향상을 이루는 것이다. 학생의 조직과 관련하여 교사가 CBE 교실에서 가장 먼저 해야 할 일 중 하나는 학생들이 그룹에 속해야 하는 다양한 이유를 정하는 것이다. 이 노력의 출발점은 당연히 숙달 척도이다. 물론 같은 숙달 척도에서 학습하는 학생들은 한 그룹에 속할 수 있다. 더 세부적으로, 특정 숙달 척도에서 동일한 학습 목표를 공부하는 학생들로 임시 그룹을 형성할 수 있다. 예를 들어, 특정 숙달 척도에서 점수 2.0 학습 목표를 학습하는 학생들을 한 그룹으로 구성할 수 있고, 점수 3.0 학습 목표에서 학습하는 학생들을 한 그룹으로 구성하는 등이다. 학생들은 목표한 내용에 숙달할 때까지 이 그룹에 속한다.

학생들을 그룹화하는 또 다른 이유는 특정한 과제에 참여시키기 위함이다. 이는 대체로 교사가 학생들이 기술을 연습하고, 정보에 대한 지식을 심화하거나, 지식을 적용하는 과제에 참여하기를 원할 때 이루어진다. 예를 들어, 교사는 학생들을 소그룹으로 조직하여 최근에 그들이 배운, 모르는 단어를 소리 내는 절차를 연습하게 할 수 있다. 이러한 그룹은 한두 번 정도의 수업에서만 유지된다. 마찬가지로 교사는 분류 활동을 통해 주제에 대한 이해를 심화할 수 있도록 학생들을 그룹으로 조직할 수 있다. 예를 들어, 구름에 대한 학생들의 지식을 심화하기 위해 교사는 학생들이 학습한 구름 유형을 분류하도록 학생을 그룹으로 나눌 수 있다. 마지막으로, 교사는 학생들을 월요일에 조직하고 금요일에 해체하는 그룹으로 구성할 수 있다. 한 주간 이어지는 사회 교과 그룹은 2020년 감염병의 세계적 유행으로 인해 학교를 폐쇄하기로 한 결정을 분석하는 지식 적용 과제를 받았다. 각 그룹은 고려한 대안과 최종 결정을 뒷받침하는 이유를 조사한다. 금요일은 각 그룹이 그들의 연구 결과를 보고하는 날일 수 있다.

교사는 역량 기반 교실의 그룹화는 유연해야 한다는 점을 명심해야 한다. 실제로 어떤 그룹은 일회적으로 만들어졌다가 필요가 충족되면 해체될 수 있다. 학생들은 교사가 소개 영상을 보여 주는 공용 모임 공간에서 국어 수업을 시작할 수 있다. 교사는 버디 토론을 촉진하고 행동 관리에 도움을 주기 위해 바닥에 학생들의 자리를 배정할 수 있다. 영상 시청 후, 학생들은 교실을 돌아다니며 짝이나 그룹을 이루어 짧은 토론을 진행할 수 있다. 그런 다음 학생들은 지식을 깊이 이해할 수 있도록 설계된 활동을 위해 지정된 그룹으로 이동할 수 있다. 그 후, 학생들은 정보를 공유하고 피드백을 받기 위해 어항 토론, 안-바깥 원(inside-outside circle), 또는 셋 가고 하나 남기 활동에 참여하여 정보를 공유하고 피드백을 받는다. 전체 수업은 학생들이 친구와 만나 핵심 내용을 성찰하는 것으로 마무리된다. 마지막으로 학생들은 동료를 위한 자료로 자신이 학습한 내용을 설명하는 영상을 만들 수 있다.

교사는 그룹 내 학생들이 학습을 향상하는 방식으로 상호작용할 수 있도록 다양한 전략을 사용해야 한다. 이러한 전략 중 일부에는 팔꿈치 짝, 책상 그룹, 가까운 짝, 건너편 짝, 안-바깥 원 같은 활동이 포함된다. 학생이 사용해야 하는 모든 전략에 대해, 교사는 해당 전략을 실행하는 방법을 직접 지도해야 한다. 모든 경우에 교사는 상호작용 전략을 모델링하고, 학생들에게 전략을 연습할 기회를 제공하며, 필요한 경우 전략의 단계를 보여 주는 포스터를 만들어야 한다.

[그림 3-1]은 요소 Va에 대한 가시적 증거를 나열한 것이다.

효과적인 수업과 지도를 확인할 수 있는 증거에 다음과 같은 교사의 수행이 포함된다.
• 학생 상호작용을 위한 프로토콜 사용하기 • 그룹 목적과 목표를 명확하게 설정하기 • 새로운 지식의 능동적인 처리를 위해 학생들 그룹화하기 • 지식을 연습하거나 심화시키기 위해 학생들 그룹화하기 • 지식의 적용을 위해 학생들 그룹화하기 • 다양한 그룹화 전략을 사용하여 학생 그룹 형성하기(예: 팔꿈치 짝, 책상 그룹, 가까운 짝, 건너편 짝, 안-바깥 원 등)
바람직한 학생의 실행과 행동을 확인할 수 있는 증거에 다음과 같은 학생의 수행이 포함된다.
• 신속하고 목적에 맞게 그룹으로 이동하기 • 그룹 활동 중 서로 존중하기 • 자신의 이해를 심화하는 방식으로 상호작용하기 • 그룹에서 효과적으로 활동하기
학생의 이해와 인식을 확인할 수 있는 증거에 다음과 같은 학생의 수행이 포함된다.
• 그룹 상호작용의 유용함 설명하기 • 그룹 내 상호작용 측면에서 자신이 기대하는 것이 무엇인지 설명하기 • 그룹 활동에서 좋은 점 설명하기

[그림 3-1] 요소 Va에 대한 가시적 증거

출처: © 2021 by Robert J. Marzano.

Vb. 그룹 이동 지원하기

이 요소에서 내재한 교사의 책임은 학생 개인의 필요를 돕는 방식으로 그룹 간에 이동할 수 있게 하는 것이다. CBE 교실에서 그룹이 유지되는 기간은 그룹의 목적에 따라 다르다. 요소 Va에서 설명했듯이, 어떤 그룹의 경우 몇몇 수업 시간 또는 한 수업 시간만 모이기도 한다. 이러한 그룹의 경우 이동이 문제가 되지 않는다. 그러나 장기적인 그룹의 경우 교사는 학생들이 한 그룹에서 다른 그룹으로 원활하게 이동할 수 있도록 노력해야 한다.

홈 그룹의 학생들은 일반적으로 교과가 아닌 이슈를 다룬다. 예를 들어, 그룹 구성

원의 웰빙을 확인하기, 그룹 구성원이 필요로 할 수 있는 지원 사항 파악하기, 그룹 구성원이 그날의 기대 사항을 인식하게 하기, 그룹 구성원의 삶에서 중요한 사건을 확인하고 축하하기 등이다.

홈 그룹은 대략 6주 동안 유지되어야 한다. 이는 학생들은 서로를 알아 가고 효과적인 그룹 기술을 계발할 기회를 제공하지만, 그룹이 정체되는 것을 방지한다. 홈 그룹이 헤어질 때, 교사는 학생들이 자신의 홈 그룹과 관련하여 마무리할 수 있는 활동 계획을 마련해야 한다. 이러한 활동에는 학생들이 동료로부터 배운 내용, 특히 즐거웠던 일들, 특정한 그룹 구성원에게 전하고 싶은 칭찬 등에 대해 소통하는 것이 포함될 수 있다.

특정한 숙달 척도 내용을 중심으로 형성된 그룹은 특별한 고려 사항이 필요하다. 학생들은 그룹을 통한 지원을 받는 시간 이후에는 그 그룹에 머물러서는 안 되며, 그룹 지원의 혜택이 끝나기 전까지는 그룹을 나갈 수 없다. 학생이 어느 지점에 있는지 확인하려면 교사는 이 이슈에 대해 학생과 자주 대화해야 한다. 이러한 대화는 교사가 학생들에게 그룹에서 무엇을 배우고 있는지, 여전히 그룹에 속해야 한다고 생각하는지 묻는 것처럼 간단할 수 있다. 실제로 이러한 유형의 이동은 학생들이 특정 측정 주제(measurement topic)에 능숙해졌을 때 일어난다.

그룹 이동에서 가장 중요한 유형은 학생이 특정 교과 영역에서 한 단계 이동할 때이다. 예를 들어, 학교에 새로 온 학생이 첫날 받은 초기 평가를 바탕으로 3학년 수학 그룹에 배정되었다고 가정해 보자. 몇 주 동안 3학년 수학을 공부한 후, 그의 교사는 그가 잘못 배치되었으므로 4학년 수학으로 이동해야 한다고 판단하였다. 그의 교사는 학생이 받은 평가 결과와 학생과 지속해 온 대화를 바탕으로 이러한 결정을 내렸다. 그녀는 운영 위원회(administration committee)에 연락하여 배치를 논의하기 위한 회의를 요청한다. 회의에서 관리자, 4학년 수학 교사, 수업 코치, 학교 심리학자, 도움 교사가 이 학생의 사례를 검토한다. 위원회는 해당 학생이 4학년 수학 수업으로 이동해야 한다는 3학년 교사의 의견에 동의한다. 이 결과는 그의 부모에게 즉시 전달되며, 그는 가능한 한 빨리 4학년 수업을 시작하게 된다. 이와 같은 과정은 어떤 이유로든 수준을 올리거나 내리는 것이 도움이 될 것으로 보이는 학급 내 기존 학생들에게도 적용될 수 있다. 학기 중간에 이루어지는 이동은 CBE 학교에서 꽤 흔한데, 특히 학생들이 이동에 필요한 사항을 충분히 받아들인 후에는 더욱 그렇다.

[그림 3-2]는 요소 Vb에 대한 가시적 증거를 나열한 것이다.

효과적인 수업과 지도를 확인할 수 있는 증거에 다음과 같은 교사의 수행이 포함된다.

- 그룹을 유지할지, 혹은 바꿀지 결정하기 위해 특정 그룹 모니터하기
- 그룹에 계속 배치할지, 혹은 다른 그룹으로 이동할지 결정하기 위해 특정 학생 모니터하기
- 새로운 그룹 또는 수준으로 원활히 이동하는 데 특정 학생이 필요한 것 파악하기

바람직한 학생의 실행과 행동을 확인할 수 있는 증거에 다음과 같은 학생의 수행이 포함된다.

- 새로운 그룹이나 수준으로 이동하고 자신이 도달하기를 기대하는 것이 무엇인지 이해하기
- 새로운 그룹이나 수준으로 이동하는 이유 알기

학생의 이해와 인식을 확인할 수 있는 증거에 다음과 같은 학생의 수행이 포함된다.

- 새로운 그룹이나 수준에서 자신이 도달하기를 기대하는 바가 무엇인지 설명하기
- 새로운 그룹이나 수준으로 이동하는 이유 설명하기

[그림 3-2] 요소 Vb에 대한 가시적 증거

출처: © 2021 by Robert J. Marzano.

Vc. 그룹 지원 제공하기

그룹은 학생들이 내용과 상호작용하고 다른 학생들과 상호작용하는 질에 좌우된다는 면에서 상당히 불안정한 구조일 수 있다. 그러므로 교사는 특정한 그룹과 그 그룹 내 개인에게 필요한 지원을 제공해야 한다. 아카데미 교사는 각 활동 그룹의 상호작용을 빈번히 검토하여 어떤 유형의 지원이 필요한지 결정한다.

무엇보다도, 학생들이 자신의 그룹에서 무엇을 해야 하는지 정확하게 알 수 있도록 확실한 표준 행동 절차(SOP)가 마련되어 있어야 한다. 우리는 후속하는 여러 요소에서 SOP의 성격과 기능을 깊이 있게 다룬다. 간단히 말하면, 표준 행동 절차는 학생들에게 특정한 과제를 수행하는 명시적인 지침을 제공하는 서면화된 절차이다. SOP는

그룹을 학생들이 특정 숙달 척도 내용에 관한 구체적인 학습 활동에 참여하는 센터로 구성할 때 특히 중요하다. 교사는 종종 그룹 혹은 센터 시간을 활용하여 학생들과 협의하거나 소규모 독서 그룹을 진행한다. 협의에 참여할 때, 교사는 당연히 그룹에 제한된 지원만 제공할 수 있다. 그러므로 학생들은 센터 활동을 스스로 진행하고 필요할 때 서로를 지원할 수 있어야 한다. 센터의 SOP에는 이와 같은 활동의 자세한 지침이 포함되어야 한다.

재생 목록은 그룹 지원을 제공하기에 훌륭한 수단이다. 사실, 교사가 만드는 모든 재생 목록에 지원 자료가 포함되어 있다면, 학생들은 자신의 문제에 대한 해결책을 찾는 데 능숙해질 것이다. 재생 목록 내 지원에는 온라인 자료나 영상이 포함될 수 있다. 교사는 또한 발생할 수 있는 구체적인 문제를 예상하고, 이를 해결하는 교수용 영상이나 문서를 만들 수도 있다. 예를 들어, 교사는 학생들이 일반적으로 점수 2.0 내용에 관련된 특정 그룹 활동의 지침을 이해하는 데 어려움을 겪는다는 것을 알아차릴 수 있다. 교사는 지시 사항을 보다 명확하고 자세하게 설명하는 영상을 만들고, 모든 학생이 그룹에서 활동을 시작하기 전에 영상을 시청할 수 있게 한다. 교사는 또한 학생들이 그룹 과제에 관한 질문이나 요청 사항을 제출할 수 있는 구글 폼을 포함할 수도 있다. 이는 학생들이 교사를 방해하지 않고 질문할 수 있는 훌륭한 방법이다. 그런 다음 교사는 시간이 있을 때, 아마도 준비 기간 동안 이러한 질문에 응답할 것이다.

학생 강점 포스터는 그룹 지원을 제공하는 데 아주 좋은 도구이다. 수업에 참여하는 모든 학생과 그들의 강점을 나열한 포스터는 교사가 바쁜 경우 학생들이 서로 도움을 구하는 데 도움이 된다([그림 3-3] 참고). 철자법에 대한 도움을 원하는 학생들은 포스터를 사용하여 철자법 전문가를 찾을 수 있다. 테크놀로지에 대한 도움이 필요한 학생들은 테크놀로지 전문가를 찾을 수 있다. 특정 주제에 능숙하거나 이미 과제를 완료하고 다른 이들을 기꺼이 도우려는 학생은 전문가 배지, 끈, 또는 모자를 착용할 수도 있다.

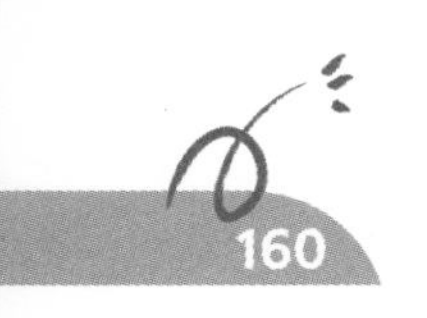

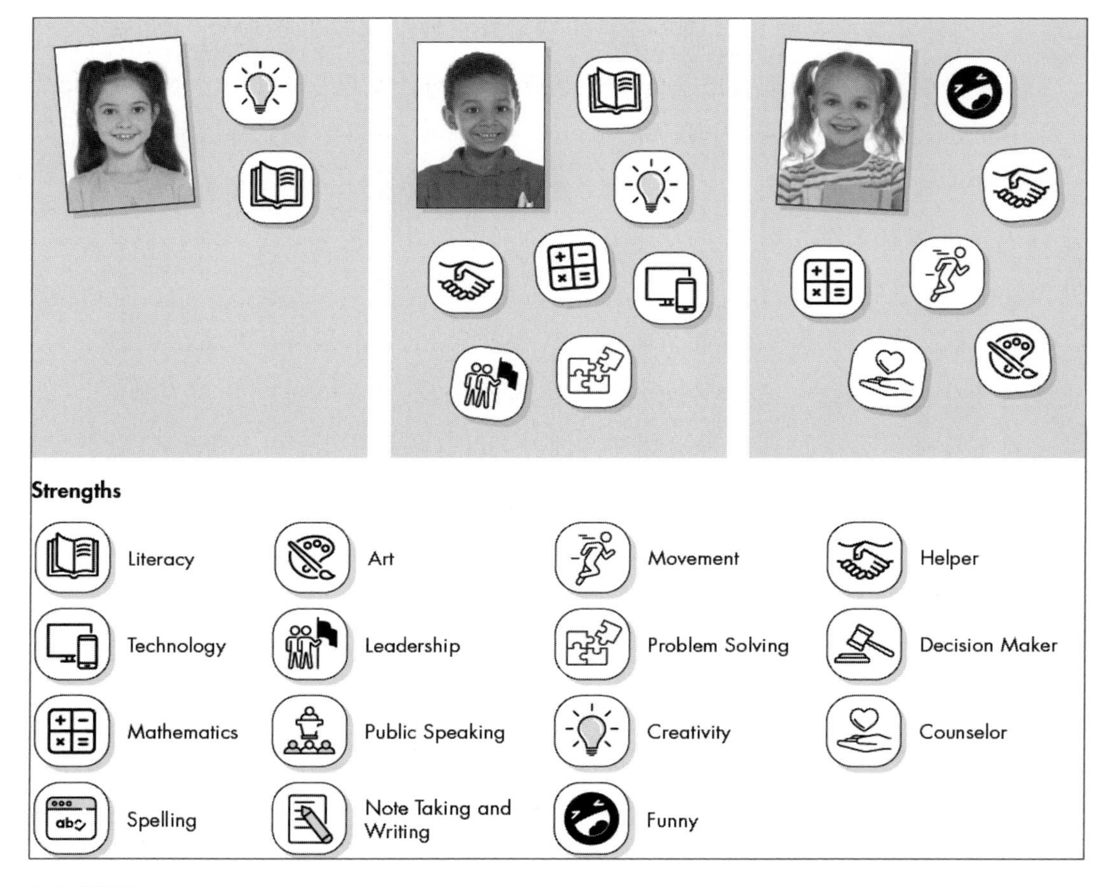

[그림 3-3] 학생 강점 포스터

마지막으로, 교사는 특정 주제와 관련하여 학생들에게 전체 수업이 필요할 수 있다는 가능성을 항상 유념해야 한다. 예를 들어, 교사는 여러 그룹의 학생들이 동일한 주제에 대해 같은 어려움이나 오해를 겪고 있는 것을 관찰할 수 있다. 교사는 주먹-다섯 손가락(fist to five) 또는 다른 손 신호, 화이트보드, 출구 티켓(exit ticket), 구글 폼 또는 온라인 설문, 클리커스(Clickers) 또는 플리커스(Plickers)와 같은 비공식적 평가를 사용하여 이러한 공통된 문제를 확인할 것이다. 특정한 주제와 관련하여 교사가 취해야 할 다음 단계를 안내할 것이며, 경우에 따라서 전체 수업이 필요함을 나타낼 수 있다.

[그림 3-4]는 요소 Vc에 대한 가시적 증거를 나열한 것이다.

효과적인 수업과 지도를 확인할 수 있는 증거에 다음과 같은 교사의 수행이 포함된다.

- 숙달 척도의 특정 내용에 초점을 맞춘 센터를 설계하고 구현하기
- 특정 센터 내의 구체적인 요구 사항 파악하기
- 센터 내에서 직접적인 교수나 간략한 전체 수업이 될 수 있는 주제 결정하기

바람직한 학생의 실행과 행동을 확인할 수 있는 증거에 다음과 같은 학생의 수행이 포함된다.

- 센터 활동의 목적 알기
- 센터 활동에서 성공 경험하기

학생의 이해와 인식을 확인할 수 있는 증거에 다음과 같은 학생의 수행이 포함된다.

- 그룹과 센터가 그들의 구체적인 요구를 어떻게 충족하게 했는지 설명하기
- 특정 숙달 척도와 관련된 특정한 센터 활동의 목적 설명하기
- 특정 센터 활동에 대해 자신이 이해한 것과 이해하지 못한 것 설명하기

[그림 3-4] 요소 Vc에 대한 가시적 증거

출처: © 2021 by Robert J. Marzano.

설계 분야 V를 이해하고 계획하기

그룹화와 재그룹화는 효과적인 CBE 교실의 중요한 부분이다. 이전 논의에서, 우리는 교사가 학생들을 그룹으로 조직하고, 학생의 이동을 결정하며, 그룹에 일반적이며 구체적인 지원을 제공할 수 있는 다양한 방법을 고려하였다. 이는 전통적인 교실과 CBE 교실에서 흔히 이루어지지만, CBE 교사는 여기에 더하여 해당 학년도 전체의 관점에서 그룹화와 재그룹화를 계획한다.

CBE 교실은 연말에는 아마도 연초에 보았던 것과 매우 다르게 보일 것이다. 연초에 CBE 교사는 각 단원에 하나 이상의 숙달 척도를 다루는 수업 단원으로 1년 전체를 계획할 것이다. 예를 들어, 5학년 사회과 교사가 1년간 15개 수업 단원에서 다루어야 할 25개 측정 주제가 있다고 가정해 보자. 연초에는 모든 학생이 동시에 각 단원에 온전히 참여할 것이다. 그러나 시간이 지남에 따라 일부 학생은 내용 숙달의 측면에서

뒤처지기 시작할 것이다. 즉, 해당 단원의 측정 주제를 완전히 익히는 데 할당된 시간보다 더 오랜 시간이 걸리는 것이다. 마찬가지로, 일부 학생은 계획보다 빨리 특정 숙달 척도를 익혀 교사가 아직 다루지 않은 주제로 넘어갈 수 있다.

예정된 해당 학년도의 측정 주제와 관련하여 학생의 이질성이 점점 커지는 문제를 해결하기 위해서, CBE 교사는 숙달을 보여 주는데 뒤처지는 학생을 위한 그룹을 만들어야 한다. 이러한 그룹을 위해, 교사는 학생들에게 이미 완료한 단원의 숙달 척도에 대한 자신의 상태를 향상할 수 있도록 혼자 혹은 소그룹으로 공부할 기회를 제공할 것이다. 마찬가지로, 교사는 제시된 단원의 진행 속도보다 빠르게 학습할 기회를 제공하는 그룹도 구성할 것이다. 두 경우 모두 교사는 각 숙달 척도의 학습 목표에 맞는 가상 자료를 생성해야 한다. 우리는 설계 영역 III, 숙달 척도 수업의 준비와 계획에 대한 논의에서 이를 설명하였다. 교사가 이러한 자료를 만들었다면, 학생들은 개별적으로 혹은 그룹에서 다양한 선택지를 활용하여 자신만의 속도로 학습할 수 있다.

설계 분야 VI: 참여(Engagement)

참여는 아카데미 모델에서 강력한 개념이다. 교사가 설계 분야 VI에 집중할 때, 학생들은 주의 집중을 하고 에너지와 흥미를 느낄 수 있다. 이 설계 분야에는 여덟 가지 요소가 있다.

- VIa. 학생들이 참여하지 않을 때 알아차리고 대응하기
- VIb. 응답률 높이기
- VIc. 신체 움직임 사용하기
- VId. 활기찬 속도 유지하기
- VIe. 집중(intensity)과 열정 보여 주기
- VIf. 특이한 정보 제시하기

VIg. 우호적 논쟁(friendly controversy) 사용하기

VIh. 교과 게임 사용하기

다음 이어지는 절에서 각 요소에 대해 자세히 설명한다.

VIa. 학생들이 참여하지 않을 때 알아차리고 대응하기

이 요소에 대해 교사가 해야 할 역할은 학생들의 주의 집중(attention) 수준을 계속해서 모니터하고 주의가 떨어질 때 대응하는 것이다. 주의 집중은 참여의 문지기이다. 만약 학생들이 수업 시간에 일어나는 일에 주의를 기울이지 않으면 교사가 제시하는 교과 활동에 참여할 가능성은 매우 적다. 따라서 담임교사의 첫 번째 임무 중 하나는 학생들의 주의 집중 수준을 파악하는 것이다. 이를 위해 몇 가지 직접적인 방법이 있다. 간단한 기능 중 하나는 주기적으로 교실을 살펴 참여를 드러내는 징후와 참여 부족을 드러내는 징후를 찾는 것이다. 예를 들어, 학생이 참여하고 있음을 보여 주는 증거는 다음과 같다.

- 자신이 맡은 활동을 수행하는 학생
- 교사와 눈을 마주치는 학생
- 제공된 유인물에 메모하는 학생
- 교과 학습 일지(academic journals)를 작성하는 학생

참여 부족을 드러내는 증거는 다음과 같다.

- 교사와 눈을 마주치지 않는 학생
- 교사가 제시한 활동이 아닌 다른 것을 하는 학생
- 내용과 관련이 없는 주제에 대해 다른 학생과 이야기하는 학생
- 다른 사람의 주의를 산만하게 만드는 행동을 하는 학생

학생들의 주의 집중 수준을 모니터하는 또 다른 전략은 학생들에게 주기적으로 자신의 참여 수준을 알리게 요청하는 것이다. 이 전략이 효과를 발휘하려면, 교사는 학생들이 특정 순간에 참여하지 않았다고 해서 벌을 주지는 않을 것이라는 점을 확실히 해 주어야 한다. 교사가 지시할 때 학생은 자신의 주의 집중 수준을 나타내기 위해 주먹부터 다섯 손가락을 사용하거나(주먹은 주의를 기울이지 않았다는 의미, 다섯 손가락은 완전하게 집중하였다는 의미) 다른 손 신호를 사용할 수 있다. 또 다른 간단한 방법은 각 학생에게 세 가지 색깔 카드를 주는 것으로, 초록색은 참여, 노란색은 부분적으로 참여, 빨간색은 참여하지 않음을 의미한다. 교사의 지시에 따라 학생들은 현재 참여 수준을 나타내는 카드를 보여 준다.

이러한 직접적인 전략 외에도 학생들과의 관계를 발전시키는 것은 특정 학생이 언제, 그리고 왜 충분히 참여하지 못하는지 이해할 수 있는 가장 효과적인 방법일 것이다. 학생과의 긴밀한 유대는 교사에게 학생의 참여도가 떨어졌을 때 뿜어내는 언어적 · 비언어적 단서에 대한 통찰을 제공할 수 있다. 교사는 학생의 얼굴이나 몸짓에서 무언가 잘못되었음을 나타내는 특정한 모습을 발견할 수 있다. 수업 시작 시 대화를 통해 학생이 집에서 힘든 시간을 보내고 있거나, 형제자매가 아파서 전날 늦게까지 깨어 있었음을 알 수 있을 것이다. 그러면 교사는 적절히 대응하고 그날 하루 동안 조치나 조정을 할 것이다.

학생들이 참여하지 않음을 알게 될 때 교사가 대응하는 방법은 다양하다. 첫째, 교사는 참여도가 떨어진 이유를 신속하게 성찰해야 한다. 교사는 안내가 충분히 명확하지 않거나 제공된 자료가 너무 어렵다고 생각할 수 있다. 이러한 정보를 바탕으로 교사는 간단한 조정을 할 수 있다. 때로는 특정 그룹이 과제를 중단하거나, 소란하게 하거나, 혼란스러운 모습을 보이는 경우가 있다. 해당하는 그룹에 바로 가서, 필요한 사항을 가늠하거나, 응원하는 말을 건네거나 혹은 학생 한 명 또는 전체를 이동시키는 것으로 문제를 해결할 수 있다.

교사가 학급 전체가 흥미를 잃어 가고 있다는 것을 알아차린다면, 아마도 팀 빌딩(team building) 활동이나 간단한 게임을 해야 할 시간일 것이다. 교사에게 정기적으로 학생들이 즐겨 하는 게임 세트가 있다면, 초기 설정과 규칙 및 절차 안내에 낭비하는 시간이 거의 없다.

교사는 학생들의 참여가 없는 수업이나 활동을 포기하기로 결정할 수도 있다. 만약 활동 설계에 중요한 결함이 있거나 시간이 너무 부족하거나 모든 것이 잘못되는 것처럼 보인다면, 교사는 수업 중단을 두려워하지 말아야 한다. 그/그녀는 다음과 같이 말할 수 있을 것이다. “여러분, 수업을 여기서 멈추려고 해요. 어떤 이유에서인지 이번 수업은 잘 안 된 것 같아요. 그리고 아마도 이건 내가 여러분에게 준 글이 너무 어려워서인 것 같아요. 더 나은 자료를 찾아보고 나중에 이 활동을 다시 시도해 봅시다. 나에게 피드백을 줄 사람이 있나요?” 정직하고 자기 성찰적인 행동을 모델링하는 것은 매우 유익하다. 이것은 학생들에게 수행과 이해를 스스로 분석하는 방법을 보여줄 뿐만 아니라 문제 해결이 어떻게 이루어지는지 실제로 보는 기회를 제공한다. 학생들은 교사가 그들의 교육적 필요를 충족하기 위해 항상 노력하며 그들의 피드백이 의미 있음을 제대로 알게 될 것이다.

마지막으로, 교사가 학생들이 스스로 다시 집중할 것을 기대하는 것은 타당하다는 점을 기억하는 것이 중요하다. 물론, 이러한 접근 방식의 성공은 연령에 따라 다르겠지만, 초등학교 고학년 학생들은 자기 인식과 주체성에 분명히 노력을 들여야 한다. 학생들이 현재 과제에 집중하지 않음을 깨달을 때 다시 참여하는 것은 양쪽 모두를 개선하는 실질적이고 구체적인 방법이다. 이를 위해, 교사는 학생들의 재참여를 돕기 위해 고안된 SOP를 학생들에게 제공해야 한다. 이러한 SOP에는 가벼운 산책, 음료 마시기, 사고 과정 따르기, 팔 벌려 뛰기, 학교에 있는 다른 교사나 멘토를 잠시 만나고 오기 등 다양한 선택지가 포함되어야 한다.

[그림 3-5]는 요소 VIa에 대한 가시적 증거를 나열한 것이다.

효과적인 수업과 지도를 확인할 수 있는 증거에 다음과 같은 교사의 수행이 포함된다.
• 개별 학생의 참여 모니터하기 • 전체 교실의 참여 모니터하기 • 학생들에게 참여 수준을 알리도록 요청하기 • 에너지 수준이 떨어질 때 교실의 전반적인 에너지 수준 높이기
바람직한 학생의 실행과 행동을 확인할 수 있는 증거에 다음과 같은 학생의 수행이 포함된다.
• 교사가 학생의 참여 수준을 기록하고 있다는 사실 인식하기 • 교사가 신호를 줄 때, 자신의 참여 수준을 높이기 위해 노력하기
학생의 이해와 인식을 확인할 수 있는 증거에 다음과 같은 학생의 수행이 포함된다.
• 자신의 교사가 높은 참여 수준을 기대하고 있음을 설명하기 • 자신의 참여를 유지하도록 교사가 도와주는 구체적인 것 설명하기

[그림 3-5] 요소 VIa에 대한 가시적 증거

출처: © 2021 by Robert J. Marzano.

VIb. 응답률 높이기

학생들에게 질문에 답하게 하는 것은 그들의 주의를 집중시키는 가장 전형적인 방법의 하나이다. 이 요소를 사용하여, 교사는 여러 학생이 각 질문에 답하는 방식으로 학생들에게 질문에 답하는 절차를 제공한다. 그 이유는 상식과 다소 다르다. 교사가 질문을 하면, 모든 학생이 질문에 대해 생각하기 때문에 자동으로 모든 학생이 주의를 집중하도록 자극한다고 생각할 수 있다. 그러나 반드시 그런 것만은 아니다. 사실, 교사가 질문하는 방식은 학생들의 질문에 주의를 기울여야 할 필요성 혹은 욕구를 약화할 수 있다. 예를 들어, 교사가 손을 든 학생들만 부르면, 일부 학생들은 결코 손을 들지 않을 것이고 결과적으로 질문에 대해 생각할 필요도 없을 것이다. 마찬가지로 교사가 특정 학생을 부르면, 수업에 참여하는 모든 학생은 더 이상 대답을 생각할 필요가 없다는 것을 깨닫게 된다.

응답률이라는 용어는 교사가 던진 질문에 응답한 학생의 수를 말한다. 이것은 학생들의 주의를 끌기 위한 도구로서 질문이 지닌 유용성의 핵심이다. 교사가 제기한 질

문에 한두 명의 학생만 응답하는 경우, 해당 질문의 응답률은 낮다. 교사가 제기한 질문에 모든 학생이 응답하면 해당 질문의 응답률은 높다. 실제로, 교사의 질문에 응답하는 학생이 많을수록, 질문 전략은 주의력을 높이는 도구가 된다. 학생의 응답률을 높이기 위해 교사가 사용할 수 있는 다양한 전략이 있다.

무작위 이름 생성기는 질문에 대한 응답률을 높이는 좋은 방법이다. 무작위 이름 생성기의 종류로 병에 담긴 아이스크림 막대부터 클래스도조(ClassDojo, www.classdojo.com) 또는 클래스크래프트(Classcraft, www.classcraft.com) 같은 최신 수업 관리 테크놀로지에 이르기까지 다양하다. 모든 학생은 하루에 적어도 한 번은 교사에게 불릴 것으로 예상해야 하며, 학생들은 교사가 왜 이를 바라고 있는지 이해하는 것이 중요하다. 무작위 이름 생성기는 특히 수줍음이 많은 학생의 불안감을 높일 수 있으므로, 학생의 이름이 불렸을 때 답을 모르는 경우 도움을 받을 방법을 마련해 놓는 것이 중요하다. 친구에게 전화하기 혹은 답 제거하기와 같은 전략은 걱정을 줄이는 데 도움이 될 수 있지만, 학생들이 너무 많이 통과시키지 않도록 해야 한다. 만약 교사가 온갖 이유로 주기적으로 무작위 이름 생성기를 사용한다면, 학생들은 주기적으로 응답하는 상황에 익숙해진다.

무작위 이름 생성기 외에도, 무작위 그룹 선택기 및 무작위 순서 추첨기가 매우 유용할 수 있다. 예를 들어, 결과를 공유하는 그룹 활동을 시작할 때, 무작위 그룹 순서 추첨기는 어떤 그룹이 첫 번째, 두 번째, 세 번째 등으로 발표할지 결정할 수 있다. 무작위 그룹 생성기는 각 그룹 내에서 발표할 학생 한 명을 선택하거나, 다른 유형의 역할을 배정하는 데 사용될 수도 있다.

테크놀로지 또한 학생들이 응답할 수 있는 다양한 방법을 제공한다. 학생용 클리커스, 휴대전화, 온라인 설문조사 및 플리커 카드는 학생의 응답률을 높이는 좋은 방법이다. 그러나 이러한 테크놀로지 도구는 학생들이 응답하는 유일한 방법이 되어서는 안 되며, 특히 화이트보드, 손 신호, 개별 혹은 함께 소리내어 응답하기와 같이 신뢰할 만한 다른 방법보다 종종 시간이 더 오래 걸릴 수 있다.

[그림 3-6]은 요소 VIb에 대한 가시적 증거를 나열한 것이다.

효과적인 수업과 지도를 확인할 수 있는 증거에 다음과 같은 교사의 수행이 포함된다.
• 함께 응답하기, 짝끼리 응답하기, 응답 카드, 화이트보드, 테크놀로지 기반 응답 플랫폼, 또는 손 신호와 같은 전략을 활용하여 모든 학생이 응답에 참여하게 하기 • 질문에 답할 수 있도록 무작위로 학생 이름 뽑기 • 질문 후 그리고 학생의 응답 후 기다리는 시간 활용하기
바람직한 학생의 실행과 행동을 확인할 수 있는 증거에 다음과 같은 학생의 수행이 포함된다.
• 학급 전체 또는 그룹 단위로 질문에 응답하기 • 다른 학생의 답에 주의 기울이기 • 교사가 모든 학생이 응답하기를 바란다는 점을 인식하기
학생의 이해와 인식을 확인할 수 있는 증거에 다음과 같은 학생의 수행이 포함된다.
• 교사를 모든 학생이 응답하기를 바라는 사람으로 설명하기 • 교사가 모든 학생의 답변을 이끌어 내기 위해 사용하는 구체적인 전략 설명하기

[그림 3-6] 요소 VIb에 대한 가시적 증거

출처: © 2021 by Robert J. Marzano.

VIc. 신체 움직임을 사용하기

신체 움직임은 학생들의 에너지 수준 향상에 필수적인 기능이다. 초등학교 수준에서는 비록 짧은 시간일지라도, 대부분의 수업에서 신체 움직임을 포함해야 한다. 이러한 빠른 움직임 활동에는 다음과 같은 것들이 포함된다.

- **짝 만나서 공유하기**: 학생들이 일어나서 짝을 찾고, 질문에 관해 토론하거나 답을 공유한다. 교사가 신호를 보내면, 학생들은 서 있는 동안 다시 함께 공유할 다른 짝을 찾는다.
- **갤러리 워크**: 교사가 학생의 작품을 교실 주변이나 복도에 게시한 후, 학생들이 돌아다니면서 서로의 작품을 관찰하고 메모할 수 있도록 시간을 제공하는 것이다.
- **네 모퉁이 투표**: 교사가 질문을 하고 교실의 네 모퉁이에 네 가지 선택지를 게시한다. 학생들은 자신의 의견을 나타내거나 자신이 정답이라고 생각하는 것을 나타

내는 모퉁이로 걸어간다.

- 하나 가고 셋 남기: 교사는 특정한 과제를 수행할 수 있도록 학생 네 명을 한 그룹으로 조직한다. 교사의 신호에 따라, 그룹에서 한 명이 다른 그룹을 방문하여 과제를 어떻게 다루고 있는지 확인한 후 다시 자기 그룹에 돌아와 그 내용을 알린다. 과제를 수행하는 동안 그룹 구성원이 돌아가면서 이러한 활동을 여러 번 반복한다.

교사는 반복되는 과제나 행동을 알려 주는 특정한 음악을 사용하여, 이 음악을 들으면서 동료들과 어울리도록 하며 수업을 시작할 수 있다. 학생들은 교과 내용에 대해 상호작용을 하고 있지만, 음악은 그들의 논의에 즐겁고 활기를 더해 준다. 움직임 전략을 서로 연결하여 일련의 연결된 움직임 활동을 만들 수도 있다. 예를 들어, 교사는 미리보기 질문을 제시하고 학생들에게 일어나서 짝을 찾은 후 질문에 답하고, 학급 전체와 공유하는 것으로 수업을 시작할 수 있다. 이 모든 것은 학생들이 서 있는 동안 이루어진다. 그런 다음 학생들은 특정 주제에 대한 그룹 활동을 시작하고, 교사는 일정한 간격에 따라 수업을 멈추고 간단한 움직임 활동이나 두뇌 휴식을 실시한다. 활동이 완료되면 그룹은 그들의 협동 작품을 게시하고 학생들은 갤러리 워크나 움직임에 기반한 검토 활동을 수행한다.

이 요소의 중요한 측면은 학생들이 일어서거나 스트레칭을 해야 하거나, 자신만의 개별적인 휴식이 필요할 때를 스스로 판단할 수 있도록 장려해야 한다는 점이다. 수업에서는 "일어나서 물을 마셔요."부터 "짧은 산책을 해요."까지의 단계를 포함한 "내 머리가 안 돌아가요." 혹은 "피곤해요."라는 SOP를 개발할 수도 있다. 표준 행동 절차는 학생들에게 언제 SOP를 실행해야 하는지 아는 방법에 대한 의견을 제공한다(내용에 대해 생각하는 데 어려움을 겪고 있는 경우). 또한 다른 사람들에게 방해받지 않고 휴식을 취하는 방법을 학생들에게 안내할 수도 있다. 예를 들어, 짧은 산책과 관련하여 학생들에게 교실 바로 옆 복도에서 2분 정도 조용히 걸은 후 다시 수업에 참여하도록 학생들에게 알려 줄 수 있다.

마지막으로, 교사는 쉽게 움직일 수 있는 교실 배치를 고려해야 한다. 학생들이 자리하여 모일 수 있는 열린 공간뿐만 아니라 학생들이 움직일 수 있는 명확한 통로가 있어야 한다. 학생들은 교실의 다양한 공간에서 공부할 수 있고, 누울 수 있거나 벽에 기대어 앉을 수 있다. 교실 환경을 설정하는 전략은 교실의 물리적인 배치를 조직하는 것에 관한 VIIa 요소에서 설명한다.

[그림 3-7]은 요소 VIc에 대한 가시적 증거를 나열한 것이다.

효과적인 수업과 지도를 확인할 수 있는 증거에 다음과 같은 교사의 수행이 포함된다.

- 에너지 수준이 낮을 때 신체 움직임을 사용하거나 학생들에게 일어서서 스트레칭 하게 하기
- 응답률 전략으로 신체 움직임 사용하기(예, 발로 투표하기, 코너 활동, 일어서는 것으로 의견 표현하기)
- 학생들이 내용을 표현하는 데 도움이 되는 신체 움직임 사용하기(예, 신체 표현 또는 드라마 관련 활동)

바람직한 학생의 실행과 행동을 확인할 수 있는 증거에 다음과 같은 학생의 수행이 포함된다.

- 신체 움직임 활동에 적극적으로 참여하기
- 에너지 수준이 높아짐을 보여 주기

학생의 이해와 인식을 확인할 수 있는 증거에 다음과 같은 학생의 수행이 포함된다.

- 자신이 가장 좋아하는 신체 움직임 활동 설명하기
- 신체 움직임 활동이 자신의 흥미를 유지하고 학습에 도움이 되는 이유 설명하기

[그림 3-7] 요소 VIc에 대한 가시적 증거

출처: © 2021 by Robert J. Marzano.

VId. 활기찬 속도를 유지하기

이 요소에서 교사가 맡은 책임은 교실에서 수업 속도가 일반적으로 활기차고, 지루하지 않으며, 언제든지 학생들의 학습을 최적화할 수 있도록 조정하는 것이다. 효과적인 속도는 학생들의 에너지 수준을 간접적으로, 때로는 직접적으로 향상하게 한다.

하루의 활기찬 속도를 설정하려면, 교사는 신중하게 계획을 세우고, 목적에 따라

일과를 구성하며, 수업을 유연하게 조정하고, 교실의 '온도'를 감지해야 한다. 효과적인 계획에는 유연성에 대비하는 것도 포함된다. 예상보다 시간이 덜 걸릴 경우를 대비하여 다음 수업 부분을 준비하거나, 더 많은 시간이 필요한 수업을 고려하여 수업을 나중으로 미루는 것이다. 학생들은 언어적이든 비언어적이든 항상 얼마나 시간이 필요한지 보여 줄 것이며, 학생의 진행 상황을 계속 파악하는 것은 교사의 몫이다. 예를 들어, 대다수 학생이 과제 수행을 멈추었다면, 이는 아마도 시간이 더 필요하지 않은 경우일 것이다. 학생들이 빠른 속도로 과제에 집중하고 있다면, 이는 학생들에게 시간이 더 필요하다는 신호일 것이다. 교사는 학생들에게 얼마나 많은 시간이 필요한지, 혹은 시간이 더 필요하지 않은지 직접 물어볼 수도 있다. 또한 학생들에게 손가락을 들어 과제를 완료하는 데 몇 분이 더 필요한지 보여 달라고 요청할 수도 있다. 더 긴 과제의 경우, 교사는 각 손가락이 2분, 3분 혹은 그 이상의 시간을 나타낸다고 설정할 수 있다.

효과적인 루틴과 이동은 수업 속도를 활기차게 유지하는 데 중요한 역할을 한다. 물론, 루틴과 이동을 위한 절차는 미리 마련된다. 특히 학년 초에는 수업에서 이러한 절차를 명확하게 설명하고 학생들이 거의 의식적으로 생각하지 않고도 실행할 수 있을 정도로 연습해야 한다. 루틴과 절차를 SOP 형식으로 제시하는 것은 대체로 항상 유용하다. 교실에서 역할을 설정하는 것 또한 도움이 되는데, 특정 학생들은 물품을 모으거나 과제를 제출하게 하고, 다른 학생들은 다음 수업 또는 활동을 위해 정리와 준비를 하도록 정하는 것이다. 어느 쪽이든, 루틴과 이동 절차는 하루의 모든 순간을 효율적으로 활용할 수 있게 해 준다.

활기찬 속도를 유지하기 위한 계획을 세우는 것 외에도, 교사는 상황이 너무 느리게 진행되는 것은 아닌지 자신에게 계속해서 확인해야 한다. 이에 대한 한 가지 지표는 학생들이 에너지가 부족하고 열정이 없어지거나, 주의가 산만해지거나, 무기력해 보이는 것이다. 이 경우 교사는 주의를 다시 끌기 위해 속도를 높이거나 특정 유형의 활동을 사용할 수 있다. 예를 들어, 교사는 학생들을 임시 그룹으로 재구성하고 다루고 있는 교과 내용에 초점을 맞춘 게임을 진행할 수 있다. 교과용 게임은 요소 VIh에서 다룬다.

[그림 3-8]은 요소 VId에 대한 가시적 증거를 나열한 것이다.

효과적인 수업과 지도를 확인할 수 있는 증거에 다음과 같은 교사의 수행이 포함된다.
• 학생들의 참여 요구에 맞게 수업 속도를 높이거나 낮추는 변화 주기
• 교수의 모든 부분이 활발하지만 서두르지 않는 방식으로 진행하기
• 학생들의 관심을 불러일으키기 위해 동기부여 요소 활용하기
바람직한 학생의 실행과 행동을 확인할 수 있는 증거에 다음과 같은 학생의 수행이 포함된다.
• 수업 활동의 변화에 빠르게 적응하고 내용을 다시 연관시키기
• 교사의 속도에 따라 활기 보이기
학생의 이해와 인식을 확인할 수 있는 증거에 다음과 같은 학생의 수행이 포함된다.
• 수업 진행 속도가 너무 빠르지도 느리지도 않음을 보고하기
• 교사가 유지하는 속도가 좋음을 말하기

[그림 3-8] 요소 VId에 대한 가시적 증거

출처: © 2021 by Robert J. Marzano.

VIe. 집중과 열정을 보여 주기

이 요소는 자신이 다루는 내용에 대한 진정한 집중과 열정을 보여 주는 교사의 경향과 관련이 있다. 내용에 대한 교사의 열정, 그리고 수시로 이루어지는 내용에 대한 집중도 있는 몰입은 학생에게 전달될 수 있다. 물론 이러한 감정의 표현은 진정성이 있어야 하며, 그렇지 않으면 학생들은 이들의 진실성이 없음을 알아차릴 것이다. 담임교사는 학생들이 학습할 수 있게 돕고자 하는 열정으로 교직에 입문하기 때문에 일반적으로 이는 문제가 되지 않는다. 열정은 계속해서 표현될 수 있고 그래야만 하지만, 집중은 상황에 따라 다르다. 둘 다 부분적으로 크기, 목소리 톤, 특정 단어나 구문을 통한 언어적 강조, 일시 정지 및 말하는 속도로 전달된다.

집중과 열정을 전달하는 데 있어서 기본은 교사가 내용을 개인과 연결하는 것이다. 수학 교사는 자기 친구들이 수학을 '멋진' 일로 생각하지 않았음에도 불구하고 수학

에 관심을 가지게 된 때와 이유를 학생들에게 이야기함으로써 열정을 전달할 수 있다. 과학 교사는 화성에 대해 더 자세히 알아보고 현재 화성 탐사를 통해 인간이 화성에 대해 무엇을 발견하고 있는지 알아보기 위해 현재 읽고 있는 기사를 설명할 수 있다. 국어 교사는 자신이 좋아하는 작가의 단편 소설을 읽은 최근 경험을 공유할 수 있다. 집중은 교사가 내용에 관련된 세부 사항에 주의를 기울이는 것으로 나타난다. 교사는 학습 내용에 대해 새롭게 인식한 점이나 유사한 내용 사이에서 최근에 발견한 미세한 차이를 학생들과 공유해야 한다.

교사는 단원이나 수업을 계획할 때 집중과 열정을 고려해야 한다. 그들은 진심으로 열정을 가지고 내용에 대한 단원을 만드는 노력을 해야 한다. 동물을 중심으로 단원을 설계하는 교사는 개인적인 관련이 있는 특정 지역이나 동물을 선택할 수 있다. 예를 들어, 아프리카의 세렝게티 생태계를 여행한 적이 있는 교사는 개인적인 이야기, 사진, 공예품을 제공할 수 있기 때문에 이곳을 중심으로 단원을 설계할 수 있다. 혹은 옐로스톤 기관에서 늑대의 행동에 대한 수업을 듣고 이 경험에서 통찰을 얻을 수 있었던 교사는 옐로스톤 생태계에 늑대를 다시 유입하는 것에 관한 단원을 설계할 수 있다. 학생들은 자신이 사랑하고 아끼고 존경하는 선생님이 직접 이러한 일을 경험했기 때문에 해당 내용에 절로 애착을 느낄 것이다.

[그림 3-9]는 요소 VIe에 대한 가시적 증거를 나열한 것이다.

효과적인 수업과 지도를 확인할 수 있는 증거에 다음과 같은 교사의 수행이 포함된다.

- 내용의 중요성에 대해 직접 설명하기
- 내용과 학교 밖 세상을 명시적으로 연결하기
- 학생들이 내용에 대해 더 쉽게 접근할 수 있도록 내용에 대한 개인적인 이야기 들려주기
- 내용에 관한 관심을 불러일으키는 유머 사용하기
- 집중과 열정을 전하기 위해 크기, 목소리 톤, 특정 단어나 구문을 통한 언어적 강조, 일시 정지, 말하는 속도 사용하기

바람직한 학생의 실행과 행동을 확인할 수 있는 증거에 다음과 같은 학생의 수행이 포함된다.

- 교사의 집중과 열정에 응하여 주의 수준 높이기
- 교사의 집중과 열정에 응하여 에너지 수준 높이기

학생의 이해와 인식을 확인할 수 있는 증거에 다음과 같은 학생의 수행이 포함된다.

- 선생님이 내용을 좋아하고 가르치는 것을 좋아한다고 말하기
- 선생님의 열정이 마음에 든다고 말하기

[그림 3-9] 요소 VIe에 대한 가시적 증거

출처: © 2021 by Robert J. Marzano.

VIf. 특이한 정보 제시하기

학생들에게 내용에 관한 관심과 흥미를 자극하는 정보를 제공하는 것은 참여의 또 다른 핵심 요소이다. 독특한 정보는 수업이나 단원의 내용과 직접 연관되지 않는 경우라도 본질적으로 흥미롭다. 게다가 학생들은 자연스럽게 호기심을 가지고 특이하거나 평범하지 않은 정보에 끌린다.

이 전략은 학생들이 곧 경험하게 될 수업이나 단원의 내용에 대한 학생들의 관심을 자극할 수 있다. 앞서 언급한 교사는 세렝게티 생태계에 대한 단원 도입에서 학생들에게 차보(Tsavo) 지역의 식인 사자를 소개하는 것으로 시작할 수 있다. 또는 우주 탐사 단원 도입에서 교사는 일론 머스크(Elon Musk)가 그의 테슬라 로드스터(Tesla Roadster)를 우주로 발사한 방법에 관한 기사를 공유하는 것으로 시작할 수 있다.

또 다른 선택지는 교사가 매일 '이것 봐' 시간을 계획하는 것으로, 이 시간에 학급 학생들은 새롭고 흥미롭거나, 특이한 정보나 이야기에 대해 배운다. 교사는 이러한 항목을 포커스 보드(focus board)에 게시하고 학생들이 찾은 이야기나 사실을 여기에 추가하도록 격려할 수 있다. 만약 교사가 뉴스 레터, 웹사이트, 학급 신문을 운영한다면 '이상한 소식' 또는 '믿거나 말거나' 부분을 포함할 수 있다.

학생들은 흥미롭거나 특이하다고 생각하는 사실과 정보를 강조하도록 항상 장려되어야 한다. 멸종 위기종을 다루는 학생들은 자신이 선택한 종에 대한 가장 흥미로운

사실이나 특이한 사실을 강조하는 '사실 요약' 포스터를 디자인할 수 있다. 이 포스터는 루시드프레스(Lucidpress)와 같은 온라인 도구를 사용하여 만들 수 있고, 컬러로 인쇄하고 코팅하여 모두가 볼 수 있는 복도에 게시될 수 있다. 예를 들어, 제2차 세계대전에 대해 배우는 학생들은 그 당시 잘 알려지지 않은 이야기나 개인적인 여정을 강조하는 역사적인 뉴스를 촬영할 수 있다.

학생들이 공부하고 있는 주제에 대한 다양한 관점을 인식하게 함으로써 특이한 정보가 생성될 수도 있다. 예를 들어, 옐로스톤 생태계에 늑대를 재유입하는 것에 대한 단원을 가르친 후, 교사는 여기에 반대하는 몬태나주 출신 목장주의 관점을 학생들에게 소개함으로써 학생들의 생각을 자극할 수 있다. 개인의 증언이나 영상으로 학생들은 어떤 것의 이면을 볼 수 있고, 주제에 관한 새롭고 특이한 정보를 수집할 수 있다.

또 다른 선택지는 학생의 관심 목록, 학생 인터뷰, 연초에 제공되는 학부모 설문지 결과를 중심으로 수업과 단원을 개발하는 것이다. 이는 교사가 제공하는 모든 수업이 최신 비디오 게임에 중점을 두어야 한다는 의미는 아니지만, 교사는 더 넓은 관심 분야에 맞게 단원을 조정할 수 있다. 예를 들어, 학생들이 애완동물을 좋아한다는 피드백을 받은 교사는 동물 중에서도 흥미로운 종을 중심으로 단원을 설계하고 사람들이 가끔 이국적인 동물을 애완동물로 키우는 방법에 대한 정보를 포함할 수 있다. 학생들은 이에 대한 사례를 찾아보고, 이러한 관행으로 인해 종에 미칠 수 있는 부정적인 결과를 연구할 수 있다.

마찬가지로, 교사는 "발명가, 나치 독일과 제2차 세계대전, 열대우림 중 어떤 주제를 공부하고 싶은가?"와 같은 질문을 통해 이어질 단원의 주제에 대한 학생들의 관심 수준을 평가할 수 있다. [그림 3-10]은 이러한 관심도 조사 결과를 보여 준다.

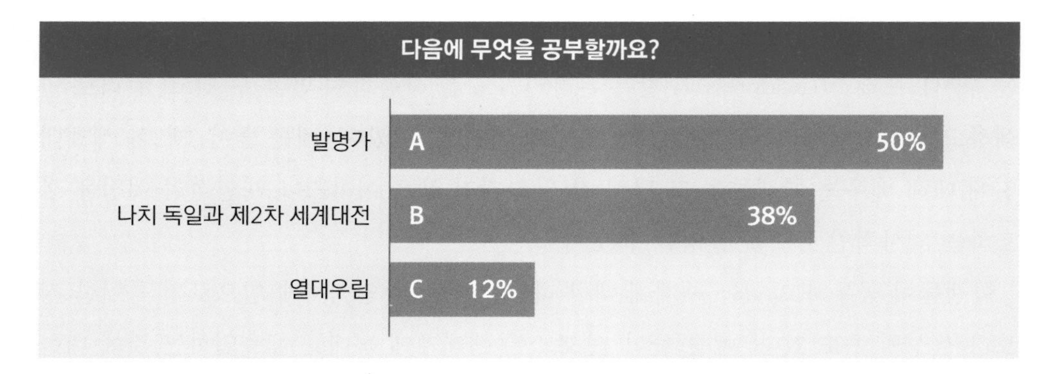

[그림 3-10] 학생의 관심도 조사 결과

[그림 3-11]은 요소 VIf에 대한 가시적 증거를 나열한 것이다.

효과적인 수업과 지도를 확인할 수 있는 증거에 다음과 같은 교사의 수행이 포함된다.

- 학생들의 주의를 끌기 위해 특이하거나 흥미로운 정보 제시하기
- 학생들이 특이한 정보를 탐색하고, 발견하고, 공유하게 하기
- 특이하거나 흥미로운 정보를 학급에 공유하도록 초청 연사 초대하기

바람직한 학생의 실행과 행동을 확인할 수 있는 증거에 다음과 같은 학생의 수행이 포함된다.

- 제시되는 특이한 정보에 응하여 참여 수준 높이기
- 특이한 정보에 대해 질문하기
- 학급 친구들과 특이한 정보 공유하기

학생의 이해와 인식을 확인할 수 있는 증거에 다음과 같은 학생의 수행이 포함된다.

- 특이한 정보가 어떻게 내용을 더욱 흥미롭게 만드는지 설명하기
- 가장 좋아하는 특이한 정보 유형 설명하기

[그림 3-11] 요소 VIf에 대한 가시적 증거

출처: © 2021 by Robert J. Marzano.

VIg. 우호적 논쟁 사용하기

이 요소에는 교사가 선택한 주제와 학생이 선택한 주제에 대한 다양한 관점의 장점

을 논의할 기회를 학생에게 제공하는 것이 포함된다. 제목에서 알 수 있듯이, 우호적 논쟁에서 학생들은 문제에 대한 다른 관점을 옹호해야 하며 이를 개인적인 공격을 포함하지 않는 방식으로 수행한다. 선택지나 대안이 있는 모든 활동은 우호적 논쟁 과제가 될 수 있다. 마찬가지로, 모든 학급 투표는 우호적 논쟁의 기회를 제공한다. 예를 들어, 학생들이 세렝게티 생태계에 대해 배우고 있다면, 교사는 "세렝게티 생태계를 위한 깃발을 디자인한다면 어떤 동물을 넣을 건가요?"와 같이 질문할 수 있다. 학생들은 특정 동물을 위한 아이디어를 제공하고, 캠페인을 할 수도 있다. 그러나 학생들은 자기 동물이 선택되어야 하는 이유와 근거를 제시하여 자신의 제안을 옹호해야 한다. 마찬가지로, 멸종 위기종에 대해 배우는 학생들은 자신이 공부하고 있는 동물이 학급 동전 모금 혜택을 받을 동물로 선택되어야 한다고 동료들을 설득하기 위해 노력할 수 있다.

보다 형식을 갖춘 수준에서 학생들은 구조화된 토론에 참여할 수 있다. 이를 위해서는 문제의 긍정적인 측면과 부정적인 측면을 대표하는 두 개의 소규모 팀(팀당 2~5명 정도)이 필요하다. 토론을 관리하기 위해 의장이 선출된다. 이 사람은 수업에 참여하는 교사 혹은 학생일 수 있다. 수업에 참여하는 다른 학생들은 주장의 유효성을 판단하는 청중에 해당한다. 수업에서는 다음과 같은 토론 절차를 사용할 수 있다(Manitoba, n.d.).

1. 찬성 측 첫 번째 참가자가 토론을 시작한다. 그다음, 반대 측 첫 번째 참가자가 응답한다. 이런 식으로 양측의 참가자가 차례로 발언한다.
2. 반대 측 마지막 참가자가 발언을 마치면, 두 번째 라운드가 시작되며 이번에는 반대 순서로 진행된다.
3. 두 번째 라운드가 끝날 때, 찬성 측 참가자 1명과 반대 측 참가자 1명이 최종 요약 의견을 발표한다.
4. 참가자의 순서를 라운드마다 바꾸면 안 된다.
5. 토론 중 각 참가자의 발언 최대 시간은 90초이다. 위원장은 시간을 주의 깊게 확

인한다. 발언에 남은 시간이 10초일 때 신호를 준다. 90초가 지나면 참가자는 자신이 말하던 문장을 끝낼 수 있지만 그 후에는 멈춰야 한다.

6. 발언을 방해하는 것은 금지된다.
7. 청중은 토론에 참여해서는 안 된다.
8. 토론 후, 청중은 5분간 자신의 감상과 의견을 공유한다.
9. 토론의 결말을 내기 위해, 청중은 투표에 참여한다. 투표에서 찬성과 반대표가 계산된다. 많은 표를 받은 측이 승리한다.

교사는 학생들에게 이 과정을 제시하고, 학생들은 절차를 따르는 연습에 참여한다. 그러나 일단 학생들이 이 절차를 습득하고 나면, 학생들이나 교사는 제기되는 어떤 주제라도 이를 사용하도록 요청할 수 있다.

[그림 3-12]는 요소 VIg에 대한 가시적 증거를 나열한 것이다.

효과적인 수업과 지도를 확인할 수 있는 증거에 다음과 같은 교사의 수행이 포함된다.

- 동의하지 않는 주제에 대해 자기 입장을 설명하고 옹호하게 함으로써 학생들을 우호적 논쟁에 참여시키기
- 학생들에게 특정 이슈에 대해 투표하고 자기 입장을 논의하게 하기
- 학생들이 우호적인 논쟁에 참여할 수 있도록 세미나, 법정 모형, 타운 홀 미팅 또는 토론회 준비하기
- 학생들에게 자기 입장과 반대되는 관점으로 그 입장을 옹호하게 하기

바람직한 학생의 실행과 행동을 확인할 수 있는 증거에 다음과 같은 학생의 수행이 포함된다.

- 우호적인 논쟁 활동에 적극적으로 참여하기
- 자신의 관점에 대해 신중하게 생각하여 구성한 주장 제시하기

학생의 이해와 인식을 확인할 수 있는 증거에 다음과 같은 학생의 수행이 포함된다.

- 우호적 논쟁 활동을 자극이 되고, 즐거우며, 흥미로운 것으로 설명하기
- 우호적 논쟁 활동이 내용을 더 잘 이해하는 데 어떻게 도움이 되는지 설명하기

[그림 3-12] 요소 VIg에 대한 가시적 증거

출처: © 2021 by Robert J. Marzano.

VIh. 교과 게임 사용하기

이 요소에 대해 교사가 해야 할 일은 학생들이 교과의 개념을 복습하고 개념을 서로 연결지을 수 있도록 게임을 사용하는 것이다. 게임은 언제나 매우 매력적인 학습 방법이었다. 게임의 초점을 학생들이 이미 접한 교과 내용에 두면, 이는 학생들에게 활력을 줄 뿐 아니라 강력한 복습 형태가 된다. 다양한 교과 게임은 『Teaching Basic, Advanced, and Academic Vocabulary』(Marzano, 2020)에 설명되어 있다.

'몸으로 말해요(Charades)'는 어휘 복습에 효과적인 게임이다. 교사는 현재 단원이나 숙달 척도에 해당하는 어휘를 색인 카드에 적고, 학생이나 그룹은 카드를 뽑아 조용히 그 어휘를 연기한다. 그룹으로 하는 '몸으로 말해요'는 개별 학생의 부담을 덜어 주는 데 도움이 될 수 있다. 학생들에게 비언어적 표현을 하게 하는 '픽셔너리(Pictionary)' 같은 게임 또한 어휘 복습에도 유용하며, 매우 빠르고 자연스럽게 계획될 수 있다. 또한 학생들은 사건, 인물, 배경 등을 그릴 수 있어서 이러한 게임은 이야기의 중심 내용을 강조할 수 있다.

'어떤 것이 다를까요?(Which One Doesn't Belong?, www.wodb.ca 참고)' 게임은 수학을 시작할 때 좋다. 학생들은 네 가지 개체(도형, 숫자 또는 그래프) 그룹을 보고, 패턴과 유사점을 찾아 다른 것을 골라낸다. [그림 3-13]은 이에 대한 몇 가지 예시이다. 이러한 유형의 활동에서 중심 과제는 특성의 패턴을 인식하는 것이다. 이 기능은 많은 수학 교육 기준에 명시적이며 암시적으로 포함된 부분이다. 이 활동의 가장 흥미로운 점은 어떤 특성을 사용하느냐에 따라 한 세트의 네 개 그림에서 서로 다른 그림이 나머지 것과 다른 것으로 설명될 수 있다는 것이다. 예를 들어서, 세트 2번을 살펴보자. 색에 집중한다면, 오른쪽 아래에 있는 화살표가 윤곽선과 채우기 색상이 같은 유일한 화살표이기 때문에 나머지 세 그림과 다른 것이다. 그러나 도형에 집중한다면, 다른 세 개 도형에 모서리가 여러 개 있으므로 원이 나머지 세 그림과 다른 것이다.

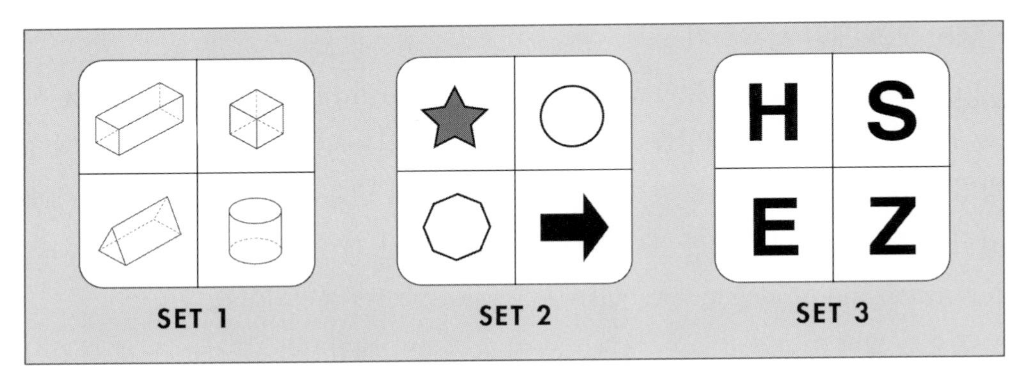

[그림 3-13] 어떤 것이 다를까요?

마지막으로, 교사는 특정 학습 내용에 맞춘 재생 목록을 설계할 때 관련된 게임을 포함할 수 있다. 예를 들어, 생태계 상호작용에 관한 과학 단원에는 학생들이 균형 잡힌 사막 생태계를 만들기 위해 노력하는 '딩고 먹이 주기(Feed the Dingo)' 게임 링크가 포함될 수 있다. '레전드 오브 러닝(Legends of Learning, www.legendsoflearning.com)'과 같은 웹사이트는 수학과 과학 교육과정을 기반으로 한 게임 재생 목록을 만든다. '카훗(Kahoot!, www.kahoot.com)과 퀴지즈(Quizizz, www.quizizz.com)' 같은 대화형 온라인 게임 웹사이트를 사용하면 교사는 미리 작성된 퀴즈를 선택하거나 퀴즈를 직접 만들 수 있다. 학생들은 서로 겨룰 수 있고 실시간 리더 보드에서 그 결과를 볼 수 있다. '퀴즐렛(Quizlet, www.quizlet.com)'을 사용하면 교사는 어휘, 정의, 그림 등을 입력하여 플래시 카드 및 기타 게임을 만들 수 있다. 클래스크래프트와 같은 교실 관리 플랫폼에는 보통 게임이 통합되어 있다. 교사는 질문과 답변을 입력하고, 팀 혹은 개별로 지식을 사용하여 괴물과 싸우는 '보스전'을 펼친다. 정답은 플랫폼 내에서 점수를 얻는다. 마지막으로, 학생들이 고전 보드게임을 즐기는 게임 데이는 일상을 깨는 간단한 방법이다. 이러한 유형의 게임을 하는 것은 학생들에게 보상이 될 수도 있고, 단순히 협력과 즐기는 분위기를 조성하고 학생들의 긴장을 해소하는 방법일 수도 있다.

[그림 3-14]는 요소 VIh에 대한 가시적 증거를 나열한 것이다.

효과적인 수업과 지도를 확인할 수 있는 증거에 다음과 같은 교사의 수행이 포함된다.

- 현재 학습 단원의 내용 확인을 위해 결과와 무관한 경쟁을 포함한 교과 게임 사용하기(예, What Is the Question? Name That Category, Talk a Mile a Minute, Classroom Feud, Which One Doesn't Belong?)
- 이전에 학습한 단원의 내용을 확인하기 위해 결과와 무관한 경쟁을 포함한 교과 게임 사용하기(예, What Is the Question? Name That Category, Talk a Mile a Minute, Classroom Feud, Which One Doesn't Belong?)
- 질문을 즉석 게임으로 바꾸기

바람직한 학생의 실행과 행동을 확인할 수 있는 증거에 다음과 같은 학생의 수행이 포함된다.

- 교과 게임에 열정적으로 참여하기
- 교과 게임을 하며 내용에 대한 이해 심화하기

학생의 이해와 인식을 확인할 수 있는 증거에 다음과 같은 학생의 수행이 포함된다.

- 게임에서 초점을 둔 내용 설명하기
- 게임으로 자신이 내용에 대한 이해를 얼마나 향상했는지 설명하기

[그림 3-14] 요소 Ⅵh에 대한 가시적 증거

출처: © 2021 by Robert J. Marzano.

설계 분야 Ⅵ를 이해하고 계획하기

설계 분야 VI에 대한 이해와 계획은 참여의 역동성을 탐색하는 것에서 시작된다. 이를 위해서 다양한 유형의 기억이 학생 참여와 어떤 관련이 있는지 고려해야 한다. [그림 3-15]는 세 가지 유형의 기억과 이러한 기억이 외부 세계와 어떻게 상호작용하는지 설명한다. 이와 같은 기억의 상호작용에 대한 자세한 논의는 『Managing the Inner World of Teaching』(Marzano & Marzano, 2015)을 참고하길 바란다.

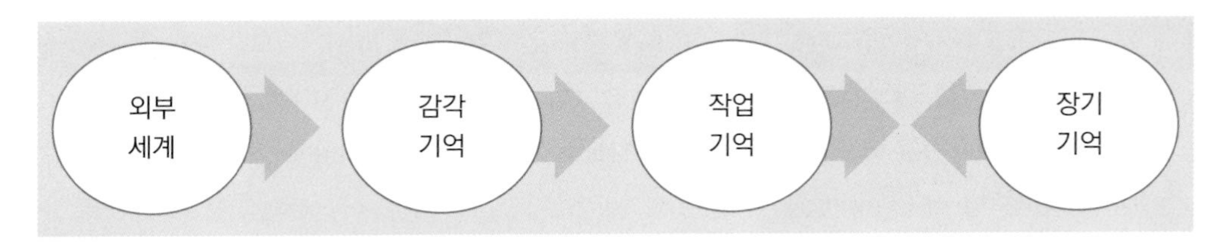

[그림 3-15] 기억의 유형과 기억 간 상호작용 방식

출처: Marzano & Pickering (2011), p. 7.

[그림 3-15]는 인간이 작업 기억으로 들어오는 정보를 받아들이고 걸러내는 과정과 장기 기억이 이 과정에 어떻게 관여하는지 보여 준다. 외부 세계는 자신이 당면한 환경에서 일어나는 모든 것으로 구성된다. 그러나 사람은 현재 일어나고 있는 모든 일을 알아차리지는 못한다. 대신, 감각 기억은 이미지, 소리, 냄새, 맛 등과 같은 외부 세계의 특정 자극을 부호화한다. 감각 기억은 외부 세계로 통하는 통로라고 할 수 있다. 감각 기억은 정보를 짧은 시간만 저장한다. 존 앤더슨(John Anderson, 1995)이 지적한 대로, "일반적으로 환경은 우리가 주의를 기울이고 부호화할 수 있는 정보보다 훨씬 더 많은 정보를 한 번에 제공한다. 그러므로 우리의 감각 체계로 들어오는 대부분은 영구적으로 기록되지 않는다."(p. 160)

작업 기억의 역할은 감각 기억이 외부 세계로부터 받은 모든 정보를 처리하고 이해하는 것이다. 이는 이미지와 기타 감각을 우리가 인식할 수 있는 사람, 장소, 사물 및 사건으로 변환한다. 우리가 학생이 수업에 참여하고 있다고 말할 때, 이는 교사가 말하거나 하는 것이든, 그룹 활동의 맥락에서 친구가 말하거나 하는 것이든, 학생들이 읽고 보는 것이든, 학생들이 교실에서 일어나는 일에 주의를 기울이고 그것을 이해하고 있는 것을 의미한다.

수업 환경에서의 참여와 관련해서는, 이를 작업 기억을 위한 투쟁으로 볼 수 있다. 실제로, 어느 시점에서든 학생의 작업 기억에 있는 것은 무엇이든 학생이 주의를 기울이는 것이다. 학생들의 주의를 끌기 위한 투쟁은 다음과 같은 질문으로 요약될 수 있다. 학생들의 작업 기억은 외부 세계에서 일어나는 일(예, 교사가 제시하는 내용이나

교사가 제시한 활동)로 채워질 것인가, 아니면 학생들의 작업 기억은 전날 밤에 본 텔레비전 프로그램이나 수업 직전에 친구들과 나눴던 대화 같은 장기 기억의 정보로 채워질 것인가? 매우 기본적인 수준에서 설계 분야 VI의 일부로 설명된 모든 요소는 학생들이 교사의 안내에 따라 외부 세계의 정보로 작업 기억을 채울 수 있게 설계되었다. 교사의 역할은 학생들이 장기 기억 속 내부 세계의 방해 요소를 무시할 만큼 학생들의 관심을 강력하게 사로잡을 활동 유형을 언제든 적시에 결정하는 것이다.

이 설계 분야에 여덟 가지 요소가 포함되어 있음을 기억하라. 이 중에서, 교사는 항상 VIa 요소를 활용하여 학생들이 참여하지 않을 때 이를 알아차리고 대응해야 한다. 교사는 특정 상황이 발생할 때 나머지 요소를 사용할 것이다. 예를 들어, 교사가 전반적인 주의력 부족을 감지할 때, 요소 VIb 전략을 사용하여 응답률을 높일 수 있다. 교사는 학생들의 에너지 수준이 낮다고 느낄 때 요소 VIc(신체 움직임 사용하기), VId(활기찬 속도 유지하기), VIe(집중과 열정 보여 주기) 전략을 사용할 수 있다. 교사는 학생들이 수업 중에 일어나는 일에 흥미를 잃었다고 느낄 때, VIf(특이한 정보 제시하기), VIg(우호적 논쟁 사용하기), VIh(교과 게임 사용하기) 전략을 사용할 수 있다. 마지막으로, 학생의 참여 강화 도구로써 이러한 요소를 사용할 계획을 세울 때, 교사는 VIf(특이한 정보 제시하기), VI(우호적 논쟁 사용하기), VIh(교과 게임 사용하기) 요소의 전략을 잘 실행하려면 상당한 시간과 자원이 필요할 수 있다는 점을 명심해야 한다. 따라서 이러한 전략을 위한 교사의 명확한 계획이 필요하다. 예를 들어, 교사는 자신이 제시할 특이한 정보의 구체적인 부분과 학생들이 해당 내용에 대해 반응하도록 돕기 위해 무엇을 할 것인지 계획을 세워야 한다. 우호적 논쟁은 즉흥적으로 실행될 수 있지만, 구조화된 토론과 같은 복잡한 버전은 신중하게 생각하고 조직해야 한다. 마찬가지로 교사는 즉석에서 교과 게임을 설계할 수 있지만, 이러한 게임은 대체로 미리 상세하고 잘 정의되어 있을 때 효과적이다.

설계 분야 VII: 편안함, 안전, 질서(Comfort, Safety, and Order)

설계 분야 VII는 학생들의 기본적 욕구를 다룬다. 이는 편안함, 안전, 질서이다. 이러한 요소들을 기본적 욕구라고 언급하는 이유는 인간은 다른 것에 온전히 집중하기 전에 이러한 필요가 충족되기를 바라기 때문이다. 학생들이 교실에서 생리적으로 편안하지 않으면, 교과 내용에 주의를 기울이지 못할 가능성이 높다. 학생들이 신체적·정신적으로 안전하다고 믿지 않으면 교과 내용에 주의를 기울이지 못할 가능성이 높다. 학생들이 주변 환경이 무질서하다고 인식하면, 교과 내용에 주의를 기울이지 못할 가능성이 높다. 이 설계 분야에는 여섯 가지 요소가 있다.

- VIIa. 교실의 물리적 배치 조직하기
- VIIb. 장악력(withitness) 발휘하기
- VIIc. 규칙과 절차 준수 인정하기
- VIId. 규칙과 절차 준수 부족 인정하기
- VIIe. 규칙과 절차 수립하고 조정하기
- VIIf. 객관성과 통제력 보여 주기

다음 이어지는 절에서 각 요소에 대해 자세히 설명한다.

VIIa. 교실의 물리적 배치 조직하기

이 요소의 목적은 학생들에게 신체적이고 정신적으로 편안한 환경을 제공하는 것이다. 교실의 구조와 장식은 학생들에게 메시지를 준다. 잘 구조화된 교실은 계획, 준비, 존중을 전달한다. 구조화되지 못한 교실은 그 반대이다.

학생들은 네 벽으로 둘러싸인 교실에서 많은 시간을 보내고 있으므로, 교사는 학생 입장에서 그들이 어떤 종류의 환경을 선호하는지 자문해야 한다. 일반적으로, 하나의 동일한 크기는 모든 사람에게 적합하지 않으므로, 다양한 자리 선택지를 제공하는 것

이 가장 좋다. 높은 탁자(high-top table)와 다리가 없는 일반적인 탁자를 사용하면 여러 높이를 제공하여 학생들이 일어서서 공부하거나 바닥에 앉아서 공부할 수 있다. 푹신한 의자, 흔들의자, 운동용 공은 움직이면서도 장시간 앉아 있기에 편안한 자리를 제공한다. 교실 일부에는 학생들이 누워 있거나 벽장 또는 벽에 기대는 것처럼 몸을 펴서 공부할 수 있는 공간이 마련되어야 한다. [그림 3-16]은 융통성 있게 자리를 선택할 수 있는 교실을 보여 준다.

[그림 3-16] 가구 선택지

학생들이 그룹으로 함께 모일 수 있는 장소를 마련하는 것은 수업과 교실 문화 모두에게 매우 중요하다. 대부분의 저학년 교실에는 좌석 패턴이 그려진 알록달록한 카펫과 같이 눈에 띄는 모임 공간이 있다. 마찬가지로 중학년 교실에는 학생 모임을

위한 장소가 있을 수 있다. 이 공간에서, 학급은 지정된 학급 리더가 진행하는 회의를 열고, 학급의 선택 사항에 대해 투표하고, 발표하고, 영상을 시청하고, 야구 경기 관람과 같은 정규 교육과정 외 활동을 위해 모일 수 있다. 모임 공간은 교실의 가족실과 같다.

가구 배치 외에도 교사는 자료 및 학급 준비물의 위치를 고려해야 한다. 자료는 학생들이 쉽고 스스로 접근할 수 있는 방식으로 보관되어야 한다. 교사만 관리할 수 있는 곳에 자료를 두지 않는 것으로도 자료 관리자로서 학생의 학급 역할이 생긴다. 이러한 관리자의 업무는 학생들이 사용할 수 있게 자료가 바르게 보관되어 있는지, 수리나 교체가 필요하지 않은지 확인하는 것이다. 그러나 교사들은 연초에 받는 많은 물품을 비축해 두었다가, 부족하지 않도록 일 년 동안 배분하는 것이 현명하다.

교실 도서관은 쉽게 접근할 수 있어야 하며 학급 환경에서도 눈에 잘 띄게 드러나야 한다. 학생들은 교실 도서관의 구성과 관리 역할을 맡아야 한다. 따라서 사서는 학생이 맡을 수 있는 또 다른 학급 역할이다. 교실 도서관 사서는 자신이 좋아하는 책을 전시하고, 학급 친구가 쓴 서평을 게시하며, 학생들이 발간한 출판물을 도서관에 추가할 수 있다.

교실 장식은 미적으로 만족스러운 것이어야 한다. 관엽식물은 마음을 안정시키고 학생들에게 책임감과 해야 할 역할을 제공한다. 전등과 기타 조명 옵션은 머리 위의 형광등보다 눈에 더 편할 수 있다. 학년이 진행됨에 따라 학생의 미술품, 활동 사례와 아이디어가 교실 곳곳에 전시되어야 한다. 교사는 학생들이 활동하는 모습을 사진으로 찍을 수 있으며, 더 나아가 학생들에게 카메라를 주고 사진작가 역할을 맡길 수 있다. 집에서 누군가가 가족사진을 전시하는 것처럼 그들의 사진도 눈에 띄게 전시되어야 한다.

[그림 3-17]은 요소 VIIa에 대한 가시적 증거를 나열한 것이다.

효과적인 수업과 지도를 확인할 수 있는 증거에 다음과 같은 교사의 수행이 포함된다.

- 교실 내에서 쉽게 모이고 이동할 수 있도록 학생의 좌석을 전략적으로 배치하기
- 교실이 친근하게 느껴지도록 교실 장식 설계하기
- 학생들이 학습 자료에 쉽게 접근할 수 있게 하기
- 반 전체 수업, 그룹 활동, 학습 센터를 위한 공간 만들기
- 교실 설계 과정에 학생 참여시키기

바람직한 학생의 실행과 행동을 확인할 수 있는 증거에 다음과 같은 학생의 수행이 포함된다.

- 교실에서 쉽게 이동하기
- 자료 및 학습 센터 활용하기
- 교사가 전시한 학생의 작품 예시에 접근하고 이를 사용하기
- 게시판의 정보에 접근하고 이를 이용하기

학생의 이해와 인식을 확인할 수 있는 증거에 다음과 같은 학생의 수행이 포함된다.

- 교실의 물리적 환경이 쾌적하고 학습에 도움이 된다고 설명하기
- 교실의 물리적 배치에서 좋아하는 점 설명하기

[그림 3-17] 요소 Ⅶa에 대한 가시적 증거

출처: © 2021 by Robert J. Marzano.

Ⅶb. 장악력 발휘하기

장악력을 보인다는 것은 교사가 교실에서 일어나는 모든 일을 경계하고 방해가 생기면 적절한 조치를 하는 것을 의미한다. 교육 분야 외에서 사용되지 않지만, 제이컵 쿠닌(Jacob Kounin)이 1970년 그의 저서 『Discipline and Group Management in Classrooms』에서 처음 대중화한 이후로 장악력(withitness)이라는 용어는 교실 관리에 대한 논의에서 일반적으로 사용되었다. 책에서 그는 효과적인 교실 관리자의 특징 중 하나는 그들이 항상 교실에서 무슨 일이 일어나고 있는지, 그리고 무슨 일이 일어날 수 있는지 아주 잘 알고 있다는 점이며 따라서 장악력이라는 용어를 사용한다고 언급하였다.

아주 기본적인 수준에서, 장악력은 교사가 학급 전체에게 말하든, 그룹 활동이나 개별 활동을 모니터하든 간에 교사의 끊임없는 움직임으로 나타난다. 그들은 학생들과의 거리를 행동 관리 도구로 사용한다. 교사는 특정 그룹의 학생과 함께 탁자에 앉으면서도 필요할 때마다 학급 전체와 대화할 수 있다. 학생 행동을 모니터하기 위해 교실을 살펴보고 학생들과 눈을 맞추는 것도 장악력의 요소이다. 교사가 학생에게 집중하라고 요청할 때마다 학생은 교사와 눈을 마주쳐야 한다.

교사가 교정이 필요한 행동을 관찰하는 경우, 수업을 중단하지 않고 학생을 관리하는 비언어적 방향 전환 전략을 사용할 수 있다. 이러한 전략은 역량 기반 체제에만 국한되지 않으며, 가르치는 기술의 일반적인 도구이다. 예를 들어, 수업 중에 말하고 있는 학생이나 그룹의 뒤에 있거나 근처에 서 있는 것은 학생들의 주의를 돌리는 좋은 방법이다. 학생의 방향을 바라보고, 아는 듯한 눈길을 주고, 고개를 끄덕이고, "아니요."라고 머리를 흔들며, 학생의 책상이나 어깨를 가볍게 두드리는 것은 모두 과제를 수행하지 않거나 방해되는 학생에게 교사가 그들의 행동을 알고 있으며 그만두기를 바란다는 것을 알리는 방법이다.

그러나 교사가 나머지 학생들 앞에서 그들을 불러내지 않고, 조용하고 신중하게 그들이 더 잘할 것으로 기대한다는 점을 알리기 위해 노력하는 것이 더 중요하다. 특정 학생과 함께 교사는 미리 신호를 설정할 수 있다. 예를 들어, 꼼지락대는 학생이 수업 중 자리에 앉아서 집중하겠다는 목표를 세웠다고 가정해 보자. 만약 교사가 수업하는 동안 학생이 자리에서 일어나거나 몸을 펴거나, 교실 뒤를 돌아다닐 필요가 있다면, 학생이 특정한 손짓으로 허락을 구할 것으로 교사와 학생은 합의할 수 있다.

다른 학생의 경우, 교사는 자기 귀를 잡아당기거나 머리를 짧게 두드려서, 학생이 방향 전환을 위해 미리 정해진 일련의 단계를 따라야 한다는 신호를 보낼 수 있다. 교사는 또한 학생들에게 다른 학생들로 인해 주의가 산만해질 때 손짓을 사용하도록 유도할 수 있다. 손으로 평화를 나타내는 고전적인 신호는 수업 SOP의 일부로 사용할 수 있는 학생 간 비언어적 방향 전환의 좋은 예이다.

역량 기반 체제에서 장악력은 학생들의 행동 방식이나 과제 수행 여부를 아는 것에 그치지 않는다. 이는 또한 학생이 숙달 척도에서 현재 어느 위치에 있는지 파악하는 것과도 관련이 있다. 교사는 학생이나 그룹에 접근할 수 있어야 하며, 그들이 어떤 학습 목표를 달성해 가고 있는지, 그 목표에 대한 진행 상황은 어떤지 파악해야 한다. 이를 통해 교사는 정확하고 즉각적인 수업, 안내 또는 지원을 제공할 수 있다.

모든 학생의 현재 교과 초점을 파악하는 것이 어려울 수 있으므로, 이러한 점에서 정보를 쉽게 보여 주는 온라인 LMS가 매우 유용하다. 교사는 숙달 척도에서 학생의 상태에 관한 실시간 보고서를 빠르게 확인할 수 있다. 온라인 플랫폼을 사용할 수 없는 경우, 교사는 현재 숙달 척도에 대한 진행 매트릭스를 만들어 교실에 게시할 수 있다. 학생들은 자석, 숫자 또는 교사가 한눈에 위치를 파악할 수 있는 다른 표시를 통해 자신의 현재 위치를 확인할 수 있다.

[그림 3-18]은 요소 VIIb에 대한 가시적 증거를 나열한 것이다.

효과적인 수업과 지도를 확인할 수 있는 증거에 다음과 같은 교사의 수행이 포함된다.

- 잠재적인 문제가 발생하기 전에 주의 기울이기
- 수업이 중단되지 않도록 선제적으로 행동하기
- 교실의 모든 공간에 주의를 쏟고 모든 학생과 주기적으로 눈 맞춤하기
- 일련의 단계적인 조치를 사용하여 행동 문제 해결하기

바람직한 학생의 실행과 행동을 확인할 수 있는 증거에 다음과 같은 학생의 수행이 포함된다.

- 교사가 자신의 행동을 알아차린다는 사실 인식하기
- 방해할 가능성이 있는 행동을 빠르고 효율적으로 없애기

학생의 이해와 인식을 확인할 수 있는 증거에 다음과 같은 학생의 수행이 포함된다.

- 교실에서 일어나는 일을 교사가 알고 있음을 설명하기
- 교사가 인지하는 수준에 대해 자신이 감사한 점 설명하기

[그림 3-18] 요소 VIIb에 대한 가시적 증거

출처: © 2021 by Robert J. Marzano.

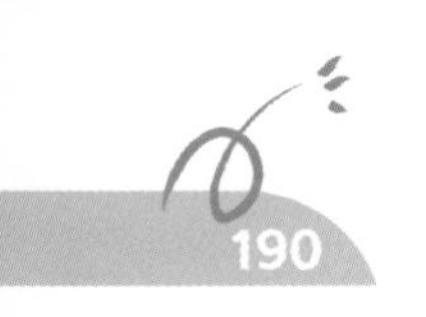

VIIc. 규칙과 절차 준수 인정하기

학생들이 규칙과 절차를 준수하는지 공정하고 공평하게 인정하는 것은 모든 교사의 책무이다. 이 책임은 모든 학년의 교사에게 공통적이지만, 초등학교 수준에서는 특히 중요하고 저학년 학생들에게 절대적으로 중요하다. 행동을 긍정적으로 강화하기 위해서 교사는 학생들에게 규칙과 절차를 준수하는 것을 알고 감사하고 있음을 알려 주어야 한다.

일반적으로 특정 유형의 점수 체계를 사용하여 이 과정을 원활히 하는 온라인 교실 관리 플랫폼이 많이 있다. 클래스도조(ClassDojo: 저학년 대상)와 클래스크래프트(Classcraft: 고학년 대상)는 학생과 교사 모두에게 인기를 얻은 온라인 교실 관리 플랫폼이다. 클래스도조는 성장 마인드셋을 장려하는 데 탁월한 역할을 하며, 클래스크래프트는 학생 참여를 강조한다. 두 가지 모두 교사가 미리 결정한 특정한 행동에 대해 학생과 그룹에 점수를 부여할 수 있게 해 준다.

교사는 이러한 플랫폼을 사용하여 토큰 경제를 구축함으로써 플랫폼의 유용성을 확장할 수 있다. 학생들은 하루, 한 달, 일 년 동안 모은 점수를 사용하여 상품이나 특권을 구입할 수 있다. 교사는 일주일에 한 번 문을 여는 상점을 열 수 있다(물론 학생들이 운영한다). 특히 효과적인 상품은 특별한 경험을 하거나, 선택한 시간에 보상을 적용하는 기회를 학생에게 주는 것이다. 예를 들어, 친구 쿠폰을 구매한 학생에게는 친구와 함께 앉을 수 있는 선택지가 제공되며, 학생은 자신이 선택한 시간에 이를 사용할 수 있다.

아마도 수업 중 긍정적인 행동을 인정하는 가장 효과적인 방법은 학생들에게 서로를 인정하는 기회를 주는 것이다. 학급 회의 중에 학생들은 동료가 잘한 일에 대해 칭찬할 수 있다. 예를 들어, 한 학생이 손을 들고 "오늘 아침에 내 가방을 거는 것을 도와준 헤수스를 칭찬해요."라고 말할 수 있다. 학급에서는 친절한 행동을 종이에 쓰고, 친절이 다른 친절을 불러옴을 나타내는 사슬을 만들어 친절한 행동을 기록할 수도 있다.

또한 학생들은 교실의 행동 규칙을 준수하였다는 인정을 받을 수도 있다. 역량 기

반 교실에서는 인지, 메타인지, 생활 기능(설계 분야 X에서 자세히 논의함)을 강조하고 보상해야 한다. 기능 습득 혹은 긍정적 행동을 강조하는 한 가지 방법은 학생들이 동료를 지명하여 아이콘이나 배지를 받게 하는 것이다. 이는 교실의 협업 규칙, 현재의 인지 또는 메타인지 기능 초점과 연결될 수 있다. 교사와 학급 리더십 팀은 학급 회의에서 후보자를 선정하고 배지를 수여한다. 학생들은 아이콘 카드나 데이터 노트 표지에 배지를 장식할 수 있다. [그림 3-19]는 배지 예시이다.

[그림 3-19] 배지 예시

긍정적인 학생 행동이 항상 실질적인 보상과 연결되어서는 안 된다는 점에 유의하

는 것은 중요하다. 수업, 단원 또는 하교 전, 교사는 간단한 감사의 말을 통해 학생이나 특정 그룹이 잘한 일을 인정할 수 있다. 점수나 보상을 주지 않아도 된다. 단지 말로 격려해 주거나 가정에 이메일을 보내거나 전화 통화로 잘한 일을 알리기만 하면 된다. 테크놀로지의 발전 덕분에 클래스태그(ClassTag, https://home.classtag.com), 블룸즈(Bloomz, www.bloomz.com), 리마인드(Remind, www.remind.com) 같은 프로그램을 통해 학부모와 의사소통이 매우 쉬워졌다. 교사들은 계획 시간의 첫 5분을 활용하여 그날 잘한 학생에 대한 좋은 메시지를 가정으로 보내는 습관을 들인다.

마지막으로, 학교나 교실에서 교사는 그들의 반에서 이번 주 학생을 선정하는 프로그램을 마련할 수 있다. 교장은 이러한 학생의 이름을 교내 방송에서 읽거나 교실을 방문하여 이름을 발표하고, 해당 학생들은 추가 쉬는 시간, 교장과 함께하는 체육 시간, 치료견 방문 같은 미리 정해진 보상을 받게 된다.

[그림 3-20]은 요소 VIIc에 대한 가시적 증거를 나열한 것이다.

효과적인 수업과 지도를 확인할 수 있는 증거에 다음과 같은 교사의 수행이 포함된다.

- "고마워요." "잘했어요." "멋져요."와 같은 언어적 지지 사용하기
- 미소, 고개 끄덕이기, 엄지손가락 올리기 등 비언어적 지지 사용하기
- 규칙과 절차를 따르는 것에 대한 긍정적인 결과로 특권, 활동, 물건 사용하기
- 색상별 행동 카드, 일일 표창 양식, 인증서를 사용하여 규칙과 절차 준수 인정하기
- 규칙과 절차를 준수한 학생을 인정하기 위해 학부모나 보호자와 긍정적으로 소통하기

바람직한 학생의 실행과 행동을 확인할 수 있는 증거에 다음과 같은 학생의 수행이 포함된다.

- 교사의 인정에 감사하기
- 규칙과 절차를 철저히 준수하기

학생의 이해와 인식을 확인할 수 있는 증거에 다음과 같은 학생의 수행이 포함된다.

- 교사가 자신의 좋은 행동을 알고 있음을 설명하기
- 교사가 자신의 좋은 행동에 감사하고 있음을 설명하기

[그림 3-20] 요소 VIIc에 대한 가시적 증거

출처: © 2021 by Robert J. Marzano.

VIId. 규칙과 절차 준수 부족 인정하기

학생들이 규칙과 절차를 준수하고 있음을 인정하는 것이 중요한 것처럼, 규칙과 절차를 준수하지 않음을 인정하는 것도 똑같이 중요하다. 교사는 이를 학생들이 규칙이나 절차가 무엇인지 알게 하고 그 규칙이나 절차를 지키고자 하는 욕구를 자극하는 방식으로 해야 한다.

궁극적으로 모든 방향 전환(redirection)은 사랑과 신뢰에서 비롯되어야 한다. 학생들은 교사가 하는 말을 좋아하지 않을 수도 있지만, 교사가 학생들의 최선의 이익을 살피고 있음을 이해하는 것이 중요하다. 교사는 유대감과 신뢰를 구축하는 과정을 통해서만 이를 형성할 수 있다. 규칙과 절차를 준수하지 않는다는 사실을 인정할 때, 교사는 대부분, 학생과 개별적으로 대화하려고 해야 한다. 학급 전체 앞에서 하는 힘겨루기는 신뢰와 긍정의 문화에 해를 끼칠 것이다. 교사의 책상에서, 교실의 조용한 구석에서, 복도에서, 운동장 밖에서 대화가 이루어지더라도 학생들은 이러한 대화가 부정적인 것이 아님을 이해하고, 자신에게 관심을 가진 사람과의 코칭 세션으로 여기기 시작한다.

규칙과 절차를 준수하지 않음으로써 발생하는 결과는 행동 자체와 직접 연결되어야 한다. 예를 들어, 마커나 크레용과 같은 물품을 부수는 학생은 이를 교체하거나 정한 시간 동안 이를 사용할 수 없게 해야 한다. 교실을 나가기 위해 줄을 서는 데 어려움을 겪는 학생에게 줄서기 절차를 개발하여 학급에서 발표하거나, 자신보다 어린 학생의 교실을 방문하여 줄 서는 적절한 방법을 가르치도록 도움을 줄 수 있다.

활동 완료나 과제 제출에 대한 규칙 및 절차를 지키지 않는 것은 독특한 행동 범주에 해당된다. 역량 기반 체계의 원리 중 하나는 과제나 숙제를 완료하지 않는 학생들은 숙달 척도에서 현재 상태에 대한 증거를 제공하지 않는다는 것이다. 최종적으로 증거가 제출되지 않으면 학생들은 현재 수준 이상으로 발전하지 못할 것이다. 이러한 메시지는 처음부터 학생들에게 분명히 전달해야 하며, 학기 말에 뜻밖의 충격이 되어서는 안 된다. 교사는 매주 진행 상황 보고를 가정으로 보내거나 전반적인 학생의 진행 상황과 과제 완료에 대해 학부모와 지속하여 소통할 수 있다.

[그림 3-21]은 요소 Ⅶd에 대한 가시적 증거를 나열한 것이다.

효과적인 수업과 지도를 확인할 수 있는 증거에 다음과 같은 교사의 수행이 포함된다.

- 규칙이나 절차를 따르지 않는 학생들의 방향 전환을 위해 언어적 신호 사용하기
- 규칙이나 절차를 따르지 않는 학생들의 방향 전화를 위해 비언어적 신호 사용하기
- 반복되는 방해 행동에 대응하여 수업을 잠시 멈추거나 행동의 방향을 전환하기 위해 불편한 침묵 조성하기
- 규칙과 절차를 준수하지 않는 문제를 해결하기 위해 타임아웃, 과잉 교정, 학급에서 정한 행동 규칙, 고강도 상황 계획(high-intensity situational plans), 전반적인 훈육 계획 활용하기

바람직한 학생의 실행과 행동을 확인할 수 있는 증거에 다음과 같은 학생의 수행이 포함된다.

- 교사의 신호에 따라 부적절한 행동 중단하기
- 수업 진행 방식의 자연스러운 부분으로 자신의 행동에 대한 결과 수용하기

학생의 이해와 인식을 확인할 수 있는 증거에 다음과 같은 학생의 수행이 포함된다.

- 규칙과 절차를 따르지 않은 결과에 대해 교사는 일관적이라고 설명하기
- 규칙과 절차를 따르지 않은 결과에 대해 교사는 공정하다고 설명하기

[그림 3-21] Ⅶd 요소를 확인할 수 있는 근거

출처: © 2021 by Robert J. Marzano.

Ⅶe. 규칙과 절차 수립하고 조정하기

이 요소에 대한 교사의 책임은 규칙과 절차를 설계하고 구현하는 데 학생을 참여시키는 것이다. 확실히, 학교가 제대로 기능하려면 규칙과 절차는 필요하다. 덜 분명하지만, 가장 효과적인 규칙과 절차는 교사와 학생이 공동으로 개발한 것이다. 왜냐하면 학생들이 규칙 개발에 발언권을 가질 때 규칙을 준수할 가능성이 높기 때문이다. 일반적으로 규칙이 먼저 수립되고, 그다음 규칙을 따르는 절차가 정해진다.

이 요소의 중요한 측면은 제목에 있는 조정에서 알 수 있듯이 규칙과 절차를 세우는 것이 시작일 뿐이라는 것이다. 이는 교사가 학생의 의견을 최대한 반영하면서 일 년 동안 필요에 따라 규칙과 절차를 체계적으로 모니터하고 변경해야 함을 의미한다.

교실 규칙과 절차는 학년 초뿐만 아니라 효과성과 조정과 관련하여 교사들이 계속 염두에 두어야 할 사항이다. 이것이 우리가 이 설계 분야에서 이 요소를 먼저 다루지 않은 이유이다. 그렇게 하면 규칙과 절차는 교사가 적절하게 한번 다루고 넘어갈 수 있는 시작점이라고 잘못된 메시지를 줄 수 있다.

학생들의 참여와 자기 효능감 및 주체성을 위한 기반을 마련하기 위해, 학생들은 교실 규칙과 절차 설계에 대한 의견을 내고, 일 년 동안 자신이 얼마나 잘하고 있는가에 대한 피드백을 받을 기회가 있어야 한다. 교사는 안전, 책임감, 혹은 다른 일반적 범주에 관해 가능한 규칙을 그룹에서 브레인스토밍하는 것으로 시작할 수 있다. 그룹은 합의점을 찾아내고 가장 중요하다고 생각하는 몇 가지 규칙을 확인한다. 그룹은 그들의 규칙을 학급 전체에 발표하고, 학급 전체는 투표를 통해 합당한 교실 규칙 목록을 정한다. 그러나 최종적으로, 교사는 자신의 교실을 위해 협상할 여지가 없는 규칙 목록을 자유롭게 만들어야 한다. 학생의 의견을 듣는 것은 중요한 과정이지만, 교사는 모든 학생의 학습 권리와 가르칠 자유를 보호해야 한다. 따라서 교사는 이러한 권리를 보호하기 위한 규칙이 마련되어 있는지 확인해야 한다. 예를 들어, 교사는 학생들이 '학급 친구에게 초대받지 않는 한 그들에게 사생활에 관해 묻지 않기'와 같이 다른 사람의 사생활 존중과 관련된 규칙을 제안하지 않았음을 알 수 있다. 교사는 이러한 규칙을 목록에 추가할 수 있다.

규칙만으로는 충분하지 않다. 여기에는 학생들이 규칙을 따르는 방법을 정하는 절차가 수반되어야 한다. 마르자노 아카데미 모델에서 절차는 일반적으로 표준 행동 절차 SOP로 표현된다. 연초에 교사는 학생들이 아침에 도착했을 때 해야 할 일이나 하루를 마치고 가방을 싸는 방법과 같은 특정한 절차에 익숙해지도록 도울 수 있는 여러 표준 행동 절차를 만들 수 있다. 그러나 일단 학생들이 SOP에 익숙해지면, 학급은 SOP를 발전시켜야 한다. SOP는 절차 목록이나 흐름도 형태로 나타날 수 있고, 일반적인 SOP는 쉽고, 자주 참고할 수 있도록 교실에 게시되어야 한다. 예를 들어, 많은 교실에 화장실 가기에 관한 SOP가 있다. 이 SOP의 흐름도([그림 3-22] 참고)는 학생들에게 "선생님이 수업 중이신가요?"와 "지금 가면 방해가 될까요?" 같은 고려 사항을 통해 학생들을 안내한다. 학생들이 "화장실에 가도 될까요?"라고 물으면, 교사는 SOP로 학생들을 안내할 수 있다. 시간이 지남에 따라, 학생들은 더 이상 교사에게 화장실 사용에 대한 허락을 구하지 않고 SOP를 사용하여 화장실에 갈 적절한 시간을 선택할 수 있다. 학급에서는 교사나 학생이 필요하다고 생각하는 어떤 절차든 표준 행동 절차를 설정할 수 있다. 학생들은 SOP에 관한 의견과 피드백을 제공해야 한다. 만약 절차가 제대로 작동하지 않으면 학급 전체가 협력하여 이를 조정하거나 폐기해야 한다.

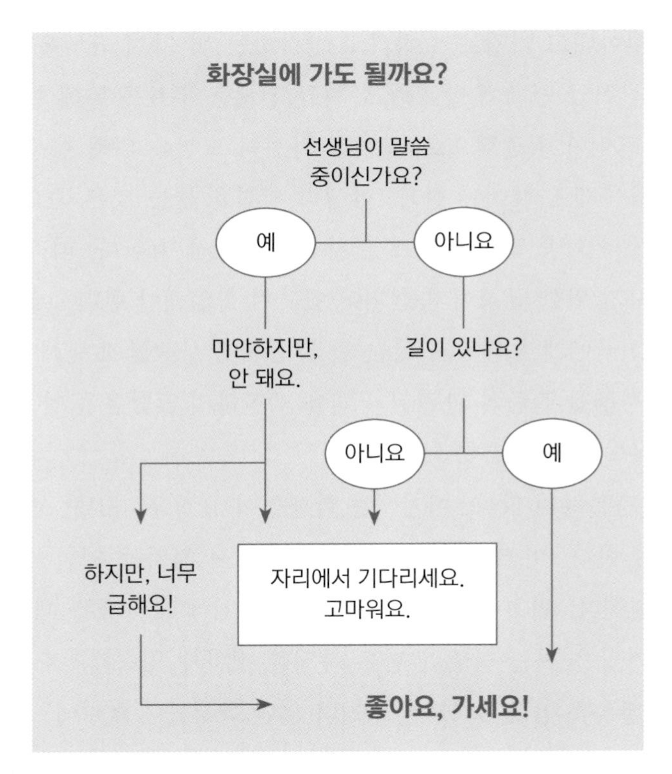

[그림 3-22] 화장실 사용에 대한 저학년 교실의 SOP

마지막으로, 마르자노 아카데미 모델 내에서 각 교실은 연초에 함께하는 비전

(shared vision)을 개발해야 한다. 이는 집단에서 이루어진 숙의의 결과이며 학생 주체성의 기반이 되어야 한다. 함께하는 비전은 올해 학급 목표로 여겨야 하며, 이는 함께하는 학교 비전에서 비롯되어야 한다.

유사한 생각 묶기(affinity process)와 다른 가중치로 의사 결정하기(power voting)는 함께하는 비전을 협력하여 개발하는 유용한 도구이다. 두 가지 모두 『A Handbook for Personalized Competency-Based Education』(Marzano, Norford, Finn, & Finn, 2017)에 자세히 설명되어 있다. 간단히 말하면, 유사한 생각 묶기에는 학생들이 다양한 아이디어를 생성하고 이를 분류하는 과정이 있다. 범주가 형성되면 학생들은 우선순위를 정하고 선택지를 좁혀 나간다. 그러면 이 목록이 다른 가중치로 의사 결정하기의 초점이 된다. 다른 가중치로 의사 결정하기를 통해, 학생들은 그들의 의견 강도에 따라 투표할 수 있는 여러 표를 가지게 된다. 다른 가중치로 의사 결정하기의 한 버전은 달러 지출이라고 불린다. 이 전략을 사용하면, 학생들은 각각 0.25달러의 가치가 있는 투표권 4개를 가진다. 학생은 한 가지 선택지에 4표를 모두 사용하겠다고 선택하거나, 또는 4가지 선택지 각각에 0.25달러를 쓰겠다고 선택할 수도 있다.

교실에서 함께하는 비전을 수립한 후, 학급에서는 함께하는 비전을 성취할 수 있도록 지도하기 위해 교실의 협력 규칙을 명확하게 표현해야 한다. 다시 유사한 생각 묶기와 다른 가중치로 의사 결정하기를 사용하여, 학생들은 자신의 학습과 총체적인 도덕 발달에 도움이 될 것으로 생각하는 몇 가지 특성을 찾는다. 교사는 특성을 중심으로 수업을 제공해야 하며, 학생들이 특별히 노력하고 싶은 특성이 있다면 목표로 설정할 수 있다. 학생들이 이러한 특성에 대한 진행 상황을 모니터하고 스스로 평가할 수 있도록 교사는 [그림 3-23]에 예시한 것처럼 루브릭을 만들 수 있다. 일과를 마칠 때 교사는 학생들에게 자기 평가표([그림 3-24] 참고)를 작성하게 하고, 이 정보를 수집하여 학급의 전체 진행 상황을 확인할 수 있다. 루브릭에 따라 숙달에 도달한 학생은 배지를 받을 수 있으며, 학급이 전반적으로 특성에 숙달하였다고 생각하면 새로운 특성을 추가하고 다른 것은 그만둘 수 있다.

협력 규칙 루브릭	4 나는 다른 사람들에게 모범이 된다.	3 나는 따로 알려 주지 않아도 스스로 할 수 있다.	2 나는 알려 주면 어느 정도 잘할 수 있다.	1 이 목표에 대해 선생님이 도와주어야 한다.
다른 사람에게 도움이 됨	나는 우리 반 친구들이 다른 사람을 돕도록 격려한다. 나는 도움을 주는 것의 중요성을 다른 사람들과 논의한다.	나는 우리 반 친구들이 힘들어할 때 돕는다. 나는 누군가가 도움이 필요할 때 나에게 요청하지 않았어도 도움을 준다. 나는 동료들에게 도움을 요청한다.	나는 도움을 주는 것이 중요한 이유를 알고 있다. 다른 사람들이 나를 필요로 할 때 도움을 줘야 한다는 것을 때때로 떠올려야 한다.	나는 도움이 되는 것에 대해 배우고 있다. 나는 다른 사람들에게 도움이 되려고 노력하고 있다.
긍정적으로 접근함	나는 반에서 용기를 북돋우는 사람으로, 다른 사람들이 잘한 일에 칭찬을 아끼지 않는다. 나는 동료와 만날 때마다 항상 응원한다.	나는 사람들에게 좋은 말을 많이 한다. 나는 어렵고 힘든 면보다 좋은 부분에 주목한다. 나는 팀의 일원으로 활동한다.	긍정적일 필요가 있다고 때때로 내 주의를 환기할 필요가 있다. 가끔은 어려운 부분이나 마음에 들지 않는 부분에 집중할 때가 있다. 나는 긍정적인 태도의 중요성을 이해한다.	나는 긍정적인 것에 집중하기 위해 다른 사람들과 함께 노력한다. 나는 선생님의 도움으로 긍정적인 태도를 연습할 수 있다.

[그림 3-23] 협력 규칙 루브릭

오늘 나는 어땠는가? 정직하게 행동함. 사려 깊게 행동함.	9월 17일	9월 18일	9월 19일	9월 20일	9월 24일	9월 25일	9월 26일	9월 27일	9월 28일
도움									
노력									
긍정									
정직									

나는 무엇을 완전하게 익혔는가?

나는 어떤 부분을 개선할 수 있는가?

앞으로 2주 동안 내 목표는 무엇인가?

[그림 3-24] 자기 평가표

[그림 3-25]는 요소 VIIe에 대한 가시적 증거를 나열한 것이다.

효과적인 수업과 지도를 확인할 수 있는 증거에 다음과 같은 교사의 수행이 포함된다.

- 규칙과 절차 설계에 학생들을 참여하게 하기
- 함께하는 비전과 행동 규칙 개발하기
- 5~8개 정도의 적은 세트로 교실 규칙 사용하기
- 학생들에게 규칙과 절차를 설명하기
- 학생들과 함께 규칙과 절차를 체계적으로 수정하고 검토하기
- 교실 곳곳에 규칙과 절차를 게시하기
- 주기적으로 학생들에게 교실 규칙과 절차를 준수하는 자신의 수준을 자기 평가하게 하기

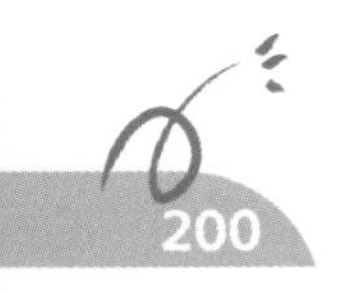

바람직한 학생의 실행과 행동을 확인할 수 있는 증거에 다음과 같은 학생의 수행이 포함된다.

- 규칙과 절차 설계 과정에 참여하기
- 규칙과 절차 준수하기
- 규칙과 절차에 따라 자신의 행동 조절하기
- 규칙과 절차 수정에 참여하기

학생의 이해와 인식을 확인할 수 있는 증거에 다음과 같은 학생의 수행이 포함된다.

- 수립한 규칙과 절차 설명하기
- 교실 규칙과 절차를 얼마나 잘 준수하는지 설명하기
- 교실을 질서 있는 장소로 설명하기

[그림 3-25] 요소 VIIe에 대한 가시적 증거

출처: © 2021 by Robert J. Marzano.

VIIf. 객관성과 통제력 보여 주기

객관성과 통제력을 보여 줌으로써 교사는 학생들이 자신을 모든 사람을 공정하게 대하는 사람으로 인식하도록 행동한다. 언제나 뚜렷하게 드러나지 않더라도, 학생들은 자신의 교사에게 객관성과 개인적인 통제력을 기대한다. 그들은 교사가 행동이나 기분에 변화를 보이는 것을 원하지 않는다. 교사가 학교와 가정으로부터 압력과 격한 감정을 느끼는 것은 자연스러운 인간의 경향이지만, 객관성과 통제는 감정이 아니다. 이는 행동에 관한 결정이다. 교사가 자기 행동을 통해 전달해야 할 메시지는 교실에서 무슨 일이 벌어지든 그들의 침착한 태도를 뒤엎을 수 없다는 것이다. 심지어 그들이 침착함을 느끼지 못할지라도 말이다.

교사가 매우 명확한 규칙, 기대, 가능한 결과를 지니고 있을 때, 그리고 학생들에게 이러한 규칙의 책임을 적용하는데 높은 일관성을 보여 줄 때, 학생들은 그들을 공정하고 공평한 사람으로 인식하기 시작한다. 적절한 행동에 대한 기대를 자세히 설명하는 SOP는 이러한 목적에 매우 유용하다([그림 3-26] 참고). 정의된 절차를 통해 학생들은 교사가 어떤 과정을 사용할 것인지 명확하게 이해할 수 있다. 이러한 SOP에는 교사가 각 결과를 실행하게 만드는 행동의 자세한 예, 학생이 취할 수 있는 단계,

교사가 취할 단계와 함께 행동을 확대하는 단계가 포함될 수 있다. 이러한 명확성을 통해 교사는 객관적이고 침착하게 요약된 단계에 따를 수 있다.

조용히 하기
표준 행동 절차(SOP)

1. 지금 하는 일을 멈추세요.
- 하지만 제가 현재 하는 활동이 끝나지 않았다면 어떻게 해야 할까요? 잠시 멈춰 주세요.

2. 컴퓨터를 끄고 주의를 산만하게 하는 것을 줄이세요.
- 그림 그리기, 손으로 간단히 가지고 놀 수 있는 장난감 사용 등을 금합니다.

3. 집중하세요.
- 귀를 기울이고, 말하는 사람을 바라보고, 눈을 마주치고, 적극적으로 경청하세요.
- 만약 제가 질문이나 의견이 있다면 어떻게 해야 하나요? 손을 들고 인내심을 가지고 기다리세요.

4. 조용히 귀 기울이세요.
- 말하거나, 소리를 내거나, 소음을 내지 마세요.
- 누군가가 제게 말을 걸거나 주변이 소란해지면 어떻게 하나요? 그들에게 두 손가락으로 평화 표시를 하고 다시 적극적으로 경청하세요.

[그림 3-26] 조용히 하기를 위한 SOP

만약 교사가 정신적인 한계에 다다랐다고 느낀다면, 우리는 학급에 놀이 시간을 가질 것을 권한다. 교사는 학급을 체육관으로 데려가거나, 쉬는 시간에 학생들과 함께 놀거나, 예정 없던 휴식을 위해 학급을 밖으로 데리고 나갈 수 있다. 스트레스가 너무 높아지면 교사는 휴식을 취할 수 있다. 교사는 언제든지 간단히 교실을 떠날 수는 없

지만, 일부 교사들은 다른 교사나 학교 리더와 관계를 구축하여 필요할 때 그들에게 교실을 잠깐 맡길 수 있다. 덜 눈에 띄는 방식으로, 교사는 교실 어딘가에 특정한 정신적 전략을 따르도록 유도하는 시각적 알림을 게시할 수 있다. 예를 들어, 교사는 벽에 푹신한 구름 사진을 게시할 수 있다. 그녀가 갑자기 스트레스를 느끼기 시작하거나 스스로 통제력을 잃기 시작하였다고 느낄 때마다 푹신한 구름 그림을 보고 심호흡을 하고 빠른 마음 챙김 기술을 실천하도록 자신을 일깨울 수 있다.

교사는 침착하고 객관성과 통제력을 보여야 하지만, 교사가 이를 실현하기 위해 끊임없이 노력하고 있다는 점을 학생들이 이해하는 것은 유용하다. 교사는 자신의 감정을 모니터하고 침착함을 유지하기 위한 몇 가지 개인적인 전략을 학생들과 공유할 수 있다. 마지막으로, 교사는 하루 동안 학생들이 마음 챙김, 자기 성찰, 기타 통제 전략을 연습할 수 있는 시간을 마련할 수 있다. 학생들이 이러한 기술을 계발하는 데 도움이 되도록 교사는 바로 그 전략이 자신에게 효과적이었던 때를 설명할 수도 있다.

[그림 3-27]은 요소 VIIf에 대한 가시적 증거를 나열한 것이다.

효과적인 수업과 지도를 확인할 수 있는 증거에 다음과 같은 교사의 수행이 포함된다.

- 교실에서 자신의 감정 모니터하기
- 교실 내 갈등을 다룰 때 침착한 모습 유지하기
- 교실에서 감정을 유발하는 요소와 기타 스트레스 원인을 파악하여 스트레스가 발생할 때를 알고 침착함을 유지하기 위한 대처 전략 활용하기
- 긴장된 상황에서 단호함을 보여 주되 학생을 존중하고 교실 내 관계 다루기

바람직한 학생의 실행과 행동을 확인할 수 있는 증거에 다음과 같은 학생의 수행이 포함된다.

- 대체로 침착하고 여유로워 보이기
- 동요한 상태에서 빠르게 진정되기

학생의 이해와 인식을 확인할 수 있는 증거에 다음과 같은 학생의 수행이 포함된다.

- 교사가 스스로를 잘 통제하며 교실을 잘 관리하는 사람이라고 설명하기
- 교사가 어떤 일에 악의를 품거나 개인적인 것으로 받아들이지 않는다고 말하기

[그림 3-27] 요소 VIIf에 대한 가시적 증거

출처: © 2021 by Robert J. Marzano.

설계 분야 VII를 이해하고 계획하기

설계 분야 VII에서는 편안함, 안전, 질서에 대한 학생들의 인식을 다룬다. 이는 모두 인간의 기본적인 욕구이다. 수업에 있어서 이와 같은 중요한 측면에 대한 마르자노 아카데미 모델은 에이브러햄 매슬로(Abraham Maslow, 1943, 1954)가 개발한, 잘 알려진 욕구 및 목표 위계에 기반한다. 매슬로의 위계는 원래 (1) 생리, (2) 안전, (3) 소속, (4) 공동체 내 존중, (5) 자아실현이라는 다섯 가지 수준으로 구성되어 있었다. 마지막 버전(Koltko-Rivera, 2006; Maslow, 1969, 1979)에는 자신보다 큰 무엇인가에 대한 연결로서 여섯 번째 수준이 포함되었다. 매슬로는 자신의 위계 요소를 설명하기 위해 욕구라는 용어를 사용했지만, 또한 수준을 목표로 암시하기도 하였다.

마르자노 등(Marzano, Scott, Boogren, & Newcomb, 2017)은 『Motivating and Inspiring Students』에서 매슬로의 위계를 아카데미 모델의 목적과 중점에 부합하도록 적용하였다. 간략하게 말하면, 욕구와 목표의 여섯 가지 수준을 위계라고 하는데, 이는 일반적으로 하위 수준을 충족하지 않고서는 상위 수준을 얻을 수 없기 때문이다. 예를 들어, 학생들은 자신의 신체적 안전이 위험에 처해 있다고 생각한다면 소속감의 필요성에 대해 충분히 생각할 수 없다. [그림 3-28]은 모든 여섯 수준의 구성을 보여 준다.

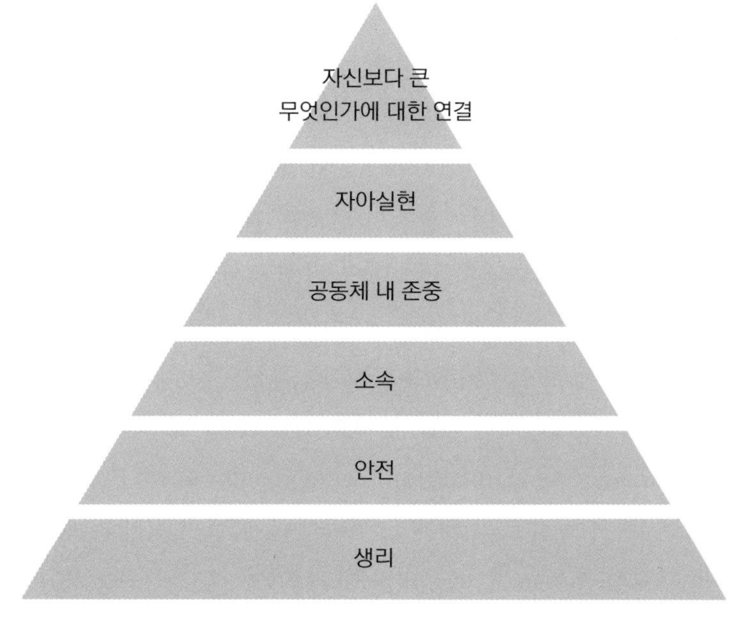

[그림 3-28] 매슬로의 욕구 및 목표 위계

출처: Marzano, Scott, et al. (2017), p. 3.

매슬로 위계의 여섯 수준은 학급에서 고려해야 할 중요한 사항이며, 설계 영역 Ⅶ, Ⅷ, Ⅸ, Ⅹ의 기초이다. 위계를 참고하여, 학생들은 다음과 같은 질문을 지속하여 자신에게 던지고 있다고 말할 수 있다.

- 1 수준: 이 상황은 생리적으로 편안한가?
- 2 수준: 이 상황은 나에게 신체적 안전을 제공하는가?
- 3 수준: 이 상황은 나에게 소속감을 제공하는가?
- 4 수준: 이 상황은 나를 가치 있다고 느끼게 만드는가?
- 5 수준: 이 상황에서 나는 개인적인 관심과 관련된 활동을 할 수 있는가?
- 6 수준: 이 상황은 내가 중요한 무엇의 일부라고 느끼게 만드는가?

만약 학생들이 이러한 질문 중 어느 하나라도 부정적으로 응답한다면, 위계의 특정 수준에서 욕구나 목표를 달성하려는 노력에 집착하게 되고 다른 것에 주의를 기울일 수 없다. 예를 들어, 방 온도가 너무 낮아 첫 번째 질문(이 상황은 생리적으로 편안한가?)에 학생이 부정적인 응답을 한 경우, 학생의 주의는 수업에서 다루는 교과 내용이 아니라 따뜻해지는 방법을 생각하는 데 집중될 것이다.

설계 분야 VII과 관련하여, 교실에서 학생들이 편안함, 안전, 질서를 느끼는 정도는 교사가 위계의 처음 두 수준을 다루는 정도에 따라 달라진다. 이 설계 분야에는 생리적 편안함 및 안전에 관련된 학생들의 욕구를 교사가 직접 다루는 데 도움이 되는 여섯 가지 요소가 포함되어 있다.

VIIa. 교실의 물리적 배치 조직하기

VIIb. 장악력 발휘하기

VIIc. 규칙과 절차 준수 인정하기

VIId. 규칙과 절차 준수 부족 인정하기

VIIe. 규칙과 절차 수립하고 조정하기

VIIf. 객관성과 통제력 보여 주기

어느 정도까지, 교사는 계속해서 각 요소를 적절하게 다루고 있는지에 대해 생각해야 한다. 즉, 교사는 이 설계 분야와 관련하여 다양한 상황에 대비해야 한다. 이와 같은 준비와 인식을 통해 교사는 특히 규칙과 절차 준수, 규칙과 절차 준수 부족에 대한 충분한 인정 등 요소에 대해 즉각적으로 수정할 수 있다. 학생들의 생리적 편안함과 안전을 충족시키기 위해 교실의 물리적 배치를 조직하는 것과 같은 일부 요소에는 필요한 조정을 위해 더 많은 시간, 자원 및 준비가 필요하다. 이러한 유형의 준비와 계획은 대부분 학년 초에 이루어진다.

요약

이 장은 마르자노 아카데미 교육 모델의 맥락 영역을 다룬다. 이는 교사가 교실에서 조성하는 전반적인 환경을 나타낸다. 맥락은 교실의 사회적 · 정서적 환경으로 생각할 수 있다. 여기에는 세 가지 설계 분야가 포함된다. 설계 분야 V는 그룹화와 재그룹화에 관한 것으로 세 가지 요소가 있으며, 학습의 향상을 위해 학생들을 단기적 · 장기적으로 그룹화하는 방식을 다루고 있다. 설계 분야 VI는 참여와 관련된 여덟 가지 요소를 포함하며, 모두 교실에서 일어나는 일을 직접 다루는 사건과 활동으로 학생들의 작업 기억을 채우도록 계획되었다. 설계 분야 VII는 편안함, 안전, 질서에 대한 학생들의 기본적 욕구를 다룬다. 여섯 가지 요소는 학생들의 생리적 편안함과 안전에 중점을 둔다. 교사와 학생을 위한 가시적 증거를 각 설계 영역의 요소마다 설명하여, 교사가 각 요소에서 목적한 결과에 비해 그들의 행동이 얼마나 효과적인지 판단하도록 도움을 주었다.

제4장

자기 조절

- 설계 분야 Ⅷ: 소속감과 존중감
- 설계 분야 Ⅸ: 효능감과 주체성
- 설계 분야 Ⅹ: 메타인지와 생활 기능
- 요약

마르자노 아카데미 모델에서 자기 조절 영역은 특정한 상황에 적합하고 긍정적인 결과를 가져오는 방식으로 자신의 감정, 사고, 행동을 모니터하고 관리할 수 있는 학생의 능력에 관한 것이다. 자기 조절은 일반적으로 CBE 교실, 특히 마르자노 아카데미 교실의 암묵적인 목표이다. CBE 체제 자체가 학생들이 자기평가를 실시하고, 교육과정을 통해 학습에 걸리는 시간을 관리하는 등의 활동으로 자기 조절을 발휘하게 한다. 마르자노 아카데미 모델에서는 이 영역의 설계 분야를 통해 자기 조절 기능과 인식을 직접 다룬다.

이 영역의 설계 분야와 요소는 교사가 학생을 지원하는 교실 환경을 조성하고, 학생의 자기 조절을 촉진하는 수업을 제공하도록 안내한다. 이 영역은 세 가지 설계 분야로 구성되어 있다. 설계 분야 Ⅷ는 소속감과 존중감, 설계 분야 IX는 효능감과 주도성, 설계 분야 X는 메타인지와 생활 기능이다. 이들 각각은 매슬로 위계의 여러 수준에 근거한다.

설계 분야 VIII: 소속감과 존중감(Belonging and Esteem)

설계 분야 Ⅷ는 학생들이 교실 공동체의 구성원으로서 받아들여지는 정도와 그들이 공동체의 가치 있는 구성원인가에 대한 그들의 인식을 다룬다. 만약 학생들이 소외되었다거나 중요하지 않다고 느낀다면, 그들은 자기 조절에 어려움을 겪게 된다. 달리 말하면, 학생 자신이 공동체에 받아들여지지 않고 가치 있는 사람이라고 생각하

지 않는다면 자기 조절에 필요한 기능은 제대로 작동하지 않는다. 소속감과 존중감은 자기 조절 기능의 효과적인 수행에 있어서 반드시 먼저 충족되어야 할 사항이다 (Marzano & Marzano, 2015; Marzano & Pickering, 2011; Marzano, Scott, et al., 2017).

이 설계 분야는 네 가지 요소로 구성된다.

Ⅷa. 애정을 보여 주는 언어적·비언어적 행동 사용하기
Ⅷb. 소극적인 학습자에게 가치와 존중 보여 주기
Ⅷc. 학생들의 배경과 관심 이해하기
Ⅷd. 학생들이 자신에 관해 이야기할 기회 제공하기

다음 이어지는 절에서 각 요소에 대해 자세히 설명한다.

Ⅷa. 애정을 보여 주는 언어적 · 비언어적 행동 사용하기

이 요소에 내재한 교사의 책임은 개인적인 수준에서 학생들에게 관심을 쏟고 있다는 명확한 메시지를 주는 것이다. 학생들은 자신을 맡은 교사가 자신을 걱정하고 도움을 주고 싶어 한다는 것을 알고자 하며, 자신이 상처받기 쉬운 상태에서 새로운 것을 시도해도 마음에 상처를 입지 않고 결국에는 이에 대한 보상을 받는다는 것을 알고자 한다.

학생이 건물에 들어오는 순간부터 교사는 학생들에게 관심을 나타내는 행동을 보여 주어야 한다. 교사는 가능한 한 자주 교실 입구에서 학생들을 맞이하고, 악수, 하이파이브, 주먹 인사 또는 포옹을 그림으로 나타낸 게시물을 게시하여 학생들이 원하는 인사 방법을 선택할 수 있게 해야 한다. 교사는 아침에 자신이 학생들에게 준 미소가 학생들이 어제 하교한 후 처음 받는 미소일 수 있음을 명심해야 한다. 마찬가지로, 교사도 학생들이 애정을 표현하는 것을 두려워해서는 안 된다. 물론, 이것은 적절하고 신중하게 이루어져야 한다. 특히 교사가 학생들을 알아가는 동안, 항상 학생들이 먼저 접촉을 시작할 수 있게 하는 것이 현명하다.

교사는 학업 이외의 주제에 대해 학생들과 정기적으로 자연스러운 대화를 해야 한

다. 점심 식사용 테이블에 학생들과 함께 앉는 것, 쉬는 시간에 함께 앉아서 보드게임을 하거나 잠깐의 휴식 시간에 학생과 대화하는 것은 교사와 학생들 사이의 유대감을 발전시키고 강화하는 효과적인 방법이다. 마르자노 아카데미 교사는 시간을 내어 학생들과 공통 관심사를 찾고, 일 년 내내 이러한 관심사에 대해 학생들과 소통해야 한다.

또한 교사들은 점심시간이나 방과 후에 학생의 관심을 반영한 동아리를 운영할 수 있다. 퍼즐 동아리, 판타지 축구 게임 동아리, 애니메이션 동아리, 또는 학생들이 관심을 가지는 것에 대한 동아리를 개설할 수 있다. 교사들은 점심시간 만화 동아리와 같은 동아리를 보상으로 활용할 수도 있는데, 가령 학생들은 보상으로 교사와 함께 점심을 먹으며 만화를 볼 수 있다. 시간이 허락한다면, 교사들은 스포츠 행사, 음악 행사 또는 예술 전시처럼 학생들이 참여하는 방과 후 활동에 참석하려고 노력할 수 있다. 결국, 학생들은 교사의 관심과 애정을 간절히 바란다. 이는 교사가 정규 수업 시간 외에도 학생들에게 애정을 보여 줄 시간을 낼 때 특히 강력하다.

[그림 4-1]은 요소 Ⅷa에 대한 가시적 증거를 나열한 것이다.

효과적인 수업과 지도를 확인할 수 있는 증거에 다음과 같은 교사의 수행이 포함된다.

- 교실 문 앞에서 학생 맞이하기
- 학생들과 비공식적인 회의하기
- 학교 밖 학생의 활동에 참여하기
- 매일 몇 명의 학생을 찾아 이야기할 수 있도록 일정 활용하기
- 학생들에게 애정과 격려를 나타내는 신체적 표현 사용하기

바람직한 학생의 실행과 행동을 확인할 수 있는 증거에 다음과 같은 학생의 수행이 포함된다.

- 교사의 언어적 소통에 긍정적으로 반응하기
- 교사의 비언어적 소통에 긍정적으로 반응하기

학생의 이해와 인식을 확인할 수 있는 증거에 다음과 같은 학생의 수행이 포함된다.

- 자신을 보살피는 사람으로 교사 설명하기
- 교실을 친근한 장소로 설명하기

[그림 4-1] 요소 Ⅷa에 대한 가시적 증거

출처: © 2021 by Robert J. Marzano.

Ⅷb. 소극적인 학습자에게 가치와 존중 보여 주기

교사들은 교실이 모든 학생을 구성원으로 받아들이는 환경이 되도록 해야 하지만, 또한 소극적인 학습자들에게 특별한 관심을 기울이고 그들이 공동체의 소중한 구성원임을 보여 주어야 한다. **소극적인 학습자**(reluctant learners)라는 용어는 **기대치가 낮은 학생**이라는 용어에서 온 것이다. 이 용어에 대한 자세한 논의는 『The Art and Science of Teaching』(Marzano, 2007)을 참고하라. 간단히 말하자면, 학습자들이 소극적인 것은 그들이 가진 고유한 특성 때문이 아니다. 오히려 그들은 자신이 대우받는 방식으로 인해 소극적으로 된다. 교사의 기대에 관한 과거 연구(Marzano, 2003, 2007 참고)에 따르면, 교사는 기대치가 높은 학생과 기대치가 낮은 학생을 다르게 대하는 경향이 있다. 이것은 교사의 의도적인 행동이 아니지만, 인간으로서 교사는 학생이 학업을 얼마나 잘할지 혹은 얼마나 못할지에 대한 의견을 비교적 빠르게 형성하는 경향이 있다. 이러한 초기 의견은 상당히 부정확할 수 있다.

불행히도, 교사가 특정 학생에 대해 낮은 기대치를 형성할 때, 교사는 높은 기대치를 가진 학생과 다르게 그 학생을 대하는 경향이 있다. 예를 들어, 그 학생에게 질문하는 횟수가 적고 질문도 더 쉬운 경향이 있다. 그 결과로 학생들은 그러한 행동을 자신이 다른 학생들만큼 똑똑하거나 유능하지 않다는 표시로 해석하기 시작한다. 이러한 차별 대우가 계속되면, 학생들은 시간이 지남에 따라 교실 활동, 특히 복잡한 활동에 참여하는 것을 점점 꺼리게 된다. 이는 악순환을 만든다. 학생들이 점점 더 주저하게 되면, 교사는 그들의 참여 부족을 관심이나 능력 부족으로 해석하고 이러한 학생들을 더욱 무시하는 경향이 있다. 마르자노 아카데미 모델을 사용하는 교사는 이러한 역학을 해체하기 위해 끊임없이 노력하고 있다.

소극적인 학습자에게 사용할 수 있는 신뢰할 만한 전략의 하나는 그들의 삶에 대해 알아보고 관심을 표현하는 데 조금 더 많은 에너지와 노력을 투자하는 것이다. 흔히, 소극적인 학습자는 살아오며 한 가지 이상의 트라우마를 경험했으며, 취약한 입장에 놓이는 것을 주저한다. 긍정적인 관계와 결속 활동을 통해 신뢰를 구축하면 교사와 소극적인 학습자 사이의 초기 장벽을 허무는 데 도움이 될 수 있다. 요소 Ⅷa에 대한

논의에서 언급했듯이, 학생들과 게임을 하고, 학생의 취미에 관심을 보이고, 팀 구성 활동에 참여하고, 일상적인 대화를 나누거나, 다양한 주제에 관한 생각을 간단히 묻는 것은 모두 당신이 소극적인 학습자를 챙기고 있음을 보여 주는 방법이다.

교사는 교육과정을 설계할 때 소극적인 학습자의 삶과 관심사에 대해 그들이 알게 된 것을 사용해야 한다. 교사는 학생 관심사 설문조사 결과를 집계하고, 공통 주제와 관심사를 찾고, 계획에 사용할 참고 목록을 만들 수 있다. 예를 들어, 몇몇 특정한 소극적 학습자가 애니메이션에 관심을 보인다면, 교사는 다음 수업에 애니메이션을 포함함으로써 이러한 학생들의 참여를 유도할 수 있다. 이는 모든 단원과 수업을 소극적인 학습자의 요구에 맞게 조정해야 한다는 의미가 아니라, 주제를 선택할 때 추가적인 고려가 필요하다는 의미이다. 예를 들어, 교사는 유창하게 읽기 연습을 위한 구절을 선택하거나 수학에서 풀어야 할 단어 문제를 선택할 때 학생들이 관심 있어 하는 주제를 선택할 수 있다. 어떤 학생이 스포츠를 좋아한다면, 교사는 그 학생에게 좋아하는 팀의 하이라이트 영상을 10분간 시청할 수 있는 보상을 만들 수 있다. 『Sports Illustrated Kids』『National Geographic Kids』『Ladybug Magazine』『New Moon Girls』『Girls' Life』 등 관심 주제에 초점을 맞춘 잡지는 혼자 읽기 시간에 이용할 수 있는 훌륭한 선택지가 될 수 있다.

학습에 소극적인 특정 학습자에게 집중하는 것은 매우 효과적인 변화 효과를 가져올 수 있다. 예를 들어, 학년 초에 부모가 교사에게 자녀의 학교에 대한 거부와 무관심을 걱정하고 있음을 알린, 특정한 3학년 학생을 생각해 보자. 첫 주에 학생들이 참여한 관심사 설문조사에서 그녀는 자신이 가장 좋아하는 프로그램이 〈페파 피그(Peppa Pig)〉이고 만화와 관련된 모든 것을 좋아한다고 밝혔다. 그녀의 선생님은 빠르게 구글을 검색하여 〈**페파 피그**〉와 이 프로그램의 중국 내 인기와 논란에 관한 뉴셀라(Newsela, www.newsela.com)의 기사를 발견한다. 첫 주 동안, 교사는 이 기사를 사용하여 자세히 읽기 절차를 소개하기로 결정했고, 이 학생은 큰 흥분과 놀람으로 이제 자신의 교실을 꽤 다르게 보고 있다.

교사는 소극적인 학생들의 개별적인 관심사를 아는 것과 함께 교실의 전반적인 문화가 성취뿐만 아니라 노력과 성장을 공개적으로 인정하는 문화가 되도록 해야 한다. 우선, 교사는 시간을 내어 성장할 분야를 파악하고, 이 분야를 중심으로 목표를 설정하며, 필요할 때 조정하고, 학생의 성공뿐만 아니라 성장 과정 전체를 축하함으로써 학생들과 함께 성장 마인드셋을 계발해야 한다. 우리는 설계 분야 X에 대한 논의에서 성장 마인드셋에 대해 더 자세히 논의한다. 또한 교사는 숙달 척도 추적 매트릭스(proficiency scale tracking matrices)에서의 향상, 제한 시간이 있는 곱셈 시험에서 더 나은 점수를 받은 것, 유창한 읽기 연습에서 정해진 시간 동안 단어를 더 많이 읽은 것 등을 강조하고 축하할 수 있다. 교사는 종례 시간에 이러한 일상의 성공 중 일부를 강조하고 축하하는 시간을 가질 수 있는데, 여기에서 교사는 학생을 칭찬하고, 학생들에게 동료를 칭찬하게 할 수 있다(요소 VIIc 참고). 이러한 작은 성공에 주목하는 것은 소극적인 학습자들에게 학교와 교육이 긍정적이고 보람 있는 경험임을 확인시켜 줄 수 있다.

마지막으로, 교사는 특정 학생에 대해 낮은 기대를 품지 않도록 자신이 가진 믿음을 검토해야 한다. 더 중요한 것은, 특히 학생들에게 도전적이고 복잡한 과제를 제시하는 것과 관련하여 교사는 모든 학생을 공평하게 대우할 수 있도록 자기 행동을 점검해야 한다. 간단히 말해서, 여기에는 교사가 학급 명단을 통해 생각하고, 학생이 복잡한 과제를 얼마나 잘 수행할 수 있는지에 대한 자신의 믿음을 확인하는 것이 포함된다. 교사는 각 학생의 순위를 높음, 중간, 낮음으로 매길 수도 있다. 이 분석을 배경으로, 교사는 복잡한 과제를 제시할 때 교사의 기대치가 높은 학생과 중간인 학생들을 대하는 방식과 기대치가 낮은 학생을 대하는 방식의 차이를 파악하려고 노력할 것이다. 깨달아야 할 핵심은 기대치가 낮은 학생들에 대한 다른 대우는 그 의도가 비록 이들에게 좌절감을 주거나 과도한 부담을 주지 않는 것임에도 불구하고 불평등한 행동이 된다는 것이다. 일부 학생들이 과제를 이해하고 필요한 배경지식을 갖도록 과제를 조정하는 것이 확실히 좋은 전략이지만, 그들의 능력에 대한 인식 때문에 일부 학생들에게 복잡한 과제에 참여할 기회를 주지 않는 것은 허용될 수 없다. 그렇게 하는 교사는 소극적인 학습자에게 복잡한 과제를 성공적으로 완성할 능력이 없음을 자신도 모르게 전달하는 것이다.

불평등한 행동에 대한 자기 분석은 교사의 편견을 드러내기 때문에 교사에게 도전적이고 어려울 수 있다. 모든 인간은 자신도 인지하지 못하는 편견이 있다는 점을 기억하는 것이 중요하다. 즉, 편견은 인간의 자연스러운 경향이다. 그러나 사람들은 자신의 편견을 파악하고 바꿀 수 있다. 이러한 유형의 자기 분석은 자신과 타인에게 긍정적인 이점을 제공하면서 삶의 모든 영역에 적용될 수 있다. 교사가 이와 같은 분석을 어떻게 사용할 수 있는지에 대한 자세한 논의는『Managing the Inner World of Teaching』(Marzano & Marzano, 2015)을 참고하라.

[그림 4-2]는 요소 Ⅷb에 대한 가시적 증거를 나열한 것이다.

효과적인 수업과 지도를 확인할 수 있는 증거에 다음과 같은 교사의 수행이 포함된다.

- 소극적인 학습자에 대한 차별 대우 파악하기
- 소극적인 학습자에게 존중을 나타내는 비언어적 · 언어적 표시 사용하기
- 각 학생에게 높은 기대치를 가질 수 있도록 모든 학생에 대한 기대 수준 확인하고 성찰하기

바람직한 학생의 실행과 행동을 확인할 수 있는 증거에 다음과 같은 학생의 수행이 포함된다.

- 서로 존중하며 대하기
- 소극적인 학습자들이 다른 학생들과 유사한 빈도로 활동에 참여함

학생의 이해와 인식을 확인할 수 있는 증거에 다음과 같은 학생의 수행이 포함된다.

- 교사가 모든 학생을 보살핀다고 말하기
- 소극적인 학습자가 교사는 자신을 이해한다고 말하기

[그림 4-2] 요소 Ⅷb에 대한 가시적 증거

출처: © 2021 by Robert J. Marzano.

Ⅷc. 학생들의 배경과 관심 이해하기

학생들을 환영하며 소중하게 여기고 있다는 것을 전달하는 한 가지 방법은 학생들의 개인 생활과 그들의 배경에 대해 아는 것이다. 따라서 교사들은 개별 학생의 삶에 관심이 있음을 보여 주는 방식으로 개별 학생에 대한 정보를 찾아야 한다. 이전 절은 소극적인 학습자에게 그들은 소중하며 존중받고 있음을 전달하는 데 중점을 두었지

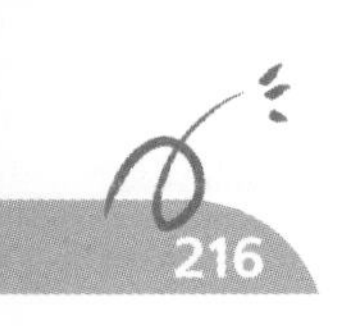

만, 이 요소는 교사가 학생 개개인에게 관심이 있음을 전하기 위해 학급 모든 학생에 대해 더 많이 알아 가는 데 중점을 둔다.

교사는 학생들이 개인적인 일, 생각, 감정을 공개적으로 공유할 수 있도록 체계적으로 학급 시간을 확보해야 한다. Rachel's Challenge(Scott & Scott, 2018)에서 개발한 180 Connections 프로그램은 학생과 교사 모두가 오늘의 질문과 대화를 통해 자신에 대한 정보를 공유할 수 있는 구조를 제공한다. 매일, 전교생은 비교적 일상적인 질문(예, 여러분이 가장 좋아하는 동물은 무엇인가요?)부터 상당히 중요한 질문(예, 여러분을 매우 슬프게 만든 것은 무엇인가요?)까지 다양한 범위에 있는 한 가지 질문에 답한다. 학급에서 할 수 있는 방법의 하나는 학급 학생들이 원으로 모여서 토킹 스틱(talking stick) 혹은 말할 차례를 나타내는 물건을 전달하면서 자신의 구체적인 답을 차례대로 공유하는 것이다. 교사가 먼저 오늘의 질문에 대해 답하고, 학생들이 차례대로 답을 한다. 답하는 것에 불편함을 느낀다면, 학생은 말하지 않고 건너뛸 수 있는 선택권을 언제나 가지고 있다.

이와 같은 생각 나눔 시간 동안 교사는 학생들에 대한 풍부한 정보를 얻을 수 있다. 이러한 대화들은 종종 학생의 삶에서 중요한 사건을 밝혀 주어, 교사가 학생의 이상한 행동이나 수업과 무관한 행동에 대해 더 많은 인내와 이해를 할 수 있도록 도와준다. 극단적인 경우, 학생들은 학대나 방치 사례를 밝히거나, 자해나 자살에 관한 생각을 나눌 수도 있다. 물론 이런 일이 발생하면 교사는 중대한 사건을 해당 주 또는 지역의 관련 기관에 보고해야 한다. 더 흔하게는 학생들이 위기 수준에 이르지는 않지만, 여전히 교사가 학교 상담사나 심리학자를 개입하게 할 정보를 밝힐 수 있다.

학생들의 배경과 관심사를 알아보는 또 다른 방법은 학생들을 가장 잘 아는 사람들, 즉 부모와 보호자에게 물어보는 것이다. 교사는 학년 초에 가족을 대상으로 설문조사를 실시하여 학생의 관심사, 학습 관련 알아야 할 사항, 학생을 편안하게 하고 동기를 부여하는 효과적인 방법에 대한 부모의 의견을 얻을 수 있다. 이를 통해 교사는 학생에 대해 더 많이 알 수 있을 뿐 아니라 부모의 의견도 들을 수 있다. [그림 4-3]은 교사가 아동의 특정한 요구를 다루는 데 도움을 줄 수 있도록 부모가 작성하는 설문지 양식이다.

학부모 설문지

학생 이름: ______________________________

부모/보호자/가족 구성원:

이름: ______________________ 관계: ______________

연락처: ______________________________

이름: ______________________ 관계: ______________

연락처: ______________________________

학생의 가장 큰 장점은 무엇입니까? ______________________________

학생에게 가장 필요한 부분은 무엇입니까? ______________________________

어떻게 하면 학생에게 동기를 잘 부여할 수 있을까요? ______________________________

학생이 가장 좋아하는 일은 무엇입니까? ______________________________

학생에 대해 제가 알아야 할 다른 것이 있을까요? ______________________________

우리는 모든 부문에서 자원봉사자를 찾고 있습니다. 일정은 유연하며, 집에서 할 수 있습니다. 경험이 없어도 됩니다. 훈련을 제공합니다.

봉사할 내용: 매주 또는 격주 학급 지원, 특별 행사, 재료 자르기/붙이기/고정하기

- 저는 금요일 아침에 와서 금요일 폴더에 서류를 정리할 수 있습니다.
- 저는 학급에 도움을 줄 수 있습니다. 도움이 필요한 경우 전화를 주십시오.
- 저는 교실 밖에서 도움을 줄 수 있습니다. 필요한 경우 제 아이에게 자료를 보내 주십시오.
- 저는 상품을 보낼 수 있습니다.

[그림 4-3] 학부모 설문지

물론 교사는 관심 목록을 작성하여 학생에게 직접 설문조사를 할 수도 있다. 이러한 설문조사는 구성하기 매우 쉽다. 교사는 다음과 같은 짧은 주관식 질문 세트를 설계하기만 하면 된다.

- 여러분이 가장 좋아하는 공부 주제는 무엇인가요?
- 여러분은 취미로 무엇을 하나요?
- 어떤 반려동물이 있나요? 또는 반려동물로 어떤 동물을 키우고 싶나요?

이러한 질문은 일반적이지만, 관심 목록은 학급의 학습 주제에 초점을 맞출 수도 있다. 예를 들어, 날씨에 관한 단원을 시작하기 전에 교사는 다음과 같은 질문을 할 수 있다.

- 여러분이 경험한 가장 흥미로운 날씨는 무엇인가요?
- 여러분은 어떤 종류의 폭풍이 좋은가요?
- 여러분은 어떤 종류의 폭풍이 싫은가요?
- 날씨에 관한 어떤 질문에 대답하고 싶은가요?

마지막으로, 교사는 학생들이 하루 동안 선택할 수 있게 허용함으로써 학생에 대해 많은 것을 알 수 있다. 선택은 역량 기반 교실의 토대이기 때문에, 교사는 학생의 관심 분야에 관한 정보를 수집할 기회가 많다. 예를 들어, 읽은 내용 요약하기를 학습 목표로 수업이 진행되고 있다고 가정해 보자. 모든 학생에게 같은 읽기 지문을 제공하는 대신, 교사는 학생들이 뉴셀라(Newsela)와 같은 사이트를 방문하여, 여러 주제를 다루고 있는 미리 선정된 선택지 중에서 기사 하나를 선택하게 할 수 있다. '내용 요약하기'라는 학습 목표는 기사 주제에 영향을 받지 않으므로, 학생들이 개인적인 관심에 따라 기사를 선택하도록 허용하는 것은 당연하다.

[그림 4-4]는 요소 Ⅷc에 대한 가시적 증거를 나열한 것이다.

효과적인 수업과 지도를 확인할 수 있는 증거에 다음과 같은 교사의 수행이 포함된다.

- 학생을 더 잘 이해하기 위해 학생의 배경 조사, 의견 설문지, 비공식적 학급 인터뷰 활용하기
- 학생에 대해 알기 위해 비공식 회의, 학부모-교사 총회, 비공식 대화 활용하기
- 학생들이 개인 학습 목표를 설정하고 이를 교육과정의 내용 내 학습 목표와 연결하게 하기

바람직한 학생의 실행과 행동을 확인할 수 있는 증거에 다음과 같은 학생의 수행이 포함된다.

- 교사의 질문에 긍정적으로 대답하기
- 자신에 대한 정보를 자진해서 말하기
- 학급 친구들의 삶에 관심 가지기

학생의 이해와 인식을 확인할 수 있는 증거에 다음과 같은 학생의 수행이 포함된다.

- 교사를 자신에 대해 알고 있는, 또는 자신에게 관심이 있는 사람이라고 설명하기
- 교사가 자신을 소중히 여기고 있음을 느낀다고 말하기
- 교사의 노력 덕분에 같은 반 친구에 대해 안다고 말하기

[그림 4-4] 요소 Ⅷc에 대한 가시적 증거

출처: © 2021 by Robert J. Marzano.

Ⅷd. 학생들이 자신에 관해 이야기할 기회 제공하기

이 요소는 학생에 대한 정보를 다룬다는 점에서 요소 Ⅷc와 유사하다. 그러나 두 요소의 주요 차이점은 Ⅷd 요소가 학생들에게 자신을 표현할 기회를 제공하려는 의도에서 훨씬 더 개방적이라는 점이다. 이는 학생들이 자신에 관해 이야기하는 이상으로, 흥미롭거나 특이한 것에 관해 보거나, 듣거나, 읽은 것을 이야기하는 것을 포함할 수도 있다. 이 요소를 실행하기 위해 교사는 학생들에게 개인적으로 관심 있는 것을 분명히 표현하도록 요청한다. 이를 통해 교사가 학생들을 개인적으로 소중하게 여기고 존중하고 있음을 전달한다.

학생들이 개인적인 대화를 나눌 수 있도록 교사가 귀중한 수업 시간을 포기하기 어려울 수 있지만, 이와 같은 시간 투자는 강력한 교실 문화로 돌아온다. 이러한 활동은 학년 초에 흔히 볼 수 있지만, 학년 초 알아가기 단계가 끝난 후에도 계속해서 학생들

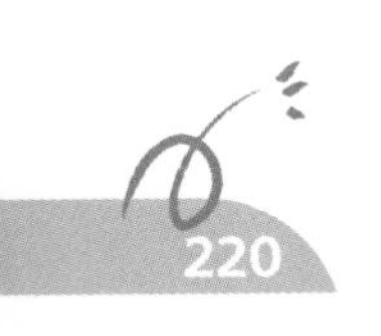

에게 자신에 대한 정보를 나누는 기회가 주어져야 한다. 이를 위해 교사는 매주 한 번 자신의 열정(새로운 열정이라도)을 공유하는 '열정 발표'를 만들 수 있다. 여기에는 학생들이 자랑스럽거나 자랑하고 싶은 것을 가져오는, 보여 주며 말하기(show and tell) 요소가 포함될 수 있다.

학생들에게 자신에 대한 정보를 공유할 기회를 제공하는 또 다른 방법은 이 주의 학급 친구(Classmate of the Week) 또는 스타 학생(star students)이라고 불리는 것이다(Scott & Scott, 2018). 여기에서 교사는 주목할 학생을 매주 한 명을 선정한다. 해당 학생은 자신의 소개를 짧게 써서 월요일 아침 모임에서 큰 소리로 읽어 주고, 칠판에 걸 수 있도록 자기 사진을 교사에게 준다. 일주일 내내, 친구들은 그 학생에게 칭찬의 글을 쓴다. 해당 주간의 학생(이 주의 학급 친구)은 정보, 이야기, 물건, 사진을 공유할 수 있는 특별한 시간을 갖는다. 해당 주의 마지막 날에, 학급에서는 모든 학생이 사인한 카드를 만들어서, 이 주의 학급 친구에게 전달한다.

학생들이 학급 앞에 서서 말할 필요 없이 자신에 대한 정보를 공유할 수 있는 또 다른 방법은 강점 아이콘을 사용하는 것이다. 우리는 그룹 지원 제공에 관한 요소 Vc에서 강점 아이콘을 다루었다. 해당 요소의 맥락 내에서, 학생들은 자기 동료들이 도움을 요청할 수 있도록 특정 측정 주제와 관련하여 자신의 강점을 파악한다. 이 요소에서 학생들은 학교와 거의 관련이 없을 수도 있는, 보다 일반적인 강점을 파악한다.

학년 초에 학생들은 그리기, 유머, 리더십, 어려운 문제 해결, 사람들을 환영하기, 철자법, 읽기, 수학, 테크놀로지 등에서 자신의 강점을 확인하고 아이콘을 선택한다. 학생들은 교실에 걸려 있는 포스터에 자신의 아이콘을 표시한다. 학년이 진행됨에 따라 학생들은 공감, 팀워크 등과 같이 학급에서 중점을 두는 특정한 특성을 나타내는 특별한 아이콘을 받을 동료를 지명할 수 있다. 교사는 '늑대 대사(Wolf Ambassador)' 혹은 '역사광(History Buff)'처럼 수업 단원 관련 아이콘을 만들어 내용에 숙달한 학생에게 나눠 줄 수 있다. 학급 동아리 또한 회원을 위한 자체 아이콘을 가질 수 있다. 이러한 아이콘 포스터는 학생들에게 비언어적인 방식으로 특성을 보여 주고 강점을 공유하는 기회를 제공한다.

개인적인 공유를 위한 지정된 시간 외에도, 간단한 팀 세우기 활동이 하루 종일 간헐적으로 진행될 수 있다. 다음과 같이 구성된 활동을 통해 학생들은 빠르게 자신에 대한 것을 공유할 수 있다.

- **안-바깥 원(inside-outside circle)**: 학급 학생 절반이 안쪽 원을 만들고, 나머지 절반은 바깥 원을 만든다. 바깥쪽 학생들은 안쪽으로, 안쪽 학생들은 바깥쪽으로 향하여 모든 학생이 서로 마주한다. 교사는 질문이나 안내하고, 학생에게 답을 생각할 시간을 1분 정도 준다. 학생들은 자신의 답변을 짝에게 설명하고 짝은 이에 대해 응답한다. 짝끼리 공유를 마치면, 교사는 바깥 원에 있는 학생들에게 자신의 왼쪽(혹은 오른쪽)으로 한 칸 움직여서 새로운 짝을 만나게 안내한다. 이 과정은 교사가 같은 질문을 사용하거나 새로운 질문을 사용하면서 반복된다.
- **어울려 나누기(classroom mix and share)**: 학생들이 서서 두 명 또는 세 명으로 그룹을 이루고, 교사의 질문이나 안내에 응답하는 덜 구조화된 활동이다. 교사의 신호에 따라 학생들이 이동하고 이야기를 나눌 새로운 그룹을 만든다.
- **둘 중 하나 고르기(would you rather)**: 교사가 학생들에게 날 수 있는 능력 또는 투명 능력 같은 두 가지 가상의 선택지 중에서 선호하는 것을 말하게 안내하는 것이다. 둘 중 하나 고르기 질문은 진지한 것과 재미있는 것 모두 논의하는 재미있고 효과적인 방법이다. 또한 교사는 개인적인 경험을 나누고, 주말에 관해 이야기할 수 있도록 학생들을 유도할 수 있다.

[그림 4-5]는 요소 VIIId에 대한 가시적 증거를 나열한 것이다.

효과적인 수업과 지도를 확인할 수 있는 증거에 다음과 같은 교사의 수행이 포함된다.
• 일 년 동안 모든 학생의 개인적 관심을 강조할 수 있는 체계적인 방법 제공하기 • 학생들과 그들의 개인 생활에 대해 비공식적으로 대화 나누기 • 관심에 대한 설문 실시하기 • 학생의 학습 프로파일 관리하기 • 학생의 학습과 삶 사이의 관련성을 찾을 수 있도록 수업 시간 중 휴식 계획하기 • 학습 내용을 학생의 관심사와 개인적 경험에 대해 교사가 알고 있는 것과 연결함으로써 내용과 학생의 삶 연결하기
바람직한 학생의 실행과 행동을 확인할 수 있는 증거에 다음과 같은 학생의 수행이 포함된다.
• 학급 친구의 삶에 관심 표현하기 • 개인적인 관심과 수업 내용을 연결하는 데 도움이 되는 활동에 참여하기 • 개인적인 관심사에 대한 정보 공유하기
학생의 이해와 인식을 확인할 수 있는 증거에 다음과 같은 학생의 수행이 포함된다.
• 학급 친구의 삶에 관심이 있다고 말하기 • 교사가 학생들에게 개인적으로 관심이 있다고 말하기 • 학습 내용과 개인의 관심사를 연결하는 것이 어떻게 수업을 흥미롭게 만들고 그들의 내용 지식을 향상하게 하는지 설명하기 • 수업을 개인적으로 그들과 관련이 있는 것으로 설명하기

[그림 4-5] 요소 Ⅷd에 대한 가시적 증거

출처: © 2021 by Robert J. Marzano.

설계 분야 Ⅷ를 이해하고 계획하기

설계 분야 Ⅷ는 매슬로의 욕구 및 목표 위계의 3 수준과 4 수준인 학생들의 소속감과 존중감을 다룬다([그림 3-28] 참고). 앞서 언급했듯이 교사가 이 설계 분야에 집중할 때, 교사는 학생들이 다음 질문에 긍정적으로 대답하도록 노력하게 된다.

- 3 수준: 이 상황은 나에게 소속감을 제공하는가?
- 4 수준: 이 상황은 나를 가치 있다고 느끼게 만드는가?

아카데미 모델을 사용하는 교사는 이러한 질문에 긍정적인 응답을 할 수 있도록 네 가지 요소에 대한 전략을 갖고 있다.

Ⅷa. 애정을 보여 주는 언어적·비언어적 행동 사용하기

Ⅷb. 소극적인 학습자에게 가치와 존중 보여 주기

Ⅷc. 학생들의 배경과 관심 이해하기

Ⅷd. 학생들이 자신에 관해 이야기할 기회 제공하기

이 중에서, 요소 Ⅷa는 모든 학생과 관련이 있으며, 분류체계의 소속 및 존중에 관련이 있다는 점에서 총괄적인 요소로 볼 수 있다. Ⅷb 요소는 소극적인 학습자에 초점을 맞춘다(우리는 또한 설계 분야 Ⅸ에서도 소극적인 학습자에 집중한다). 이러한 초점은 중요한데, 왜냐하면 정의에 따르면 소극적인 학습자는 교사가 사용하는 많은 일반적 전략이 제대로 작동하지 않는 학습자이기 때문이다. 교사는 이러한 학생들을 지속적으로 인지하고, 그들의 특정한 요구를 충족할 수 있게 적절한 조정을 해야 한다. 요소 Ⅷc와 Ⅷd는 학생들의 고유한 특성을 인정함으로써 학생들의 존중감에 초점을 둔다. 이 설계 분야의 네 가지 요소 모두 교사가 모든 학생을 환영하고 소중히 여긴다는 메시지를 전달할 기회를 인식하면 즉시 사용할 수 있는 전략이 포함되어 있다.

교사는 또한 개별 학생에게 초점을 맞추어 이러한 전략을 미리 활용하도록 계획해야 한다. 예를 들어, 요소 Ⅷa의 경우 교사는 최근에 내성적이거나 문제가 있는 것처럼 보이는 특정 학생에게 애정을 표현할 계획을 세울 수 있다. 요소 Ⅷb의 경우 교사는 여전히 수업에서 소외되어 보이는 소극적인 학습자에게 특히 관심을 가지기로 결심할 수 있다. 마찬가지로, 교사는 이제 수업에 참여한 학생을 확인하고 학생의 배경과 관심사에 대해 더 자세히 알아보는 방법(요소 Ⅷc)과 학생이 자신에 관해 이야기하도록 장려하는 방법(요소 Ⅷd)을 계획할 수 있다.

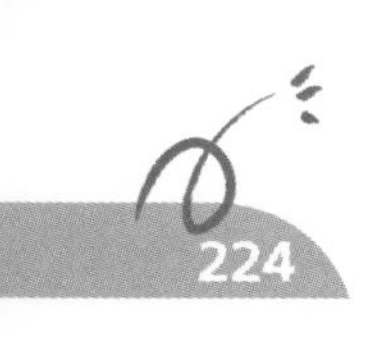

설계 분야 IX: 효능감과 주체성(Efficacy and Agency)

설계 분야 IX는 효능감과 주체성에 관련된 개념을 다룬다. 효능감은 신념을 다루지만, 주체성은 행동을 다룬다. 이 두 개념이 자기 조절의 필수적인 원동력을 제공한다고 말할 수 있다. 특정 상황에 놓인 개인이 그 상황을 통제할 수 있다고 믿지 못하고 통제를 위한 조치를 하지 않는 경우, 그녀는 그 상황에서 자기 행동을 조절할 수 없다. 이 설계 분야에는 네 가지 요소가 있다.

IXa. 학생들에게 영감 주기
IXb. 학생 주체성 강화하기
IXc. 소극적인 학습자에게 심층적인 질문하기
IXd. 소극적인 학습자와 함께 오답 살피기

IXa. 학생들에게 영감 주기

이 요소와 관련된 교사의 책임은 학생들에게 영감을 주는 활동을 설계하고 실행하는 것이다. 학생들에게 영감을 주는 것은 교사가 할 수 있는 가장 중요한 일 중 하나이다. 교사들이 전국 각지 학교에서 학생들에게 영감을 주는 것은 분명한 사실이며, 이는 항상 그래 왔다. 마르자노 아카데미 모델에서의 차이점은 교사가 영감을 정기적으로 계획한다는 것이다. 일부 학생들은 학습에 대한 자연스러운 열정을 가지고 학교에 오지만, 많은 학생은 영감을 일으킬 누군가 또는 무언가가 필요하다. 영감은 신념의 기능이다. 자신의 이상이 실제로 실행되는 증거를 볼 때, 학생들은 영감을 받는다(Marzano, Scott, et al., 2017). 학생에게 영감을 주기 위해, 교사는 동기부여 강사, 심리학자, 인생 코치가 되려고 열망할 필요가 없다. 학생들의 필요와 요구, 성격에 민감하게 대응하는 것만으로도 교사는 학생들이 자신의 이상과 열망의 실현 가능성을 믿도록 돕기 위해 할 수 있는 일에 대한 훌륭한 통찰을 가지게 된다.

교실 안에서, 동기부여 포스터와 명언은 방황하는 마음에 영감을 줄 수 있다. 교사는 아침 학급모임에서 학생들이 곰곰이 생각해 볼 수 있는 일일 명언을 제공할 수도 있다. 이러한 명언이나 성찰 일지 항목에 관한 토론은 학생들이 그 의미를 더 깊이 탐구하도록 유도할 수 있다. 게다가 학생들은 자신에게 의미 있는 특정한 명언을 찾아내어 자신의 도덕적인 규칙(code of ethics)의 일부로 삼을 수 있다. 학생들은 이러한 명언을 암기할 수 있으며, 이들이 자신에게 어떤 의미를 갖는지 이야기할 수 있다.

영감을 불러일으키기 위해, 교사는 학생들의 자아실현, 자아보다 더 큰 무언가와의 연결을 강화하기 위한 프로젝트를 구성하거나 단원을 설계할 수 있다. 앞서 설명했듯이, 이는 매슬로의 위계 중 가장 높은 두 수준이다. 인간은 자아실현을 느끼거나, 자신보다 더 큰 무엇과 연결되어 있음을 느끼는 활동에 참여할 때 영감을 받는다. 교사는 학생들에게 한 해 동안 일련의 변화 만들기(change-making) 활동이나 지역 사회 봉사 활동에 참여하게 할 수 있다. 이러한 활동은 학생들의 학급, 학교, 지역 사회, 세계를 바꿀 수 있도록 설계된 것이다. 교사는 일을 시작하기 위한 초기 활동(아마도 학교 준비물 조달 활동이나 기금 모금 활동)을 설계할 수 있다. 학생들은 포스터를 만들고([그림 4-6], [그림 4-7] 참고), 소문을 내고, 기부 상자에 물품을 모은다. 이러한 프로젝트는 분기별로 진행되어야 하며, 학년이 진행됨에 따라 학생들이 설계와 실행에서 점점 더 많은 역할을 맡을 수 있어야 한다. 결국 학생들은 자신과 학급 친구들이 세상을 바꾸고 있음을 느껴야 한다.

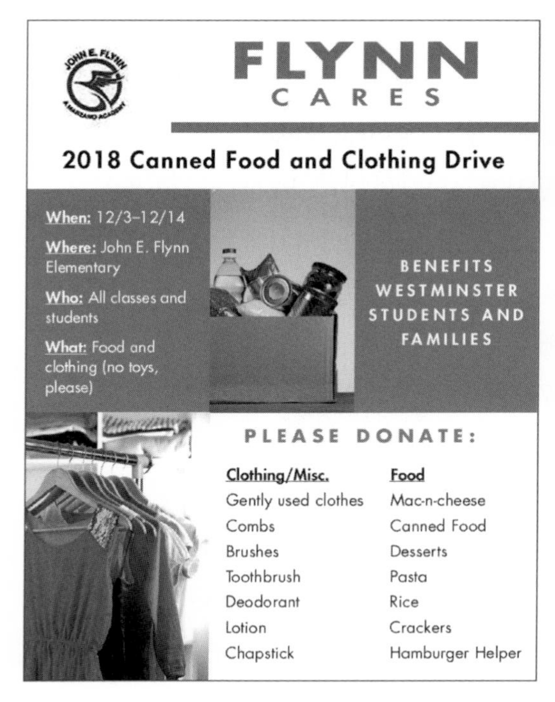

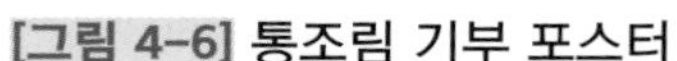
[그림 4-6] 통조림 기부 포스터

출처: © 2018 by Westminster Public Schools. 허가를 받아 사용함

[그림 4-7] 사탕 기부 포스터

출처: © 2018 by Westminster Public Schools. 허가를 받아 사용함

학급 봉사 프로젝트에서 영감을 받은 학생들은 자선 활동이나 봉사 동아리를 시작하거나 이에 참여하고 싶을 수 있다. 동아리는 학급 일과 전후 또는 점심시간에 모여 도움을 주고 싶은 사람에 관한 목표를 설정하고, 이러한 목표를 달성하기 위해 학교나 지역 사회 차원의 프로젝트를 시작할 수 있다. 아마도 동아리는 지역의 가정에 무료 의상을 제공하는 핼러윈 의상 행사를 열거나, 지역 식량 은행을 위한 통조림 모금 행사를 준비할 수도 있을 것이다. 이러한 유형의 봉사 프로젝트는 연중 내내 진행될 수 있으며 학생과 학교에 기부 경험을 제공할 수 있다.

교사는 학생들이 더 어린 학생들의 멘토가 될 수 있는 상황을 마련하여 학생들이 긍정적인 변화의 힘을 경험하게 도울 수 있다. 학생들은 낮은 학년의 학급 학생 또는

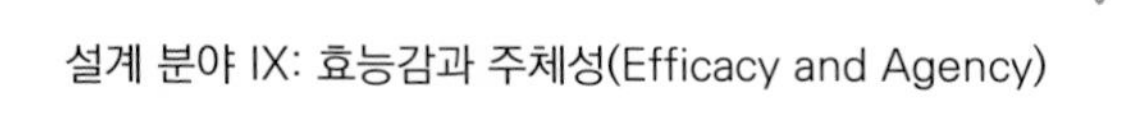

더 어린 학생 개인과 함께 활동할 수 있으며, 정기적인 멘토링 세션에서 역할 모델이 되고 도움을 제공할 수 있다. 이러한 활동의 일반적인 버전은 초등학교 고학년 학생들이 초등학교 저학년 학생들의 유창하게 읽기 연습을 돕는 독서 친구이다. 교사는 멘토링이 무엇을 의미하는지 논하고, 더 어린 학생들을 어떻게 효과적으로 멘토링을 할지에 대한 전략을 제공해야 한다. 정기적인 멘토링 시간은 매일 혹은 매주 정할 수 있으며, 이후 멘토의 성찰이 이어질 수 있다. 멘토링은 또한 두 학급이 짝을 지어 프로젝트나 학교 문화 세우기 활동을 수행하는 친구-학급 시나리오에서 사용될 수 있다.

영감을 주는 또 다른 방법은 세상을 변화시키는 사람들의 예를 보여 주는 것이다. CNN 10(www.cnn.com/cnn10)은 학생을 중심으로 한 뉴스 사이트로, 여기에는 CNN Heroes라 불리는 고정 코너가 포함되어 있다. 'CNN Heroes'는 각 지역에서 변화를 이끈 사람을 찾는다. 학생들은 자신의 성찰 일지에 있는 데이터 수집 지식 지도를 사용하여, 한 해 동안 배운 모든 영웅의 자취를 좇을 수 있다. 이후에 교사는 학생들에게 더 깊이 연구할 영웅을 선택하게 할 수 있다. 학생들은 이들 영웅에게 감사의 편지를 쓸 수도 있다.

실제 영웅을 초청함으로써, 행동하여 변화를 만드는 사람들을 학생들이 직접 보게 할 수 있다. 학생들은 학교 안 혹은 밖의 영웅을 지명할 수 있다. 아마도 사무직 직원이 지역 동물 보호소에서 했던 자원봉사를 소개하거나, 학생의 소방관 삼촌이 학급 학생들과 이야기를 나누기 위해 방문할 수도 있다. 이러한 모범적인 시민들과의 만남은 개별 학생이나 학급 전체에 영감의 불꽃을 밝히는 데 도움이 될 수 있다.

마지막으로, 미래의 직업이나 인생길에 대해 생각하는 것도 학생들에게 영감을 줄 수 있다. 학생들이 장기 목표를 설정하고 자기 효능감을 증진하도록 도움을 주기 위해, 교사는 학생 자신의 장래 희망은 무엇인지 학생이 탐색할 수 있도록 직업과 진로 조사를 계획할 수 있다. 학생들은 진로에 관한 조사를 하고, 정보를 전단, 팸플릿, 포스터 또는 전시판에 정리하여 모의 직업 박람회에서 학급을 대상으로 발표할 수 있다. 학생들은 자신이 꿈꾸는 직업을 가진 사람에게 편지를 쓰고 그 사람을 인터뷰할 수도 있다.

[그림 4-8]은 요소 IXa에 대한 가시적 증거를 나열한 것이다.

효과적인 수업과 지도를 확인할 수 있는 증거에 다음과 같은 교사의 수행이 포함된다.

- 학생들에게 영감을 주는 이야기와 명언을 체계적으로 접하게 하기
- 학생들에게 동기를 부여하고 영감을 주는 것 공유하기
- 학생들이 개인적으로 관련 있는 프로젝트에 참여하게 하기
- 학생들을 자신보다 더 큰 무엇인가와 연결되는 이타적인 프로젝트에 참여하게 하기
- 학생들에게 감사 일지 쓰게 하기
- 학생들에게 마음챙김 연습하게 하기

바람직한 학생의 실행과 행동을 확인할 수 있는 증거에 다음과 같은 학생의 수행이 포함된다.

- 영감을 주기 위해 계획된 활동에 참여하기
- 의미 있는 방식으로 지역 사회 구성원과 소통하기
- 개인적으로 의미 있는 프로젝트 수행하기
- 마음 챙김을 증진할 수 있는 활동에 참여하기

학생의 이해와 인식을 확인할 수 있는 증거에 다음과 같은 학생의 수행이 포함된다.

- 교사를 학생 자신이 하지 않을 수도 있는 일을 할 수 있게 영감을 주는 사람으로 설명하기
- 학급의 이타적 프로젝트가 개인적으로 성취감을 준다는 것 설명하기
- 감사와 마음 챙김 활동을 개인적으로 의미 있는 활동이라 설명하기

[그림 4-8] 요소 IXa에 대한 가시적 증거

출처: © 2021 by Robert J. Marzano.

IXb. 학생 주체성 강화하기

이 요소에 내재해 있는 교사의 책임은 학생들의 주체성을 강화하기 위해 특별히 설계된 활동에 학생들을 참여시키는 것이다. 학생들에게 그들의 학습에 관한 발언과 선택을 제공하는 것은 이 목적을 달성할 수 있는 강력한 도구이다. 학년 초부터 교사는 학생의 발언과 선택에 기반한 문화를 구축하기 시작해야 한다. 발언과 선택은 지금까지 논의된 거의 모든 설계 분야에서 암묵적인 측면이었지만, 이 요소에서 이들이 중심이 된다.

교사는 학생들에게 지속적이고 건설적인 피드백을 제공할 것을 안내함으로써 학생들에게 실질적인 발언권을 줄 수 있다. 다양한 형태의 학생 의견을 수집함으로써, 교사는 자료를 모으고 학생의 웰빙과 교사의 교수 기법 효과성을 확인할 수 있다. 다음은 교사가 학생의 의견을 듣는 데 도움이 되는 기법이다.

- 일일 자료 수집(daily data collection): 학생들이 특정 측정 주제에 대한 숙달 척도 위치 또는 성장에 관한 자료를 교사에게 제출하는 일상적인 활동
- 주간 회의(weekly conferences): 교과 주제를 논의하고 이슈와 우려 사항을 제기하는 교사와 학생 간 정기적인 회의
- 의견 정리판(parking lot): 학생들이 수업 운영에 관한 의견을 남길 수 있는 차트 종이나 화이트보드 한 부분, 보통 긍정적인 의견, 질문, 아이디어, 변경해야 할 사항에 관한 부분으로 나뉨.
- 최고점과 최저점(peaks and valleys): 일일 또는 주간 정리 모임 중에 학생들이 특정 기간이나 경험에서 얻은 최고점과 최저점을 공유할 수 있는 피드백 기회

해가 거듭될수록, 교사는 학생들에게 더 많은 선택의 기회를 제공해야 한다. 이러한 노력은 학생들에게 자신의 학습에 관한 주인의식을 제공한다. 학생들에게 교실 내에서 리더십 역할과 직업 기회를 제공하는 것은 학생의 주체성 계발에 특히 효과적인 방법이다. 학생들이 역할과 책임을 맡을 때, 교실은 학생이 더 이상 방관하지 않고 교육적 여정에 적극적으로 참여하는 장소가 된다. 초등학교 교사는 학생들이 줄이끌기, 문 열어 주기, 전등 켜고 끄기 등을 정기적으로 실천하게 함으로써, 학생들이 교실 공동체에서 자신을 소중한 일원으로 느낄 수 있도록 돕는다. 이 개념은 미리 결정된 루브릭, 목표 설정, 진보도 모니터링을 통해 학생 리더가 학급 절차와 행동을 모니터하게 허용함으로써 상급 학년으로 확장될 수 있다. 예를 들어, 임명된 학급 리더는 매일 줄서기 절차를 모니터하고, 학급에 피드백을 제공하고, 궁극적으로 학급에 점수를 주기 위한 루브릭을 사용할 수 있다. 또한 이러한 점수를 따라가기 위해 노력

하고 목표를 설정하고 보상을 받을 수 있게 학급을 이끈다. 이 과정은 아침 활동, 카펫 타임, 줄서기, 쉬는 시간, 복도, 점심 식사, 하교 등 하루 중 어떤 절차나 일과에도 적용될 수 있다. 더욱 힘을 실어 주는 교사는 학급 리더가 교실 내에서 성장이 필요한 분야를 파악하고, 학급을 이끌어 루브릭을 만들고 목표와 보상을 설정하고, 사전에 결정한 주기 전체를 모니터하게 함으로써 자율성을 부여할 수 있다.

또 다른 전략은 **확장 시간**(enrichment time)이다. 전적으로 학생들이 운영하는 역할과 책임의 자립 시스템을 위해 매일 특정한 시간을 할애하는 것이다. 이는 학생 주체성을 높이고 발언권과 선택권을 통합한다. 예를 들어, 매일 약 30분 동안 그들의 주간 과제에 따라 학생들은 다양한 역할, 책임, 과제에 참여한다. 교사나 학급은 학생들이 바꾸어 가면서 참여할 수 있는 여러 가지 직업 범주를 설정할 수 있다. 예를 들어, 학급에서는 봉사 활동, 교실 관리, 잡지 발행 범주에서 직업을 만들 것을 결정할 수 있다.

봉사 활동은 학생들이 학교를 더 나은 곳으로 만드는 데 참여할 수 있도록 학생들을 건물 전체에 배치하는 것이다. 일부 학생들은 더 어린 학생들에게 멘토 역할을 하거나, 수업하거나, 테크놀로지를 지원하거나, 교사를 돕는다. 다른 학생들은 사무실에 가서 손님을 맞이하고 도움을 주거나, 도서관에 가서 책을 정리하고 학생들에게 읽어 준다. 학생들은 각자 봉사 활동 역할로 시간을 보낸 후, 교실로 돌아가서 자신이 학교 내에서 변화를 만드는 데 어떻게 도움이 되었는지 성찰한다.

교실 관리 업무를 맡은 학생들은 교실을 깔끔하게 유지하고 원활하게 운영하도록 돕는다. 예를 들어, 학생 사서는 교실 도서관을 정리하고 추천 도서를 게시한다. 건강과 웰니스(wellness) 어드바이저는 아침 식사, 점심 식사, 간식을 담당할 뿐 아니라 점심시간에 건강하게 식사한 학생들에게 칭찬을 해 준다. 또한 학급 친구들이 건강 전반에 관련된 심박수 및 기타 바이탈 사인(vital sign)을 측정하도록 도와줌으로써 모든 학생이 건강한 생활 습관을 개발하도록 돕는다. 학급 기상학자는 관측을 위해 휴대용 기상 관측기를 들고 밖으로 나가고, 학급 친구들이 볼 수 있도록 그 결과를 교실에 게시한다. 교실 관리 직업에는 아나운서와 달력 담당자도 포함된다.

확장 시간 예시의 세 번째 범주는 잡지 발행이다. 교사가 학생들에게 교실 잡지를

발행하게 하여 그들의 주체성을 장려하기로 하였다고 생각해 보자. 학생들은 학교 마스코트를 따서 『The Falcon Report』로 이름을 결정하였다. 각 기자는 잡지의 하위 네 개 부문인 예술, 과학, 시사 및 뒷면(유머)의 가이드라인 내에서 주제를 선택하게 된다. 기자들은 기본적으로 자신이 선택한 짧은 연구 프로젝트를 실행하고 그 결과를 공동체에 보고한다. 잡지는 집으로 전달되고, 학교 전체에 배포된다. 학교 공동체의 많은 구성원이 잡지를 보게 될 것이기 때문에, 학생들은 실제 독자를 위해 글을 쓴다. 학생 기자들은 수정 및 편집 모임을 열고 잡지가 '발행'에 들어가면 이를 축하한다.

마지막으로, 확장 시간은 학급의 책임 관리자가 감독을 한다. 이 학생은 하루 종일 다양한 역할, 사실상 학급의 리더 역할을 수행하며, 확장 시간 동안 관리자 및 평가자 역할을 한다. 그/그녀는 루브릭과 SOP를 사용하여 확장 시간 동안 수업이 얼마나 잘 수행되는지 확인한다. 또한 수업을 모두 마친 학생들이 할 수 있는 목록을 가지고 있다. 확장 시간의 주요 목적은 학생들이 자신의 숙달 척도에 따라 내용에 집중하여 활동하는 것이지만, 그들이 과제를 모두 완료하였다면 다른 활동에 참여할 수 있다. 확장 시간은 책임 관리자가 이끄는 학급 회의로 마무리되며, 학급 회의에서 학생들은 성찰하고 칭찬을 나눈다. 책임 관리자와 『The Falcon Report』 편집자는 학생 한 명을 그날의 우수 학생으로 선택하고, 그/그녀의 우수한 업적을 인정한다.

요소 VIIe의 논의에서 설명된 SOP는 학급에서 학생 주체성을 계발하기 위한 또 하나의 도구이다. 일반적인 학급 루틴을 위해 SOP를 작성하고 지키는 것 외에도, 수업에서 교사나 학생이 직면하는 어려움을 위한 SOP를 개발할 수 있다. 예를 들어, 강의 중에 학생들이 이야기를 나누거나 주의가 산만해지는 문제를 겪는 교사는 학생들에게 자제력을 발휘하고 교사에게 집중하기 위한 단계를 떠올리게 할 목적으로 집중 SOP를 개발하도록 학급을 이끌 수 있다. 이러한 SOP를 개발하기 위해, 교사는 먼저 학생들을 대화와 방해의 가장 큰 원인에 대한 브레인스토밍에 참여하게 할 것이다. 다음으로, 학생들은 가능한 해결책과 전략을 만들고, 학급은 그들이 한 최고의 선택에 찬성한다. 교사는 나중에 적절하게 요소를 추가하거나 삭제하여 SOP를 마무리하고 다음 날 학급에 게시한다. 교사는 또한 새로운 SOP 실행을 의도적으로 모델링하

고 강화하는 것뿐만 아니라 일일 목표를 설정하고 이것이 학급의 일상적인 부분이 될 때까지 학생들이 성찰하도록 지도해야 한다.

학생의 주체성을 기르는 데 도움이 되는 또 다른 활동은 학생 자신의 사고 과정에 대한 이해를 높이는 활동이다. 여기에는 성장 마인드셋 사고와 기타 메타인지 기능(요소 Xc 참고)이 포함되지만, 미래의 가능한 자아(future possible selves)에 초점을 맞춘 사고도 포함될 수 있다. 이 개념은 가능한 자아 사고(possible selves thinking) 이론의 일부분이다(Markus & Nurius, 1986; 이 이론의 교육적 적용에 대한 논의는 Marzano, Scott, et al., 2017 참고). 미래의 가능한 자아 활동은 인생에서 반드시 성취하고 싶은 것이 아니라 다른 사람들에게 어떻게 행동하고 싶은지, 얼마나 열심히 일할 것인지 등 학생 자신이 되기를 원하는 사람의 유형을 파악하는 것부터 시작된다. 교사는 학생들에게 모든 인간은 자신이 원하는 삶의 방식에 대한 정신적인 이미지를 가지고 있다는 점을 설명할 것이다. 여기에는 일반적으로 다른 사람을 잘 대하는 것, 무언가 또는 누군가에게 헌신하는 것, 정직한 삶을 사는 것 등의 특성이 포함된다. 하지만 사람들은 보통 자신의 잠재적인 자아상을 실현하지 못한다. 개인의 주체성을 발휘하는 행위로서, 사람은 자신이 실제로 매일 행동하는 방식과 자신이 바라는 행동 방식을 비교할 수 있다. 이 간단한 행위는 개인이 스스로 기르고자 하는 구체적인 행동을 파악하는 데 도움이 된다. 예를 들어, 어떤 학생은 다른 사람들에 대해 인내심을 가지길 원할 수 있다. 그러나 그가 자신의 일상적인 행동을 살펴보면, 자기 행동은 인내심이 부족한 사람과 더 일치함을 알게 된다. 교사는 학생이 자기 삶에서 발견한 불일치와 일상의 자신을 이상적인 가능한 자아와 더 일치할 수 있게 어떻게 노력하고 있는지 설명함으로써 그러한 활동을 이끌어야 한다. 교사와 학생 모두 자신이 노력할 행동을 확인하고 매주 목표한 행동을 얼마나 잘 수행하고 있는지 공유할 수 있다.

[그림 4-9]는 요소 IXb에 대한 가시적 증거를 나열한 것이다.

효과적인 수업과 지도를 확인할 수 있는 증거에 다음과 같은 교사의 수행이 포함된다.

- SOP의 설계와 실행에 학생 참여시키기
- 선호도 다이어그램(affinity diagrams), 의견 정리판 활동, 플러스/델타 전략, 마무리 퀴즈(exit slips), 학급 회의 등 학급 운영 방식에 대한 의견을 제시하는 활동에 학생 참여시키기
- 선택 게시판, 선택 메뉴, 해야 할 일과 할 수 있는 일 목록, 숙달을 보여 주기 위한 선택지 등 선택에 관련된 활동에 학생 참여시키기
- 지능보다는 노력을 칭찬하고 학생들이 자신이 노력하는 수준을 성찰하게 함으로써 성장 마인드셋을 명시적으로 가르치기
- 나중에 자신이 어떻게 발전할 수 있는지 상상하게 하는 가능한 자아 활동에 학생 참여하게 하기

바람직한 학생의 실행과 행동을 확인할 수 있는 증거에 다음과 같은 학생의 수행이 포함된다.

- SOP 설계와 실행에 적극적으로 참여하기
- 학급이 어떻게 운영되어야 하는가에 대해 자신의 의견과 신념 나타내기
- 자신이 참여하는 학습 활동과 자신의 지식을 표현하는 방식 선택하기

학생의 이해와 인식을 확인할 수 있는 증거에 다음과 같은 학생의 수행이 포함된다.

- 학급에서 사용되는 규칙과 절차를 설계하는 데 참여한다고 말하기
- 학급 운영 방식에 대해 의견을 표현하는 것이 허용된다고 말하기
- 학습 방식과 학습한 것을 표현하는 방식을 선택하는 것이 허용된다고 말하기

[그림 4-9] 요소 Ⅸb에 대한 가시적 증거

출처: © 2021 by Robert J. Marzano.

Ⅸc. 소극적인 학습자에게 심층적인 질문하기

요소 Ⅷb의 논의에서 설명했듯이, 소극적인 학습자라는 용어는 교사의 기대치가 낮은 학생을 가리킨다. 교육자들은 의도치 않게 높은 기대치가 있는 학생들과 이들을 다르게 대하는 경향이 있고, 이는 이들이 학업에 대한 무관심을 스스로 강화하게 만든다. 이 요소에 내재한 교사의 책임은 다른 학생들에게 도전할 일을 요구하는 것과 같은 방식으로 소극적인 학습자에게도 도전하기를 요구하는 것이다.

질문은 교사가 학생에 대한 기대의 메시지를 보내는 더 구체적인 방법의 하나이다.

특히 교사는 소극적인 학습자에게 질문을 적게, 그리고 쉽게 하는 경우가 많다. 물론 이는 소극적인 학습자에게 그들이 "다른 학생들만큼의 능력을 갖추지 못하였다."라는 메시지를 보내는 것이다. 그러나 교사가 다른 학생에게 하는 질문만큼 어려운 질문을 소극적인 학습자에게 하면, 소극적인 학습자도 복잡한 사고를 할 수 있는 능력이 있다는 메시지를 주는 것이다.

모든 학생에게 복잡한 질문을 하는 확실한 한 가지 방법은 여러분이 질문한 학생과 그렇지 않은 학생을 계속 기록하는 것이다. 차트를 책상에 두고 학생에게 질문을 할 때 이름에 체크 표시를 한다. 소극적인 학습자는 복잡한 질문에 답할 때 어려움을 겪을 수 있다는 점을 기억하는 것이 중요하다. 이런 경우 중요한 전략은 어려움을 겪는 학생과 함께 있으면서, 질문을 다시 말하거나 바꿔 말하는 것이다. 이를 통해 학생은 질문에 대해 자신이 알고 있는 부분을 찾아 답하는 성공을 경험한다. 모든 경우에, 교사는 다른 학생이 오답에 대한 부정적인 의견을 내지 않게 해야 한다. 마지막으로, 어떤 학생이 복잡한 질문에 성공하거나 자신의 노력을 다할 때, 학급에서는 빠른 환호나 그 밖의 축하를 할 수 있다. 손가락을 튕기거나 책상을 두드리는 것은 학급 친구의 노력을 인정하는 빠른 방법이다. 재미있는 응원 중 하나는 폭풍우인데, 학생들이 처음에는 천천히 조용히 책상 위를 손가락으로 두드리다가 점차 속도와 강도를 높여 폭풍우를 표현한다. 다른 응원으로 스파클즈(손가락 튕기기), 롤러코스터 응원, 불꽃놀이 응원, 트럭 운전사 응원, 환호성, 파도타기, 치즈 갈기 응원, 이들 말고도 더 있다. 이 모든 응원은 활기를 불어넣고 기억에 남는 방식으로 축하를 나타내는 방법이다.

[그림 4-10]은 요소 IXc에 대한 가시적 증거를 나열한 것이다.

효과적인 수업과 지도를 확인할 수 있는 증거에 다음과 같은 교사의 수행이 포함된다.

- 소극적인 학습자에게 복잡한 질문하기
- 소극적인 학습자에게 열정적인 학습자와 동등한 응답 기회 제공하기
- 소극적인 학습자가 질문에 답하기를 어려워하면 옆에 머무르며 질문을 다시 말하거나, 기다리는 시간을 활용하거나 힌트 주기
- 소극적인 학습자에게 정답을 알아야만 한다고 말하거나, 학생의 대답을 무시하거나, 주관적인 의견을 제시하거나, 다른 학생의 부정적인 의견을 허용하는 등의 소극적인 학습자의 오답에 부적절한 반응 방지하기

바람직한 학생의 실행과 행동을 확인할 수 있는 증거에 다음과 같은 학생의 수행이 포함된다.

- 대개 복잡한 질문에 답하기가 꺼려지더라도, 복잡한 질문에 답하기
- 당황하지 않고 복잡한 질문에 대한 도움 구하기

학생의 이해와 인식을 확인할 수 있는 증거에 다음과 같은 학생의 수행이 포함된다.

- 교사가 모든 학생이 참여하기를 기대한다고 말하기
- 교사는 모두에게 어려운 질문을 한다고 말하기

[그림 4-10] 요소 Ⅸc에 대한 가시적 증거

출처: © 2021 by Robert J. Marzano.

Ⅸd. 소극적인 학습자와 함께 오답을 살피기

이 요소는 이전 요소와 직접 관련이 되어 있다. 소극적인 학습자에게 어려운 질문을 하는 것 외에도, 교사는 기대가 높은 학생에게 의문을 제기하는 것과 마찬가지로 소극적인 학습자에게도 의문을 제기해야 한다. 다시 말하지만, 이는 기대가 낮은 학생들에 대한 교사의 무의식적인 차별 대우에 관한 것이다. 일반적으로, 교사는 기대가 높은 학생들의 오답에 의문을 제기하는 경향이 있지만, 기대가 낮은 학생에게는 그렇게 하지 않는다.

이러한 경향을 뒤바꾸는 가장 좋은 전략의 하나는 모든 학생, 소극적인 학습자 또는 기타 대상에 대해 정교한 질문을 활용하는 것이다. 명칭에서 알 수 있듯이, 정교한 질문에는 학생들에게 자신의 답이 사실인지 어떻게 알 수 있는지 묻는 것이 포함된

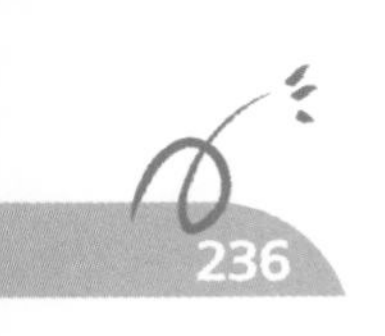

다. 학생들의 답이 틀렸을 때 이러한 질문은 특히 중요하다. 정교한 질문은 학생들이 자신의 오류를 확인하고 교정하도록 이끄는데, 이는 학생들이 자신의 학습을 향상하기 위해 할 수 있는 가장 강력한 일 중 하나일 것이다. 또한 생각에 오류가 있는 것은, 그저 학습 과정의 일부라는 점을 학생들에게 전달한다. 교사는 자신 또한 내용을 잘못 이해했던 적이 있었고, 자기 생각에서 잘못된 개념을 찾았을 때 자신의 이해가 어떻게 향상되었는지 설명함으로써 이를 분명하게 짚어야 한다. 근본적인 교훈은 학생들이 질문에 답을 잘못 했을 때 당황하기보다는, 오답을 '주제에 대해 깊이 있게 탐구할 기회'로 생각해야 한다는 점이다.

이 전략에서 염두에 두어야 할 중요한 조건의 하나는 정교한 질문에서 학생들이 언제 좌절을 느끼는지 아는 것이다. 이런 경우, 교사는 일시적으로 학생들이 마음을 가다듬고 압박감 없이 생각할 더 많은 시간을 갖게 해야 한다. 질문에 대답하려고 할 때 막히는 학생들은 답변 제거기(answer eliminator), 청중(학급 친구)에게 묻기, 친구에게 도움 요청하기와 같은 기회를 받을 수도 있다. 이는 학생들이 자신의 대답에 책임감을 느끼게 하면서 질문에 답하도록 하는 재미있는 방법이다.

[그림 4-11]은 요소 IXd에 대한 가시적 증거를 나열한 것이다.

효과적인 수업과 지도를 확인할 수 있는 증거에 다음과 같은 교사의 수행이 포함된다.

- 학생의 대답에 감사를 표현하고 대답의 옳고 그름을 짚음으로써 소극적인 학습자의 오답에 적절하게 반응하기
- 학생들이 질문에 대답하는 동안 좌절하거나 당황하는 경우 잠시 학생들에게 시간 주기
- 학생 자신의 대답이 정당함을 알도록 도울 수 있는 정교한 질문 기술 사용하기

바람직한 학생의 실행과 행동을 확인할 수 있는 증거에 다음과 같은 학생의 수행이 포함된다.

- 비록 학생들은 그렇게 하는 것을 일반적으로 꺼리지만, 교사가 계속 파고들 때 질문에 계속 대답하기
- 학생들이 오답을 말했을 때, 당황하지 않음을 보여 주기

학생의 이해와 인식을 확인할 수 있는 증거에 다음과 같은 학생의 수행이 포함된다.

- 교사가 자신을 내버려두지 않을 것이라 말하기
- 교사가 자신을 포기하지 않을 것이라 말하기
- 자신이 내용에 대해 깊이 있게 생각하도록 교사가 자신을 돕는다고 말하기
- 어려운 질문에 정확하게 대답하도록 교사가 자신을 돕는다고 말하기

[그림 4-11] 요소 IXd에 대한 가시적 증거

출처: © 2021 by Robert J. Marzano.

설계 분야 IX를 이해하고 계획하기

설계 영역 IX는 학생의 효능감과 주체성을 다룬다. 이러한 자질은 매슬로의 욕구와 목표 위계에서 상위 2개 수준에 해당하는 자아실현과 자신보다 큰 무엇과의 연결([그림 3-28] 참고)과 직접 관련이 있다. 이 설계 분야를 계획함으로써, 교사는 학생들이 다음 질문에 긍정적인 대답을 하도록 노력한다.

- 5 수준: 이 상황에서 나는 개인적인 관심과 관련된 활동을 할 수 있는가?
- 6 수준: 이 상황은 내가 중요한 무엇의 일부라고 느끼게 만드는가?

이러한 질문은 각각 자아실현, 자신보다 더 큰 무엇과의 연결을 다루는 것이며, 위계의 두 수준과 효능감 및 주체성의 관계는 중복된다. 개인이 자아를 실현하고 자기보다 더 큰 무엇인가와 연결될 때 효능감과 주체성을 경험하고 있으며, 효능감과 주체성을 경험할 때 이들은 자아실현과 자신보다 더 큰 무엇과의 연결에 몰두하는 것이다.

이 설계 분야에는 네 가지 요소가 있다.

IXa. 학생들에게 영감 주기

IXb. 학생 주체성 강화하기

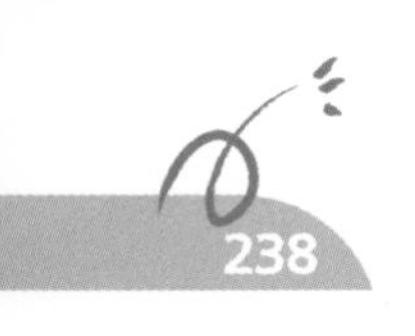

IXc. 소극적인 학습자에게 심층적인 질문하기

IXd. 소극적인 학습자와 함께 오답 살피기

이 요소들은 모두 효능감과 주체성의 일반적인 개념과 관련이 있지만, 각 요소는 이러한 현상의 다른 측면과도 관련이 있다. 예를 들어, 효능감은 개인의 신념에 따라 결정된다. 어떤 신념은 효능감을 지지하지만, 다른 신념은 이를 없앤다. 학생들에게 영감을 주는 요소 IXa는 신념을 직접적으로 다룬다. 실제로 영감은 그것이 불러일으키는 신념으로 정의된다. 앞서 언급했듯이 영감은 개인이 자신의 이상 중 하나 이상이 실제로 사실일 수 있다는 증거를 인식할 때 떠오른다(Marzano, Scott et al., 2017). 예를 들어, 5학년 학생이 자신과 유사한 배경을 가진 어린 소녀가 우주비행사가 된 이야기를 읽을 때, 그 5학년 학생은 영감을 받을 것이다. 그 이야기는 그녀에게 무엇이든 가능하다는 이상에 대한 증거를 제공한다. 이것이 영감의 본질이다.

요소 IXb의 전략, 주체성 강화는 발언권과 선택과 같은 주체성의 확실한 특성에 학생들이 참여하도록 설계되었다. 교사가 이 요소의 전략을 사용할 때, 학생들은 주체성을 보여 주는 바로 그 행동을 경험한다. 예를 들어, 학생이 의견 정리판에 댓글을 추가할 때 그 학생은 아마도 학급에서 무엇을 해야 하는지에 대한 그의 충고가 그 자신과 다른 사람의 학습에 도움이 될 것이라는 믿음에 따라 행동할 것이다.

요소 IXc와 IXd는 소극적인 학습자에게 초점을 두면서도 모든 학생에게 도전적인 과제를 제공하는 것을 다룬다. 정의에 따르면, 이러한 학습자는 효능감과 주체성의 정반대로, 학교에서 성공할 수 있는 자기 능력을 포기해 왔다. 이러한 학생들에게 도전적인 과제를 제시하고 이러한 어려움을 극복하는 노력을 지원하는 것은 소극적인 학습자에게 학업과 학업이 아닌 자기 삶에서 효능감과 주체성을 얻을 수 있다는 구체적인 증거를 제공한다.

신중한 계획을 통해 이 설계 분야의 요소를 강화할 수 있다. 학생들에게 영감을 주는 활동(요소 IXa)은 수업 단원 내에서 혹은 일상의 활동으로 특정한 시간과 장소에서 이루어져야 한다. 학생 주체성 향상을 위한 활동(요소 IXb)도 학생들이 학습 과정에서

자신의 목소리를 내고 선택할 수 있는 기회를 최대화하도록 신중하게 계획되어야 한다. 요소 IXc와 IXd에 대한 계획은 주로 소극적인 학습자에 초점을 두고, 교사가 그들에게 도전적인 질문을 하고 그들의 정답을 인정하며 그들의 잘못된 생각을 살펴보게 한다.

설계 분야 X: 메타인지와 생활 기능(Metacognitive and Life Skills)

이 영역의 세 가지 설계 분야는 서로를 기반으로 하여 학생이 자기 조절 목표를 달성할 수 있게 한다. 설계 분야 VIII는 자기 조절을 할 수 있게 되기 전에 학생들이 반드시 갖춰야 할 소속감과 존중감에 대한 기본적인 인식을 다룬다. 설계 분야 IX는 학생들이 자기 조절을 하기 위해 가져야 하는 효능감과 주체성에 대한 신념과 행동을 다룬다. 마지막으로, 설계 분야 X는 자기 조절을 위한 구체적인 기능 습득과 사용에 중점을 둔다. 이 설계 분야는 학생들의 성공적인 삶에 도움이 되는 메타인지 및 기능 계발에 관한 세 가지 요소를 포함한다.

Xa. 학습에 대한 성찰하기
Xb. 장기 프로젝트 사용하기
Xc. 특정 메타인지와 생활 기능에 초점 두기

다음 이어지는 절에서 각 요소에 대해 자세히 설명한다.

Xa. 학습에 대한 성찰하기

이 요소를 수행하기 위해서 교사들은 학생들에게 학습자로서 자기 행동을 체계적으로 분석하게 해야 한다. 이는 본질적으로 메타인지적인데, 왜냐하면 가장 기본적인 형태의 메타인지는 자신의 사고를 성찰하는 것이기 때문이다. 결과적으로 메타인

지는 전반적인 자기 조절 과정의 기초이다. 학생들이 자신의 인식, 해석, 행동을 알지 못한다면 자기 조절은 불가능하지는 않더라도, 어렵다.

성찰 일지는 학생들에게 자기 생각을 처리하고, 발전을 기록하며, 이해를 심화하는 기회를 매일 제공할 수 있다. 학생들은 수업 시간에 다루는 주제에 관한 개인적인 상호작용에 대해 일지를 작성하고, 통찰, 아이디어, 연결, 이전 생각에 대한 개선을 기록할 수 있다. 저학년 교실에서 학습 후 이루어지는 다음의 학습 일지 프롬프트를 살펴보자.

- 오늘 나는 ________을/를 발견하였다.
- 오늘 나는 ________을/를 탐구하였다.
- 오늘 나는 ________을/를 배웠다.
- 나는 ________을/를 예상한다.
- 나는 ________에 대해 더 알고 싶다.

중학년 학생들은 이보다 복잡한 수준의 성찰을 하도록 이끌 수 있다. 다음과 같은 프롬프트를 고려하라.

- 이전에 나는 ________(이)라고 생각했지만, 지금 나는 ________(이)라고 생각한다.
- 오늘 배운 내용 중 5년 후에도 내가 기억해야 할 정보는 무엇인가?

벤치마크 평가는 학생들이 자신의 학업적 발전을 성찰할 좋은 기회이다. 교사와 관리자는 보통 이러한 자료를 그룹화와 수업에 활용하지만, 학생들은 이 자료를 거의 볼 수 없다. 자신의 시험 점수를 분석할 기회를 주면, 학생들은 자신의 학업 상태를 더 잘 이해하게 되고, 성장 가능성이 있는 부분을 확인할 수 있으며, 성공한 부분을 축하할 수 있다. 이러한 분석이 가능하도록, 교사는 자료를 이용할 수 있게 학급에서 성찰 세션을 실시하고 학생들은 벤치마크 평가 자료의 누적 기록(running record)을

계속 작성할 수 있다. 다시 말해, 학생들은 성찰 일지에 자기 생각을 기록하고, 필요한 분야를 파악하고, 목표를 설정할 수 있다. 또한 학생들은 데이터 노트북에 데이터 사진(다양한 관점에서 자기 학습의 전반적인 스냅숏)을 보관하여 자신의 성장과 발전을 장기적으로 추적할 수 있다. 예를 들어, [그림 4-12]는 세 가지 외부 평가, 즉 매년 치르는 주 평가(CMAS/PARCC), 벤치마크로 시행되는 읽기 시험(DIBELS), 교과별 벤치마크 평가(Scantron Mathematics and Reading)의 점수를 제공하는 데이터 사진이다. 학생들은 학년 초(Beginning Of the Year: BOY), 학년 중반(Middle Of the Year: MOY), 학년 말(End Of the Year: EOY)의 행에 점수를 기록할 수 있다.

DATA PICTURE FOR ______________________________

School Year: _________ My Grade Level: 3rd 4th 5th

MY PERFORMANCE LEVELS	Literacy	Mathematics	Science	Social Studies

CMAS/PARCC	Scale Score	Performance Level	Growth Percentile	Scale Score Goal	Growth Goal
Mathematics					
English Language Arts					
Science					

Performance Levels for Mathematics and ELA: Did Not Yet Meet Expectations (Level 1): 650–699, Partially Met Expectations (Level 2): 700–724, Approached Expectations (Level 3): 725–749, Met Expectations (Level 4): 750–789, Exceeded Expectations (Level 5): 790–850

DIBELS	Composite Score	Composite Goal	DORF Words Correct Score	DORF Words Correct Goal	DORF Accuracy Score	DORF Accuracy Goal	DORF Retell Score	DORF Retell Goal
BOY								
MOY								
EOY								

Score Levels: Above Benchmark (Blue), At Benchmark (Green), Below Benchmark (Yellow), Well Below Benchmark (Red)

DIBELS	DORF Retell Quality Score	DORF Retell Quality Goal	DAZE Adjusted Score	DAZE Adjusted Score Goal
BOY				
MOY				
EOY				

Score Levels: Above Benchmark (Blue), At Benchmark (Green), Below Benchmark (Yellow), Well Below Benchmark (Red)

Scantron Mathematics		Scantron Annual Growth Target _________ My Annual Growth Goal _________				
BOY Scale Score	MOY Scale Score	Gain (BOY–MOY)	Mid-Year Goal Achieved (Yes or Not Yet)	EOY Scale Score	Gain (BOY–EOY)	Annual Goal Achieved (Yes or Not Yet)

Scantron Reading		Scantron Annual Growth Target _________ My Annual Growth Goal _________				
BOY Scale Score	MOY Scale Score	Gain (BOY–MOY)	Mid-Year Goal Achieved (Yes or Not Yet)	EOY Scale Score	Gain (BOY–EOY)	Annual Goal Achieved (Yes or Not Yet)

[그림 4-12] 개별 학생의 데이터 사진

출처: © 2021 by Westminster Public Schools. 허가를 받아 사용함

학생들은 학업 내용에 대한 성찰 외에도 메타인지 기능에 초점을 맞춘 성찰을 작성할 수 있다(요소 Xc 참고). 우리는 특히 교사가 학생들에게 성장 마인드셋 사고를 성찰하도록 지도할 것을 권한다. 예를 들어, 교사는 수업 전 준비 활동이나 학습 후 활동으로 성장 마인드셋에 기반한 글을 쓰도록 학생에게 제안할 수 있다. 성장 마인드셋 성찰을 목적으로 일지를 작성할 때, 시간이 지남에 따라 학생이 자신의 개념적 발전을 볼 수 있도록 정기적으로 일지를 작성하는 것이 중요하다. 성장 마인드셋 성찰을 위한 다음의 일지 프롬프트를 살펴보라.

- 내가 이룬 것 중에, 내가 할 수 없을 것으로 생각했던 하나는…….
- 내가 최근에 저지른 가장 큰 실수 중 하나는…….
- 지금 내가 조금 더 잘하고 싶은 것은…….

성장 마인드셋 외에도 학생들은 메타인지 기능 습득을 성찰하고, 자신의 진보가 오르내리는 것을 기록할 수 있다. 메타인지 기능 중 충동에 저항하기에 관한 다음의 일지 프롬프트를 살펴보라.

- 오늘 내가 한 충동적인 판단은 무엇인가요?
- 내가 충동적임을 나타내는 행동은 무엇인가요?
- 나는 보통 어떤 상황에서 충동적으로 행동하나요?
- 충동적으로 행동해도 괜찮은 상황에 어떤 것이 있나요?

학생들은 또한 개인 및 학급 데이터 기록을 통해 매일 메타인지 기능의 진보를 성찰할 수 있다. 학생들에게 루브릭과 추적 매트릭스(tracking matrices)를 제공함으로써 학생의 자기 평가 과정을 지원할 수 있다. 예를 들어, 수업에서 답이나 해결책이 즉시 나타나지 않을 때 집중력을 유지하는 능력을 향상하는 것이 목표일 수 있다. 교사는 이러한 기능을 교실에서 구체적인 행동으로 바꾸는 루브릭을 작성하도록 학생들을

지도할 것이다. 일과가 끝나면, 교사는 학생들에게 이러한 행동에 대한 현재 상태와 매일 진행 상황을 성찰하게 하고, 플리커스, 구글 폼, 네 모퉁이 투표, 또는 기타 자료 수집 도구를 통해 학생 평가를 모을 것이다. 그런 다음 교사는 목표와 목표 도달 축하 행사를 포함하여 교실 그래프에 진보를 기록할 것이다.

[그림 4-13]은 요소 Xa에 대한 가시적 증거를 나열한 것이다.

효과적인 수업과 지도를 확인할 수 있는 증거에 다음과 같은 교사의 수행이 포함된다.

- "여러분의 공부를 개선하기 위해 무엇을 다르게 할 수 있나요?" 또는 "여러분의 학습을 개선하기 위해 무엇을 다르게 할 수 있나요?"와 같은 성찰 질문하기
- 수업에서 다룬 특정한 인지 및 메타인지 기능을 학생들이 성찰하게 하기

바람직한 학생의 실행과 행동을 확인할 수 있는 증거에 다음과 같은 학생의 수행이 포함된다.

- 특정 과제를 수행하는 가장 좋은 방법에 대해 질문하기
- 자신의 학습 전략에 대해 질문하기
- 특정 기능과 관련하여 자신의 발전이나 부족함에 대해 언급하기

학생의 이해와 인식을 확인할 수 있는 증거에 다음과 같은 학생의 수행이 포함된다.

- 자신이 알고 있는 부분과 혼동되는 부분 설명하기
- 자신이 노력하는 정도와 그 노력과 자신의 학습 간 관계 설명하기
- 학습을 개선하기 위해 무엇을 할 수 있는지 설명하기

[그림 4-13] 요소 Xa에 대한 가시적 증거

출처: © 2021 by Robert J. Marzano.

Xb. 장기 프로젝트 사용하기

이 요소에 내재한 교사의 책임은 학생들에게 그들이 개인적으로 관심이 있고, 최대한의 통제권을 지닌 장기 프로젝트에 참여할 기회를 제공하는 것이다. 실제로, 장기 프로젝트를 통해 학생들은 중요한 메타인지와 생활 기능을 배우면서 관심 분야를 연구해 나갈 수 있다. 이러한 프로젝트는 연령, 관심, 능력, 목적에 따라 그룹 또는 개인으로 수행될 수 있다. 개인 프로젝트는 여러 가지 방식으로 나타날 수 있다.

개인 프로젝트의 방식 중 하나는 직원들이 자신의 업무 시간 중 20%를 자신이 설계한 프로젝트에 할애할 수 있는 구글의 지니어스 아워(genius hour)를 실천하는 것과 유사하다. 마찬가지로 학생들은 전통적인 학습에서 시간을 내어 자신의 관심 분야를 연구할 수 있다. 이러한 프로젝트는 숙달 척도와 의도적으로 연결되어서는 안 되며, 교사가 설정한 지침, 제한이나 장애물을 너무 많이 포함해서는 안 된다. 실제로, 교사의 주된 역할은 학생들이 프로젝트를 관리하는 기능(학생들이 관심 분야 파악하기, 성공 기준 정의하기, 목표와 기한 설정하기, 요구 사항 전달하기, 자원 확보하기, 성공과 실패 성찰하기, 마지막에 여정 축하하기)을 습득하고 계발할 수 있도록 돕는 데 있다.

저학년 교사는 처음으로 장기 프로젝트를 도입할 때, 학생들이 개인 프로젝트를 관리하는 데 어려움을 겪을 수 있으므로 대체로 학급 전체 방식으로 시작한다. 학급 프로젝트는 수업 단원의 일부로 설계되거나, 지역 사회의 요구에 따라 자발적으로 진행될 수 있다. 예를 들어, 학급에서 해결하고 싶은 문제(아마도 학생들이 방과 후 길을 건너는 데 어려움을 겪고 있는 것)를 확인할 수 있다. 학급에서는 아이들의 안전을 위해 정지 신호, 과속방지턱, 횡단보도 추가를 위한 청원을 하기로 결정할 수 있다. 또 다른 예로, Scholastic의 기사인 「나는 노숙자였습니다(I Was Homeless)」(Lewis, 2014)를 읽은 후에, 학급은 지역 푸드 팬트리(food pantry)에 도움이 되도록 의류와 통조림 기부 캠페인을 개최하기로 선택할 수 있다. 지역 사회 프로젝트는 학교 동아리에서 영감을 받을 수도 있다. 예를 들어, 학교에서는 자선 활동을 중심으로 구성된 학생 기부 동아리가 있을 수 있다. 동아리의 목적은 학교나 지역 사회에 도움이 되는 프로젝트를 설계하는 것이다. 학생회 그룹이나 Kindness 동아리는 그들의 친구를 돕기 위해 설계된 장기 프로젝트에 참여할 수 있다. 정과 이외의 조직은 지역 사회 프로젝트와 장기 학습을 위한 체계를 제공할 수도 있다. 예를 들어, Girls on the Run은 8~13세 소녀들에게 직접적인 지도와 달리기 활동을 통해 생활 기능과 리더십을 가르치는 비영리 단체이다.

초등학교 고학년에서는 학생들이 개인 프로젝트를 독립적으로 수행하도록 권장해야 한다. 이 프로젝트는 이상적으로 개인적인 목표에 초점을 둔다. 이러한 버전의 장

기 프로젝트를 통해 교사는 학생 자신이 열정을 가지고 있는 것을 확인하고, 학생들이 장기적인 목표를 설정하고 계획을 세우며 그 과정을 모니터하고 조정할 수 있도록 돕는 활동을 제공한다. 예를 들어, 이제 막 개인 프로젝트를 시작한 학생을 생각해 보자. 그의 교사는 그에게 자신이 실패하지 않을 것을 안다면 무엇을 할 것인지 생각해 보라고 요청했는데, 이는 학생이 '큰 그림을 그리도록' 도와주기 위해 설계된 연습이다. 그 학생은 음식에 대한 열정이 있어서 어른이 되면 요리사가 되겠다는 꿈을 항상 이야기하기 때문에, 만약 그가 실패하지 않을 것을 안다면 맨해튼에 5성급 레스토랑을 열고 유명한 요리사가 되겠다고 결정하였다. 그 학생이 초밥을 좋아하기 때문에 교사는 그에게 요리사 마사하루 모리모토(Masaharu Morimoto)를 찾도록 돕는다. 학생은 모리모토가 처음에는 야구 선수가 되고 싶었지만, 부상으로 인해 그만두어야 하였다는 사실을 알게 된다. 이 정보를 바탕으로, 학생은 모리모토가 어려운 상황에서도 결단력과 인내심을 발휘했기에 성공하였다고 결론을 내린다. 학생은 어려운 일이 닥쳤을 때 결단력을 발휘하고 인내하는 것이 자신이 계발하고 싶은 두 가지 특성이라고 결정한다.

다음으로, 학생은 자신이 가장 좋아하는 요리와 가정의 요리법을 바탕으로 자신만의 요리책을 쓰는 아이디어를 떠올린다. 그는 현재 요리 학교에 다니고 있는 사촌을 멘토이자 자신의 프로젝트가 성공하도록 도와줄 수 있는 사람으로 지목한다. 교사의 도움을 받아, 학생은 이 프로젝트에 대한 성공 여부를 구체적으로 정의한다. 그는 'Book Creator'라는 앱을 사용하여 아침, 점심, 저녁 및 디저트에 대한 최소 20개의 요리법을 담은 온라인 요리책을 출간할 것이다. 그는 자기 가족에게서 요리법을 수집할 것이고 그가 가장 좋아하는 음식과 자기 가족 고유의 요리를 제시할 것이다. 또한 그는 자신의 책 30권을 인쇄하고 제본하여 가족, 친구, 학급 친구에게 나눠 줄 예정이다. 학급의 개인 프로젝트 축하 행사에서, 그는 자신이 좋아하는 요리 중 하나를 만들어 모두와 나눌 것이다.

그런 다음 학생은 스스로 구체적인 마감일과 목표를 설정하고, 이러한 목표를 달성하기 위해 수업 시간과 집에서 모두 노력한다. 교사는 그에게 자주 연락하여, 결단력과 인내에 대한 영감과 조언을 제공한다. 교사와 학생의 만남에서, 교사는 학생에게 결단력과 인내에 관한 몇 가지 명언을 제공하고, 학생은 빈스 롬바르디(Vince Lombardi)의 한 명언을 자신만의 주문으로 선택하여 그의 데이터 노트 표지에 표시한다.

요리책을 작성하는 동안, 학생은 자신이 정한 마감일을 연장해야 하고 프로젝트의 나머지 부분을 조정해야 함을 깨닫는다. 또한 그는 자신의 요리책을 인쇄하고 제본하는 데 도움이 필요하다는 사실을 알게 된다. 이 작업은 그의 친한 친구들이 점심시간과 쉬는 시간에 기꺼이 도와주기로 동의한다. 결국, 학생은 자신의 요리책을 출판하게 되고, 그의 친구와 가족들은 학생들이 자신의 프로젝트를 발표하고 자신의 노력을 축하하는 학급의 개인 프로젝트 축하 행사에 참여한다. 학생은 요리 세계에 대해 배운 내용과 그 과정에서 습득한 특성과 기능을 되돌아본다.

[그림 4-14]는 요소 Xb에 대한 가시적 증거를 나열한 것이다.

효과적인 수업과 지도를 확인할 수 있는 증거에 다음과 같은 교사의 수행이 포함된다.

- 학생들이 직접 설계한 장기 프로젝트에 참여하기
- 메타인지 및 생활 기능의 사용을 장기 프로젝트에 명시적으로 두기

바람직한 학생의 실행과 행동을 확인할 수 있는 증거에 다음과 같은 학생의 수행이 포함된다.

- 장기 프로젝트의 설계와 실행에 적극적으로 참여하기
- 장기 프로젝트에 참여하면서 특정한 메타인지 기능 또는 생활 기능 익히기

학생의 이해와 인식을 확인할 수 있는 증거에 다음과 같은 학생의 수행이 포함된다.

- 장기 프로젝트를 진행하게 되어 흥미롭다고 말하기
- 장기 프로젝트에서 학습하고 있는 구체적인 메타인지 또는 생활 기능 설명하기

[그림 4-14] 요소 Xb에 대한 가시적 증거

출처: © 2021 by Robert J. Marzano.

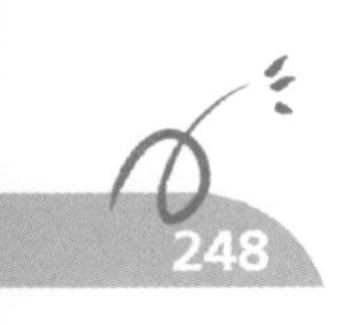

Xc. 특정 메타인지와 생활 기능에 초점 두기

이 요소는 특정 메타인지 기능 및 생활 기능을 명시적으로 가르치는 것과 관련된다. 이러한 기능은 학급 교사들에게 교육과정의 암묵적인 부분일 것이다. 왜냐하면 교사는 학생들에게 학교 안팎의 생활에서 활용할 수 있는 기능을 전달하고 싶어 하기 때문이다. 마르자노 아카데미 모델에서, 이러한 기능은 교육과정의 명시적인 부분이다. 이 요소의 이름에서도 알 수 있듯이, 이 요소는 메타인지 기능과 생활 기능이라는 두 가지 기능으로 구성된다. 메타인지 기능은 10개로 〈표 4-1〉에 기술되어 있으며, 생활 기능은 4개로 〈표 4-2〉에 기술되어 있다. 많은 교사는 생활 기능에 목록을 추가하고, 심지어 추가해야 할 기능의 확인에 학생들을 참여시킨다. 예를 들어, 교사는 학생들이 학교 준비, 새로운 우정 쌓기 등 생활 기능 개발에 참여하게 할 수 있다.

<표 4-1> 메타인지 기능

메타인지 기능	설명
답변이나 해결책이 즉시 나타나지 않을 때 집중력 유지하기	이 기능은 학생들이 문제가 발생할 때 장애물을 극복하고 집중력을 유지하는 데 도움을 준다. 또한 학생들이 특정 과제를 수행하기 위해 얼마나 노력을 기울이고 있는지 인식하는 데 도움을 준다.
지식과 기능의 한계 뛰어넘기	이 기능은 학생들이 목표를 설정하고 개인적으로 도전적인 과제에 참여하는 데 도움을 준다. 이 기능을 사용할 때 학생들은 더 많이 배우고 더 많은 것을 성취하려고 노력할 것이다.
자신만의 성과 기준을 만들고 추구하기	이 기능으로 학생들은 성공적인 프로젝트가 어떤 모습일지 그려 보고, 성공적인 프로젝트의 기준을 분명하게 표현할 것이다.
점진적 단계 추구하기	이 기능은 학생들이 전체적인 과제에 압도되지 않도록 작은 단계로 복잡한 과제에 착수하는 데 도움을 준다.
정확성 추구하기	이 기능은 학생들이 정보 출처의 신뢰성을 조사하고 신뢰할 수 있는 것으로 알려진 여러 출처를 참조하여 정보를 검증하는 데 도움을 준다.
명확성 추구하기	이 기능은 학생들이 새로운 정보를 배울 때 혼란스러운 점을 파악하는 데 도움을 준다. 이를 통해 학생들은 독립적으로 더 깊은 이해를 추구할 수 있다.

충동 억제하기	빨리 결론을 내리고 싶은 욕구에 직면했을 때, 이 기능은 학생들이 행동을 취하기 전에 관련 정보를 더 많이 수집할 수 있을 때까지 욕구를 자제하도록 도움을 준다.
응집력과 일관성 추구하기	학생들이 상호작용하는 부분이 많은 무엇인가를 만들 때, 이 기능은 학생들이 현재 하는 일과 참여하고 있는 프로젝트의 전반적인 의도 사이의 관계를 모니터 하도록 도움을 준다.
목표 설정 및 계획 세우기	이 기능은 학생들이 단기 및 장기 목표를 설정하고, 일정이나 청사진을 만들고, 진행 상황을 모니터하고, 필요한 조정을 하는 데 도움을 준다.
성장 마인드셋 사고하기	이 기능은 학생들이 큰 장애물에 직면했을 때 성공을 이룰 수 있는 태도로 도전적인 과제를 수행하게 돕는다.

출처: © 2017 by Marzano Resources. 허가를 받아 수정함

<표 4-2> 생활 기능

생활 기능	설명
참여	참여는 학생들이 그룹 토론에 기여하고 질문과 답변에 적극적으로 참여하도록 돕는 일련의 결정과 수행을 포함한다.
활동 완료	활동 완료는 학생들이 활동량을 관리하고 과제를 효율적·효과적으로 완료하도록 돕는 일련의 결정과 수행을 포함한다.
행동	행동은 학생들이 모두를 위한 효율적이고 질서 있는 학습 환경을 조성하기 위해 고안된 교실 규칙과 규범을 따르도록 돕는 일련의 결정과 수행을 포함한다.
그룹으로 활동하기	그룹으로 활동하기는 학생들의 학습 향상을 위해 계획된 그룹 안에서 그룹 구성원이 생산적이고 지원적으로 활동할 수 있게 돕는 일련의 결정과 수행을 포함한다.

출처: © 2017 by Marzano Resources. 허가를 받아 수정함

모델의 다른 요소와 함께 일상적인 교육에서 메타인지와 생활 기능을 계발하는 여러 가지 방법이 있다. 예를 들어, 정확성을 추구하는 메타인지 기능은 교사가 요소 IVb 수

정하기 전략을 사용하는 동안 적용될 수 있다. 예를 들어, 글을 수정하는 경우 정확성을 갖추는 것은 수정 과정의 중요한 목표이다. 답과 해결책이 명확하지 않을 때 집중을 유지하는 것은 학생들이 요소 IIId 구조화된 연습에 참여할 때 사용될 수 있다. 구조화된 연습은 어렵고 좌절을 줄 수 있으며, 특히 새로운 기능을 처음 배울 때 더욱 그러하므로, 학생들은 포기하고 싶을 때도 집중력을 유지해야만 한다.

메타인지 및 생활 기능을 학습 활동과 결합하는 것 외에도 마르자노 아카데미 교사는 학문적 지식과 기능을 가르치는 것과 마찬가지로 이들 기능을 학생들에게 명시적으로 가르치고 강화해야 한다. 먼저, 교사는 학생들에게 자신이 집중하고 있는 메타인지 기능의 숙달 척도를 소개해야 한다. [그림 4-15]는 K~2학년을 위한 성장 마인드셋 사고의 메타인지 기능 척도, [그림 4-16]은 3~5학년을 위한 성장 마인드셋 사고의 메타인지 기능 척도를 설명한 것이다.

4.0	학생은 • 성장 마인드셋을 계발하는 사람의 모습이 어떤지 기본적인 설명을 제시한다.
3.5	3.0 수행에 추가하여, 점수 4.0 내용에 대해 부분적으로 성공한다.
3.0	학생은 GMT1-교사가 요청할 때, 긍정적인 마인드셋의 작동 여부를 정확하게 인식한다(예, 교사가 "이번 과제에서 성취할 수 있는 것에 대해 긍정적으로 생각하고 있나요?"라고 물으면, 학생은 자신을 정확하게 평가한다).
2.5	점수 2.0 내용에 대해 큰 오류나 누락이 없으며, 점수 3.0 내용에 대해 부분적으로 성공한다.
2.0	GMT1-학생은 성장 마인드셋 사고(예: 고정 마인드셋, 성장 마인드셋, 실수로부터 학습하기, 노력)와 관련한 기본 어휘를 인식하거나 회상하고 다음과 같은 기본적인 과정을 수행한다. • 성장 마인드셋은 자신이 성취할 수 있는 것에 대해 생각하는 긍정적인 방식이라는 점 이해하기(예, 기꺼이 열심히 한다면 거의 모든 것을 배울 수 있다) • 성장 마인드셋 사고가 유용할 수 있는 상황 인식하기(예, 새로운 기술을 배울 때, 달성하기 쉽지 않은 목표가 있을 때)

1.5	점수 2.0 내용을 부분적으로 성공하였으나 점수 3.0 내용에 대한 큰 오류 또는 누락이 있다.
1.0	도움을 받아 점수 2.0 내용 및 점수 3.0 내용에서 부분적으로 성공한다.
0.5	도움을 받아 점수 2.0 내용은 부분적으로 성공하나 점수 3.0 내용은 성공하지 못한다.
0.0	도움이 있어도 성공하지 못한다.

[그림 4-15] 성장 마인드셋 숙달 척도, K~2학년

출처: © 2017 by Marzano Resources. 허가를 받아 수정함

4.0	학생은 교사의 지시에 따라, 긍정적인 마인드셋이 얼마나 잘 작동하는지 설명한다.
3.5	3.0 수행에 추가하여, 점수 4.0 내용에 대해 부분적으로 성공한다.
3.0	학생은 GMT1-교사의 지시에 따라, 성장 마인드셋 사고를 위한 간단한 교사 제공 전략을 실행한다. [예: (1) 곧 해야 할 과제를 수행할 수 있는 능력에 대해 어떻게 생각하는지 확인하기, (2) 부정적인 생각을 긍정적으로 바꾸도록 노력하기(예, "나 이것 못 하겠어."를 "내가 노력한다면 좋은 일을 이룰 수 있어."로 바꾸기, "이건 지루할 것 같아."를 "내가 이걸 재미있게 만들 수 있지."로 바꾸기, "이건 가치가 없어."를 "나는 이것으로부터 가치 있는 것을 배울 수 있어,"로 바꾸기), (3) 최선을 다하고 낙담하지 않겠다고 자신에게 약속하기]
2.5	점수 2.0 내용에 대해 큰 오류나 누락이 없으며, 점수 3.0 내용에 대해 부분적으로 성공한다.
2.0	GMT1-학생은 성장 마인드셋 사고와 관련한 심화된 어휘(예: 능력, 개발, 노력, 실패, 선천적, 지능)를 인식하거나 회상하고, 다음과 같은 기본 과정을 수행한다. • 교사가 질문을 할 때, 자신이 긍정적인 마인드셋으로 활동하고 있는지 정확하게 인식하기(예, 교사가 "여러분의 능력에 대해 긍정적으로 생각하나요, 아니면 부정적으로 생각하나요?"라고 묻는 경우) • 성장 마인드셋 사고와 관련된 일반적인 실수나 위험 인식하기(예, 한 영역에서는 성장 마인드셋을 가지고 있지만 다른 영역에서는 고정 마인드셋을 가지고 있는 것, 긍정적인 태도로 시작했지만 쉽게 낙담하는 것)

1.5	점수 2.0 내용을 부분적으로 성공하였으나 점수 3.0 내용에 대한 큰 오류 또는 누락이 있다.
1.0	도움을 받아 점수 2.0 내용 및 점수 3.0 내용에서 부분적으로 성공한다.
0.5	도움을 받아 점수 2.0 내용은 부분적으로 성공하나 점수 3.0 내용은 성공하지 못한다.
0.0	도움이 있어도 성공하지 못한다.

[그림 4-16] 성장 마인드셋 숙달 척도, 3~5학년

출처: © 2017 by Marzano Resources. 허가를 받아 수정함

메타인지 및 생활 기능 척도는 학문적 내용의 숙달 척도와 동일한 형식을 따른다. 3.0 수준은 숙달을 나타낸다. K~2학년 수준에서 3.0 수준의 기대는, 교사의 지시에 따라, 학생들은 현재 성장 마인드셋 관점에서 활동하고 있는지를 인식하는 것이다. 3~5학년 수준에서 3.0 수준의 기대는, 교사의 지시에 따라 학생들은 성장 마인드셋 사고를 자극하는 특정 과정을 실행할 수 있는 것이다. 메타인지 기능에서 학생들의 학년 수준이 올라갈수록, 숙달 척도에 내재한 기대치는 교사가 이러한 기능의 사용을 안내하고 지시하는 것에서 학생이 자신만의 기능을 만들고 자신의 수행을 모니터하는 것으로 바뀐다.

2.0 수준은 학생들이 3.0 상태를 성취할 수 있도록 교사가 학생들에게 직접 제시해야 하는 내용을 나타낸다. 예를 들어, 3~5학년에서 학생들은 능력, 개발, 노력, 실패, 선천적, 지능과 같은 심화된 어휘를 이해해야 한다. 또한 그들은 성장 마인드셋 사고와 관련된 일반적인 실수나 위험을 인식할 수 있어야 한다(예, 한 영역에서는 성장 마인드셋을 가지고 있지만 다른 영역에서는 고정 마인드셋을 가지고 있는 것, 긍정적인 태도로 시작했지만 쉽게 낙담하는 것).

메타인지 및 생활 기능을 도입할 때 교사는 학생들이 정신적 상자에 도구를 추가한다고 느끼도록 이들을 제시할 수 있다. 메타인지 및 생활 기능은 가능한 한 실세계 맥락에서 가르쳐야 한다. 교사는 학생들에게 분석 및 성찰을 위한 예시 비디오, 시나리오 또는 개인적 일화를 제공할 수 있다. 예를 들어, 교사는 학생들에게 제시 오웬스

(Jesse Owens)의 1936년 독일 올림픽 기록을 보여 줄 수 있다. 아프리카계 미국인이 국제적으로, 미국 내에서조차도 운동 성과를 인정받기 위해 많은 장애물을 극복해야만 했던 시기에, 그는 육상 종목에서 한 번에 금메달 4개를 획득하였다. 학생들은 목표 설정과 계획 수립이라는 메타인지 기능 관점에서 오웬스의 올림픽 출전 여정과 그가 극복해야만 했던 장애물을 조사할 수 있다.

학생들은 기능에 대한 역할극 시나리오를 스스로 만들 수 있으며, 심지어 '어떻게 할까요' 비디오 시리즈도 녹화할 수 있다. 또한, 메타인지 및 생활 기능은 매일 이루어지는 수업에 쉽게 통합될 수 있지만, 장기적인 단원과 프로젝트에서 특히 효과적이다. 교사는 적어도 하나의 메타인지 기능을 염두에 두고 단원과 프로젝트를 계획해야 하며, 여기에 특정 메타인지 기능에 대한 수업을 단독으로 또는 다른 내용과 연계하여 포함해야 한다. 예를 들어, 학생들에게 지구 온난화에 대한 다양한 이론을 조사하게 하는 단원을 계획한 교사는 정확성을 추구하는 메타인지 기능을 명시적으로 가르칠 수 있다. 교사는 이 기능을 직접 가르치고, 학생들이 정보를 수집하면서 이 기능을 어떻게, 얼마나 잘 활용하는지 검토하게 한다.

마지막으로, 학생과 교사는 메타인지 및 생활 기능 수업에 따르는 체크리스트를 만들 수 있다. 이러한 체크리스트는 개인 추적 매트릭스(tracking matrix) 형태로 나타날 수 있으며(요소 Ib 참고), 학생들은 시간이 지남에 따라 진행 상황을 모니터하여 다루고 있는 메타인지 기능을 규칙적으로 확인할 수 있다.

궁극적으로 마르자노 아카데미 모델에서는 메타인지 및 생활 기능의 습득이 적어도 학업적 지식 기능만큼 중요하다고 간주한다. 결과적으로, 학생들이 특정 메타인지 및 생활 기능에 숙달한 경우에 그들의 노력은 학생 아이콘 카드에 배지를 추가하거나, 핀, 버튼 또는 스티커를 통해 인정받거나, 학교 전체의 모임과 같은 공식 축하 행사로 인정받아야 한다.

[그림 4-17]은 요소 Xc에 대한 가시적 증거를 나열한 것이다.

효과적인 수업과 지도를 확인할 수 있는 증거에 다음과 같은 교사의 수행이 포함된다.

- 특정 메타인지 기능에 대한 숙달 척도 제공하기
- 특정 메타인지 기능을 가르치고 강화하는 데 도움이 되는 활동에 학생 참여시키기
- 특정 생활 기능에 대한 숙달 척도 제공하기
- 특정 생활 기능을 가르치고 강화하는 데 도움이 되는 활동에 학생 참여시키기

바람직한 학생의 실행과 행동을 확인할 수 있는 증거에 다음과 같은 학생의 수행이 포함된다.

- 특정한 메타인지 기능 학습에 적극적으로 참여하기
- 특정한 생활 기능 학습에 적극적으로 참여하기

학생의 이해와 인식을 확인할 수 있는 증거에 다음과 같은 학생의 수행이 포함된다.

- 자신이 학습하는 특정 메타인지 기능 설명하기
- 특정한 메타인지 기능에 대한 자신의 발달 수준 설명하기
- 자신이 학습하는 특정 생활 기능 설명하기
- 특정한 생활 기능에 대한 자신의 발달 수준 설명하기

[그림 4-17] 요소 Xc에 대한 가시적 증거

출처: © 2021 by Robert J. Marzano.

설계 분야 X를 이해하고 계획하기

설계 분야 X는 매슬로 위계의 상위 두 수준에 해당하는 기능의 집합을 다룬다. 사람들은 일반적으로 이 분야에 포함된 기능과 경험 없이는 이러한 높은 수준의 요구와 목표를 달성하고 유지하는 것이 어려움을 안다. 달리 말하면, 설계 분야 X의 기능과 경험을 효과적으로 사용하는 것은 학생들이 다음의 위계 질문에 긍정적으로 대답하는 데 도움이 될 수 있다.

- 5 수준: 이 상황에서 나는 개인적인 관심과 관련된 활동을 할 수 있는가?
- 6 수준: 이 상황은 내가 중요한 무엇의 일부라고 느끼게 만드는가?

이 설계 분야에서 가장 일반적인 기능은 학습에 대한 성찰(요소 Xa)이다. 이 요소

의 활동은 학생들이 자기 생각을 성찰하는 전형적인 메타인지 기능을 경험하도록 돕는다. 이것은 인간의 자기 인식에 대한 문지기 역할을 한다고 생각할 수 있다. 자신의 사고를 성찰하는 습관을 기르는 사람들은 자신의 사고 패턴과 이것이 어떻게 그들의 행동에 어떤 영향을 미치는지 알게 될 것이다. 장기 프로젝트를 사용하는 요소 Xb는 학생들에게 자연스럽게 동기를 부여하는 자기 조절 프로젝트의 맥락에서 메타인지 및 생활 기능을 적용할 기회를 제공한다. 마지막으로, 특정한 메타인지 및 생활 기능에 초점을 둔 요소 Xc는 교사가 일 년 내내 명시적인 교수와 강화를 제공하는 특정 메타인지 및 생활 기능에 관한 과정과 절차를 학생들에게 제공한다.

사려 깊은 계획은 이 설계 분야의 요소, 특히 요소 Xb(장기 프로젝트)와 요소 Xc(특정 메타인지 및 생활 기능)의 효율성을 향상하게 한다. 학습에 대한 성찰의 기회(요소 Xa)는 매우 자연스럽게 발생할 수 있지만, 교사는 장기 프로젝트를 계획할 때 그것이 수업 단원에 적합한지, 얼마 동안 지속될 것인지, 학생들에게 제공될 자원의 종류, 학생들이 개별적으로 할 것인지 아니면 그룹으로 활동하게 할 것인지 고려해야 한다. 마지막으로, 특정한 해에 중점을 둘 메타인지 및 생활 기능을 결정하려면 상세한 준비가 필요하다. 1년 동안 교사는 학생들의 고유한 요구 사항을 해결하는 몇 가지 메타인지 및 생활 기능을 다루어야 한다. 이러한 선택은 특정 학년과 교과가 특정 메타인지 및 생활 기능을 담당하게 하여 학교 전체 차원에서 이루어지는 것이 가장 좋다. 이 과정은 『Leading a Competency-Based Elementary School』(Marzano & Kosena, 2022)에 설명되어 있다. 만약 이와 같은 결정이 학교 전체에서 이루어지지 않는다면, 개별 교사는 다양한 메타인지 및 생활 기능과 관련된 학생의 구체적인 요구 사항을 고려하여 이러한 결정을 내려야 한다.

요약

이 장은 자기 조절 영역을 다룬다. 마르자노 아카데미 모델에서 이는 학생이 자신을 세심히 관리하고 긍정적인 결과를 만드는 방식으로 모니터하고 관리하는 능력을 말한다. 이 영역은 세 가지 설계 분야를 포함한다. 설계 분야 Ⅷ는 학교 공동체(매슬로 위계의 3 수준과 4 수준) 내에서 학생들의 소속감과 존중감에 대한 인식을 다룬다. 설계 분야 Ⅸ는 매슬로 위계의 5 수준과 6 수준의 기초가 되는 학생의 효능감과 주체성을 다룬다. 설계 분야 Ⅹ는 위계의 상위 두 수준과 관련된 활동에 참여할 때 학생들이 사용하는 도구인 메타인지 및 생활 기능이 포함된다. 설계 분야의 각 요소에 교사와 학생을 위한 가시적 증거가 설명되어 있어 각 요소의 의도된 결과에 대해 교사 자신의 행동이 얼마나 효과적인지 판단하는 데 도움을 준다.

제5장

CBE 마인드셋

- 학생들을 위한 CBE 기능과 과정
- 촉진과 평가로서 교육
- 성적 산출 및 보고를 위한 새로운 측정 방법
- 요약

앞선 장들에서, 우리는 요소라고 부르는 49가지 CBE 교수 범주에 대한 전략을 제시하였다. 우리가 제시한 전략 중 일부는 전통적인 교실에서 사용되는 전략과 상당히 다르다. CBE 교사, 특히 마르자노 아카데미 모델을 사용하는 교사가 갖춘 태도와 신념 또는 마인드셋(mindset)도 마찬가지이다. 마인드셋이라는 용어는 캐롤 드웩(Carol Dweck, 2006)의 저서 『Mindset: The New Psychology of Success』를 통해 교육계에 대중화되었다. 이 책에서 그녀는 학생들이 고정 마인드셋(fixed mindset)과 성장 마인드셋(growth mindset)의 차이를 인식하고 후자에 대한 믿음을 키우는 것이 중요함을 강조한다. 보다 일반적인 수준에서, 마인드셋은 특정 주제나 문제에 대한 개인의 확립된 태도와 신념의 집합을 의미한다. 이에 따라, 우리는 CBE 수업을 위한 마인드셋이 있다고 주장한다. 〈표 5-1〉은 아카데미 모델의 열 가지 설계 분야에 명시적 혹은 암시적으로 포함된 태도와 신념을 요약한 것이다.

<표 5-1> 아카데미 모델의 설계 분야에서 태도와 신념

설계 분야	태도와 신념
설계 분야 I: 숙달 척도	• 숙달 척도로 각 교과의 의도된 교육과정을 구성해야 한다. • 숙달 척도는 교사, 학부모, 학생에게 공개되어야 한다.
설계 분야 II: 평가	• 숙달 척도로 각 교과의 평가된 교육과정을 구성해야 한다. • 단일 시험의 단일 점수는 특정 측정 주제와 관련하여 개별 학생의 최종 위치로 고려되어서는 안 된다. • 학생의 총합 점수를 결정하기 위해, 교사는 각 숙달 척도에서 학생이 얻은 점수 패턴을 조사해야 한다.

설계 분야 III: 숙달 척도 수업	• 숙달 척도로 각 교과의 가르친 교육과정을 구성해야 한다. • 교사는 각 숙달 척도의 학습 목표에 맞는 구체적인 수업 전략 사용 계획을 세워야 한다.
설계 분야 IV: 일반적 수업	• 학생들이 지식을 계속 최신의 것으로 갱신하고 더욱 분명하게 할 수 있도록, 교사는 지속해서 학생들에게 제시된 내용에 대한 이해를 새롭게 하고 수정하게 해야 한다.
설계 분야 V: 그룹화와 재그룹화	• 교사는 수업 단원 내에서 단기적인 필요에 따라 학생들을 그룹화해야 한다. • 교사는 학생들이 개별적인 필요에 적합한 속도로 측정 주제에 대한 학습을 진행할 수 있도록 장기적인 기준으로 학생들을 그룹화해야 한다.
설계 분야 VI: 참여	• 참여는 주의, 에너지, 관심 및 호기심을 포함하여 다면적으로 구성됨을 생각해야 한다. • 교사는 교실에서 다양한 유형의 참여가 이루어질 수 있도록 여러 전략을 사용해야 한다.
설계 분야 VII: 편안함, 안전, 질서	• 교사는 편안함, 안전, 질서를 느낄 수 있는 활동에 학생들을 참여시켜야 한다.
설계 분야 VIII: 소속감과 존중감	• 교사는 소속감과 존중감을 갖추게 하는 활동에 학생들을 참여시켜야 한다.
설계 분야 IX: 효능감과 주체성	• 교사는 효능감과 주체성을 계발하는 활동에 학생들을 참여시켜야 한다.
설계 분야 X: 메타인지와 생활 기능	• 교사는 특정 메타인지 및 생활 기능을 계발하는 활동에 학생들을 참여시켜야 한다. • 교사는 특정 메타인지 및 생활 기능을 전통적인 교과 영역의 지식과 기능만큼 중요하게 고려해야 한다.

출처: © 2021 by Robert J. Marzano.

이러한 태도와 신념 외에도, CBE 마인드셋에 중요하지만 아직 구체적으로 다루지 않은 것도 있다. 여기서 우리는 CBE 마인드셋의 다른 세 가지 중요한 측면인 (1) 학생들을 위한 CBE 기능과 과정, (2) 촉진과 평가로서 교육, (3) 성적 산출 및 보고를 위

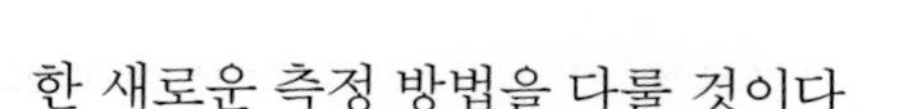
한 새로운 측정 방법을 다룰 것이다.

학생들을 위한 CBE 기능과 과정

확실히, 교사들은 역량 기반 수업을 효과적으로 수행하기 위해 새로운 지식과 기능을 습득해야 한다. 마찬가지로, 학생들은 역량 기반 교실에서 효과적으로 학습할 수 있도록 새로운 지식과 기능을 습득해야 한다. 이 요구를 무시한다면, CBE 체제에서 가장 중요한 부분의 일부를 경시하는 것이다. 물론, 학생들을 위한 CBE 기능과 과정은 마르자노 아카데미 모델 자체에 명시되어 있다. 설계 분야 IX의 학생 효능감과 주체성, 설계 분야 X의 메타인지와 생활 기능이 두 가지 대표적인 예시이다. 이에 더하여, CBE 교사는 학생들이 문제를 해결하고 합리적인 결정을 내리는 데 도움이 되는 기능을 가르치고 강화할 기회를 계속해서 찾아야 한다.

또한 학생들은 CBE 과정의 기본적인 성격에 대해 배워야 한다. 학생들은 숙달 척도의 내용을 익히는 데 필요한 시간을 할애해야 하며, 그 시간은 얼마나 걸릴지 모른다. 학생들은 때로 빨리 숙달에 도달할 것이고, 때로 그렇지 않을 것이다. 모든 경우에 있어서, 학생들의 임무는 교사와 체제 자체가 그들의 성공을 지원하기 위해 노력하고 있다는 확신 아래 학습에 온 주의와 에너지를 쏟는 것이다. 학생들의 이러한 인식은 자연스럽게 발전하지 않는다. 오히려, 이는 교사 입장에서 관점의 변화를 요구한다. 교사는 학생들에게 자신의 학습에 책임지는 것의 중요성과 그렇게 할 기회를 제공하는 것의 중요성을 가르칠 기회를 계속 찾아야 한다.

학생들은 CBE 과정의 일부로서 전통적인 지필평가뿐만 아니라 다양한 방식으로 자신의 역량을 보일 수 있다는 것도 알아야 한다. 사실, 특정 내용에 대한 학생 자신의 지식을 인식하는 것은 평가 과정에서 중요한 부분이다. 실제로, 요소 IIb 학생 중심 평가에서 명확히 알 수 있듯이, 학생들은 자신을 옹호하도록 장려받는다. 여기서 분명한 점은 학생들은 자신이 평가받는 방식에 대해 주된 책임을 질 권리를 가지고

있고 안내받아야 한다는 것이다. 다시 말하지만, 학생들의 이러한 인식과 기능을 계발하기 위해 교사는 학생들이 특정 측정 주제에 대한 현재 위치를 보여 주는 방법을 스스로 평가하고 설계하도록 계속 학생들을 유도해야 한다.

촉진과 평가로서 교육

CBE 과정은 궁극적으로 교사의 역할을 변화시킨다. 전통적으로, 교사의 역할은 새로운 정보와 기능을 학생들에게 제시하고 그들이 해당 내용에 반드시 능숙하게 하도록 조치하는 것에 한정되어 있었다. 이러한 역학은 CBE 교실에서 여전히 발생하지만, 체제는 때로 교사의 도움을 최소화하면서 학생들이 자신의 학습을 관리하는 데 필요한 자원을 제공하는 것을 더욱 강조한다. 달리 말하면, CBE 체제에서 교사의 주요 책임 중 하나는 단순히 내용을 가르치는 교수자가 아니라 학습의 촉진자가 되는 것이다.

이러한 변화는 교사가 자신의 책임 일부를 학생에게 넘겨 주면서 학년 전체에 걸쳐 점진적으로 이루어져야 한다. 예를 들어, 연초에 CBE 교사는 내용을 제시하고, 학생들이 해당 내용을 학습하는 데 도움이 되는 활동에 참여하도록 이끌 수 있다. 그러나 시간이 지나면서, 학생들이 체제 내에서 사용이 가능한 자료원(resources)을 능숙하게 활용하기 시작함에 따라 교사는 이 역할에서 물러나기 시작한다. 학생들이 LMS의 가상 자원(virtual resources)에 점점 더 익숙해짐에 따라 교사의 역할도 변하며, 학생들은 숙달 척도에 따라 내용을 학습하고 역량을 보여 주는 것과 관련하여 다른 사람의 도움 없이 스스로 자신의 필요를 채워 나갈 수 있게 된다. 이러한 변화를 만들기 위해서 교사는 체제를 설계해야 하는데, 여기에는 매우 명료한 숙달 척도, 특정 숙달 척도 내 특정 내용에 대한 자신의 위치를 나타내는 증거를 제출할 수 있게 하는 선택지, 재생목록 형태의 가상 교육 자원 등의 자원과 과정이 포함된다. 앞선 장들에서 설명한 바와 같이, 마르자노 아카데미 모델은 이러한 모든 요소를 포함한다.

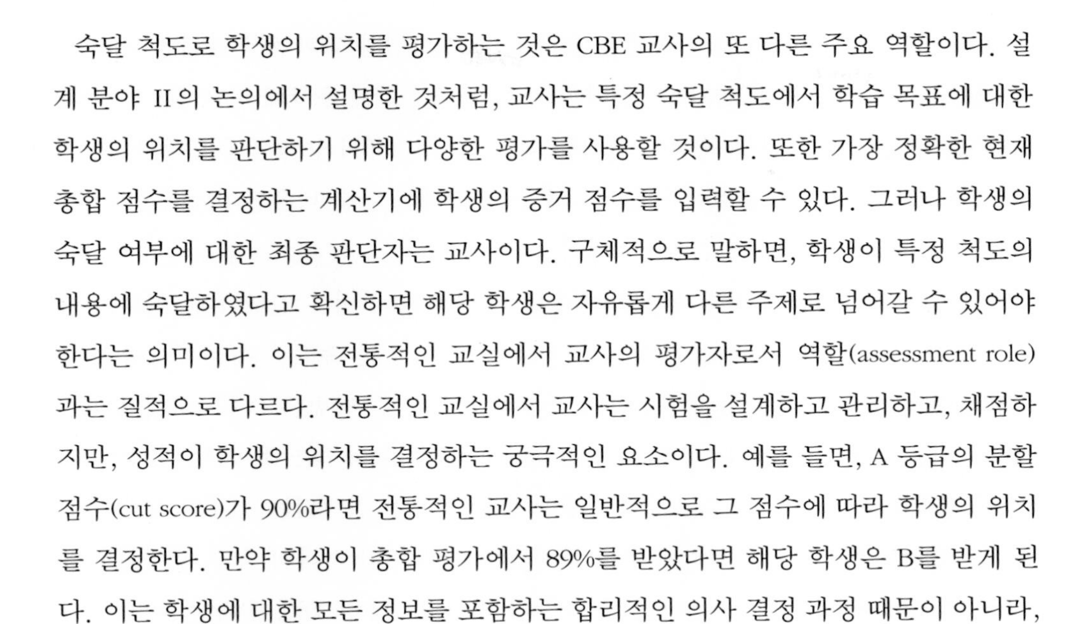

숙달 척도로 학생의 위치를 평가하는 것은 CBE 교사의 또 다른 주요 역할이다. 설계 분야 II의 논의에서 설명한 것처럼, 교사는 특정 숙달 척도에서 학습 목표에 대한 학생의 위치를 판단하기 위해 다양한 평가를 사용할 것이다. 또한 가장 정확한 현재 총합 점수를 결정하는 계산기에 학생의 증거 점수를 입력할 수 있다. 그러나 학생의 숙달 여부에 대한 최종 판단자는 교사이다. 구체적으로 말하면, 학생이 특정 척도의 내용에 숙달하였다고 확신하면 해당 학생은 자유롭게 다른 주제로 넘어갈 수 있어야 한다는 의미이다. 이는 전통적인 교실에서 교사의 평가자로서 역할(assessment role)과는 질적으로 다르다. 전통적인 교실에서 교사는 시험을 설계하고 관리하고, 채점하지만, 성적이 학생의 위치를 결정하는 궁극적인 요소이다. 예를 들면, A 등급의 분할 점수(cut score)가 90%라면 전통적인 교사는 일반적으로 그 점수에 따라 학생의 위치를 결정한다. 만약 학생이 총합 평가에서 89%를 받았다면 해당 학생은 B를 받게 된다. 이는 학생에 대한 모든 정보를 포함하는 합리적인 의사 결정 과정 때문이 아니라, 사전에 설정된 분할 점수 정책 때문이다.

CBE 교사의 평가자로서 역할(evaluative role)은 '활동 중심 교육과정'의 함정에 빠지지 않도록 보호하는 것이어야 한다. 이러한 교육과정은 학생들이 단순히 특정 점수나 특정 백분율 점수와 관련된 활동 및 과제를 완료해야 할 때 나타난다. 이는 전통적인 교사는 물론 CBE 교사도 빠질 수 있는 함정이다. 이를 극복하기 위해서, CBE 교사는 학생들의 역량 검증을 가장 중요한 책임의 하나로 삼아야 한다.

성적 산출 및 보고를 위한 새로운 측정 방법

CBE 체제에서 성적 산출과 보고에 대한 신념은 전통적인 체제를 뒷받침하는 신념과 매우 다르다. 전통적인 체제에서 학생의 위치는 보통 학기 말이나 학년 말에 문자로 된 등급이나 백분율 점수를 사용하여 종합적으로 보고된다. CBE 체제는 다른 측정 방법을 사용한다.

한 가지 대표적인 CBE 측정 방법은 학생이 특정 학년과 교과 영역에서 숙달 척도에 얼마나 능숙해졌는지 보고하는 것이다. 예를 들어, 5학년 수학에 숙달 척도가 20개 있다고 가정해 보자. 만약 학생이 이러한 척도 중 10개에서 능숙함에 도달하였다면(즉, 점수 3.0 수준의 역량을 보여 주었다면), 학생의 상태는 단순 비율인 10/20으로 표시된다.

CBE 체제에서 학생의 발전을 측정하는 또 다른 측정 방법은 진도이다. 진도는 학생이 학년 말까지 모든 척도에서 능숙함을 보여 줄 수 있는 속도로 측정 주제를 진행하고 있는 여부를 나타낸다. 진도를 보고하는 가장 간단한 방법은 1년 이내에 완료해야 하는 숙달 척도 수를 기준으로 학년을 동일한 단위로 나누는 것이다. 다시 말해, 5학년 수학을 예로 들면 학생들은 학년 말까지 36주 동안 진행되는 20개의 숙달 척도를 완료해야 한다. 이를 달성하기 위해 학생들은 1.8주마다 하나의 숙달 척도를 완료해야 한다(즉, 36÷20=1.8). 한 학년 중 18주가 지난 후, 특정 학생이 숙달 척도 10개를 완료하였다고 가정해 보자. 해당 학생은 진도를 유지하고 있는 것으로, 8개의 숙달 척도를 완료한 학생은 진도가 느린 것으로, 12개의 숙달 척도를 완료한 학생은 진도가 빠른 것으로 간주된다. CBE 초등학교에서 성적 산출에 대한 이와 같은 접근 방식과 기타 방식은 『Leading a Competency-Based Elementary School: The Marzano Academies Model』(Marzano & Kosena, 2022)에서 깊이 있게 다룬다.

선호되지는 않지만, 전통적인 성적 산출을 CBE 체제에 적용하여 사용할 수도 있다. 설명을 위해서, 9주 간의 채점 기간이 끝났고, 교사가 그 기간에 7개의 측정 주제를 다루었다고 가정해 보자. 각 학생은 각 측정 주제에 대한 현재 총합 점수를 가지고 있을 것이다. 특정 학생이 2.5, 3.5, 3.0, 3.0, 2.5, 2.5, 2.0의 총합 점수를 받았다. 이러한 총합 점수는 가중 평균 혹은 비가중 평균을 사용하여 합쳐질 수 있다. 이 학생의 7개 총합 점수에 대한 비가중 평균은 2.71이다(즉, 19÷7=2.71). 이는 〈표 5-2〉와 같은 환산 척도를 사용하여 전체 성적으로 환산될 수 있다.

<표 5-2> 숙달 척도 점수를 백분율 및 문자 등급으로 변환하기

척도 점수	백분율	등급	척도 점수	백분율	등급	척도 점수	백분율	등급	척도 점수	백분율	등급
4.00	100	A	2.30-2.34	76	C	1.30-1.31	50	F	0.73-0.75	25	F
3.90-3.99	99	A	2.25-2.29	75	C	1.28-1.29	49	F	0.70-0.72	24	F
3.80-3.89	98	A	2.20-2.24	74	C	1.26-1.27	48	F	0.67-0.69	23	F
3.70-3.78	97	A	2.15-2.19	73	C	1.24-1.25	47	F	0.64-0.66	22	F
3.60-3.69	96	A	2.10-2.14	72	C	1.22-1.23	46	F	0.61-0.63	21	F
3.50-3.59	95	A	2.05-2.09	71	C	1.20-1.21	45	F	0.58-0.60	20	F
3.40-3.49	94	A	2.00-2.04	70	C	1.18-1.19	44	F	0.55-0.57	19	F
3.30-3.39	93	A	1.95-1.99	69	D	1.16-1.17	43	F	0.52-0.54	18	F
3.20-3.29	92	A	1.90-1.94	68	D	1.14-1.15	42	F	0.49-0.51	17	F
3.10-3.19	91	A	1.85-1.89	67	D	1.12-1.13	41	F	0.46-0.48	16	F
3.00-3.09	90	A	1.80-1.84	66	D	1.10-1.11	40	F	0.43-0.45	15	F
2.95-2.99	89	B	1.75-1.79	65	D	1.08-1.09	39	F	0.40-0.42	14	F
2.90-2.94	88	B	1.70-1.74	64	D	1.06-1.07	38	F	0.37-0.39	13	F
2.85-2.89	87	B	1.65-1.69	63	D	1.04-1.05	37	F	0.34-0.36	12	F
2.80-2.84	86	B	1.60-1.64	62	D	1.02-1.03	36	F	0.31-0.33	11	F
2.75-2.79	85	B	1.55-1.59	61	D	1.00-1.01	35	F	0.28-0.30	10	F
2.70-2.74	84	B	1.50-1.54	60	D	0.98-0.99	34	F	0.25-0.27	9	F
2.65-2.69	83	B	1.48-1.49	59	F	0.96-0.97	33	F	0.22-0.24	8	F
2.60-2.64	82	B	1.46-1.47	58	F	0.94-0.95	32	F	0.19-0.21	7	F
2.55-2.59	81	B	1.44-1.45	57	F	0.91-0.93	31	F	0.16-0.18	6	F
2.50-2.54	80	B	1.42-1.43	56	F	0.88-0.90	30	F	0.13-0.15	5	F
2.45-2.49	79	C	1.40-1.41	55	F	0.85-0.87	29	F	0.10-0.12	4	F
2.40-2.44	78	C	1.38-1.39	54	F	0.82-0.84	28	F	0.07-0.09	3	F
2.35-2.39	77	C	1.36-1.37	53	F	0.79-0.81	27	F	0.04-0.06	2	F
			1.34-1.35	52	F	0.76-0.78	26	F	0.01-0.03	1	F
			1.32-1.33	51	F				0.00	0	F

환산표에 따르면, 이 학생의 평균 점수 2.71은 전체 성적 84% 또는 B로 환산된다. 이제 이 성적은 일곱 가지 측정 주제에 대한 학생의 중심 경향을 나타낸다. 9주 채점 기간 동안 이 학생의 전반적인 경향은 점수 2.0 수준의 기초 지식을 충분히 이해하고 있으며, 점수 3.0 내용에 대해 부분적으로 높은 이해를 보여 주는 것으로 말할 수 있다. 학생이 7개 측정 주제 모두에 대해 능숙함을 입증할 수 있게 되면 환산표에 표시된 대로 전체 성적에서 최소한 A를 받게 된다.

마지막으로, CBE 교실에서 전통적인 종합 성적을 사용하는 경우 발생할 수 있는 문제 중 하나는 일부 학생들이 다른 학년 수준의 숙달 척도에 따라 학습할 수 있다는 것이다. 예를 들어, 5학년 학생은 특정 교과에서 6학년 주제 중 하나 이상을 공부할 수 있다. 교사는 주어진 교과 내에서 여러 학년 수준의 주제에 대한 점수를 합산하는 일관된 방법을 갖추고 있어야 한다. 한 가지 방법은 〈표 5-3〉에 설명된 가중치 방식이다. 이 방식은 해당 주제가 학년 수준보다 얼마나 높거나 낮은지에 따라 점수에 가중치를 부여한다. 학년 수준 이하의 주제에 대한 점수는 낮게 조정되고, 학년 수준 이상의 주제에 대한 점수는 높게 조정된다.

<표 5-3> 다른 학년 수준의 주제를 다루는 학생들을 위한 가중치 방식

학년 수준보다 측정 주제가 두 수준 낮음		학년 수준보다 측정 주제가 한 수준 낮음		학년 수준보다 측정 주제가 한 수준 높음		학년 수준보다 측정 주제가 두 수준 높음	
받은 점수	가중 점수	받은 점수	가중 점수	받은 점수	가중 점수	받은 점수	가중 점수
4.0	1.0	4.0	2.0	4.0	7.0	4.0	8.0
3.5	0.5	3.5	1.5	3.5	6.5	3.5	7.5
3.0	0.0	3.0	1.0	3.0	6.0	3.0	7.0
2.5	0.0	2.5	0.5	2.5	5.5	2.5	6.5
2.0	0.0	2.0	0.0	2.0	5.0	2.0	6.0
1.5	0.0	1.5	0.0	1.5	4.5	1.5	5.5
1.0	0.0	1.0	0.0	1.0	4.0	1.0	5.0

0.5	0.0	0.5	0.0	0.5	3.5	0.5	4.5
0.0	0.0	0.0	0.0	0.0	3.0	0.0	4.0

출처: © 2021 by Robert J. Marzano.

이 체제가 어떻게 사용되는지 설명하기 위해, 5학년 학생이 특정 교과의 채점 기간에 열 가지 측정 주제를 공부하고 있다고 가정해 보자. 그중 7개 주제는 5학년 수준이고, 3개 주제는 6학년 수준이다. 채점 기간이 종료되면, 학생은 10개 측정 주제 각각에 대해 현재 총합 척도를 받게 된다. 이 점수는 [그림 5-1]에 나와 있다.

측정 주제	학년 수준	비가중 점수	가중 점수
주제 1	5	3	3
주제 2	5	3.5	3.5
주제 3	5	4	4
주제 4	5	3	3
주제 5	5	2.5	2.5
주제 6	5	3	3
주제 7	5	4	4
주제 8	6	1.5	4.5
주제 9	6	1.0	4
주제 10	6	0.5	3.5
총점		26	35
평균		2.6	3.5

[그림 5-1] 가중 점수 시나리오 예시

출처: © 2021 by Robert J. Marzano.

5학년 주제 7개 항목에서, 이 학생은 4.0 2개, 3.0 3개, 3.5 1개, 2.5 1개로 비교적

높은 점수를 받았다. 그러나 6학년 주제 3개에서 해당 학생은 1.5, 1.0, 0.5라는 훨씬 낮은 점수를 받았다. 물론, 이는 학생이 최근에 더 어려운, 더 높은 수준의 주제를 다루기 시작했기 때문이다. 이 10개 점수의 단순 평균은 2.6이며, 이는 〈표 5-2〉의 환산 척도를 사용하면 B로 변환된다. 그러나 [그림 5-1]의 네 번째 열에는 가중치가 적용된 점수가 제시되어 있다. 5학년 주제에 대한 점수는 동일하지만, 6학년 주제에 대한 점수는 학생의 학년 수준보다 높으므로 가중치가 부여된다. 이러한 방식으로 계산한 가중 평균은 3.5로, 이는 A에 해당한다.

요약

이 장에서는 교사가 교실에서 역량 기반 체제를 구현하기 위해 갖추어야 할 다양한 관점과 길러야 할 사고방식을 설명한다. 우리는 이것을 CBE 마인드셋이라고 부른다. CBE 교사는 새로운 수업 모델을 사용하는 것만으로 충분하지 않다. CBE 교실의 교사는 학생들에게 새로운 지식과 기능을 가르치는 전통적인 역할을 유지하면서, 학생들이 자신의 학습을 관리할 수 있는 능력을 향상하게 하는 동시에 현재 지식과 기능 수준을 옹호하는 능력을 향상하게 해야 한다.

이 책은 마르자노 아카데미 모델을 사용하여 역량 기반 초등학교 교실에서 교수의 성격과 기능을 설명하였다. 여기에는 49개 요소로 구성된 포괄적인 교수 모델이 매우 상세히 제시되어 있다. 또한 이 모델의 전략에 대한 이론적 근거와 전략에 기저한 역학을 설명하였다. 아마도 가장 중요한 것은 이 책이 역량 기반 교육의 핵심에 있는 태도와 행동을 알리려고 시도하였다는 점일 것이다.

서문에서 언급한 바와 같이, 이 책은 마르자노 아카데미인 학교 혹은 그 과정에 있는 학교의 교사를 위한 것이지만, 현재 학교 체제 내에서 마르자노 아카데미의 일부 구성요소를 사용하려는 다른 학교의 교사를 위한 것이기도 하다. 다시 말해, 각 학교와 교사들은 학생들의 학습을 향상하게 돕는 도구로서 우리가 제시한 개념과 과정 중 어느 것이든 자유롭게 사용하고 바꾸어 사용할 수 있을 것이다. 그렇지만 우리는 궁극적으로 역량 기반 교육이 미국과 전 세계 교육의 필연적이며 밝은 미래를 보여 준다고 믿는다. 우리는 이 책이 모든 학교 체제와 모든 교사가 그러한 미래를 실현하는 데 도움이 되기를 진심으로 바란다.

참고문헌

Anderson, J. R. (1995). *Learning and memory: An integrated approach*. New York: Wiley.

Anderson, L. W., & Krathwohl, D. R. (Eds.). (2001). *A taxonomy for learning, teaching, and assessing: A revision of Bloom's taxonomy of educational objectives*. New York: Longman.

Bandura, A. (1977). Self-efficacy: Toward a unifying theory of behavioral change. *Psychological Review*, *84*(2), 191–215.

Bandura, A. (1993). Perceived self-efficacy in cognitive development and functioning. *Educational Psychologist*, *28*(2), 117–148.

Bandura, A. (1997). *Self-efficacy: The exercise of control*. New York: W. H. Freeman.

Bloom, B. S. (Ed.). (1956). *Taxonomy of educational objectives: The classification of educational goals. Handbook I–Cognitive domain*. New York: David McKay.

Dodson, C. W. (2019). *The critical concepts in social studies*. Accessed at https://www.marzanoresources.com/critical-concepts-social-studies.html on March 1, 2021.

Donohoo, J., Hattie, J., & Eells, R. (2018). The power of collective efficacy. *Educational Leadership*, *75*(6), 40–44.

DuFour, R., & Marzano, R. J. (2011). *Leaders of learning: How district, school, and classroom leaders improve student achievement*. Bloomington, IN: Solution Tree Press.

Dweck, C. S. (2006). *Mindset: The new psychology of success*. New York: Ballantine Books.

Hattie, J. A. C. (2009). *Visible learning: A synthesis of over 800 meta-analyses relating to achievement*. New York: Routledge.

Hattie, J. A. C. (2012). *Visible learning for teachers: Maximizing impact on learning*. New York: Routledge.

Hoegh, J. K. (2020). *A handbook for developing and using proficiency scales in the classroom*. Bloomington, IN: Marzano Resources.

Howard, R. (Director). (1995). *Apollo 13* [Film]. United States: Imagine Entertainment.

Koltko-Rivera, M. E. (2006). Rediscovering the later version of Maslow's hierarchy of needs: Self-transcendence and opportunities for theory, research, and unification. *Review of General Psychology*, *10*(4), 302–317.

Kounin, J. S. (1970). *Discipline and group management in classrooms*. New York: Holt, Rinehart and Winston.

Lewis, K. (2014, January). I was homeless. *Scholastic Storyworks*, 14–17.

Manitoba. (n.d.). *Conducting a debate*. Accessed at https://www.edu.gov.mb.ca/k12/cur/socstud/frame_found_sr2/tns/tn-13.pdf on October 8, 2021.

Markus, H., & Nurius, P. (1986). Possible selves. *American Psychologist*, *41*(9), 954–969.

Marzano, R. J. (2000). *Transforming classroom grading*. Alexandria, VA: Association for Supervision and Curriculum Development.

Marzano, R. J. (with Marzano, J. S., & Pickering, D. J.). (2003a). *Classroom management that works: Research-based strategies for every teacher*. Alexandria, VA: Association for Supervision and Curriculum Development.

Marzano, R. J. (2003b). *What works in schools: Translating research into action*. Alexandria, VA: Association for Supervision and Curriculum Development.

Marzano, R. J. (2004). *Building background knowledge for academic achievement: Research on what works in schools*. Alexandria, VA: Association for Supervision and Curriculum Development.

Marzano, R. J. (2006). *Classroom assessment and grading that work*. Alexandria, VA: Association for Supervision and Curriculum Development.

Marzano, R. J. (2007). *The art and science of teaching: A comprehensive framework for effective instruction*. Alexandria, VA: Association for Supervision and Curriculum Development.

Marzano, R. J. (2010). *Formative assessment and standards-based grading*. Bloomington, IN: Marzano Resources.

Marzano, R. J. (2017). *The new art and science of teaching*. Bloomington, IN: Solution Tree Press.

Marzano, R. J. (2018). *Making classroom assessments reliable and valid*. Bloomington, IN: Solution Tree Press.

Marzano, R. J. (2019a). *The handbook for the New Art and Science of Teaching*. Bloomington, IN: Solution Tree Press.

Marzano, R. J. (2019b). *Understanding rigor in the classroom*. West Palm Beach, FL: Learning Sciences International.

Marzano, R. J. (2020). *Teaching basic, advanced, and academic vocabulary: A comprehensive framework for elementary instruction*. Bloomington, IN: Marzano Resources.

Marzano, R. J., Brandt, R. S., Hughes, C. S., Jones, B. F., Presseisen, B. Z., Rankin, S. C., et al. (1988). *Dimensions of thinking: A framework for curriculum and instruction*. Alexandria, VA: Association for Supervision and Curriculum Development.

Marzano, R. J., Dodson, C. W., Simms, J. A., & Wipf, J. P. (2022). *Ethical test preparation in the classroom*. Bloomington, IN: Marzano Resources.

Marzano, R. J., Heflebower, T., Hoegh, J. K., Warrick, P. B., & Grift, G. (2016). *Collaborative teams that transform schools: The next step in PLCs*. Bloomington, IN: Marzano Resources.

Marzano, R. J., & Kendall, J. S. (1996). *A comprehensive guide to designing standards-based districts, schools, and classrooms*. Alexandria, VA: Association for Supervision and Curriculum Development.

Marzano, R. J., & Kosena, B. J. (2022). *Leading a competency-based elementary school: The Marzano Academies model*. Bloomington, IN: Marzano Resources.

Marzano, R. J., & Marzano, J. S. (1988). *A cluster approach to elementary vocabulary instruction*. Newark, DE: International Reading Association.

Marzano, R. J., & Marzano, J. S. (2015). *Managing the inner world of teaching: Emotions, interpretations, and actions*. Bloomington, IN: Marzano Resources.

Marzano, R. J., Norford, J. S., Finn, M., Finn, D., III, Mestaz, R., & Selleck, R. (2017). *A handbook for personalized competency-based education*. Bloomington, IN: Marzano Resources.

Marzano, R. J., Norford, J. S., & Ruyle, M. (2019). *The new art and science of classroom assessment*. Bloomington, IN: Marzano Resources.

Marzano, R. J., & Pickering, D. J. (1997). *Dimensions of learning: Teacher's manual* (2nd ed.). Alexandria, VA: Association for Supervision and Curriculum Development.

Marzano, R. J., & Pickering, D. J. (2011). *The highly engaged classroom*. Bloomington, IN: Marzano Resources.

Marzano, R. J., Pickering, D. J., & Pollock, J. E. (2001). *Classroom instruction that works: Research-based strategies for increasing student achievement*. Alexandria, VA: Association for Supervision and Curriculum Development.

Marzano, R. J., Rains, C. L., & Warrick, P. B. (2021). *Improving teacher development and evaluation: A guide for leaders, coaches, and teachers*. Bloomington, IN: Marzano Resources.

Marzano, R. J., Scott, D., Boogren, T. H., & Newcomb, M. L. (2017). *Motivating and inspiring students: Strategies to awaken the learner*. Bloomington, IN: Marzano Resources.

Marzano, R. J., & Simms, J. A. (2014). *Questioning sequences in the classroom*. Bloomington, IN: Marzano Resources.

Marzano, R. J., Warrick, P. B., Rains, C. L., & DuFour, R. (2018). *Leading a high reliability school*. Bloomington, IN: Solution Tree Press.

Marzano, R. J., Warrick, P. B., & Simms, J. A. (2014). *A handbook for high reliability schools: The next step in school reform*. Bloomington, IN: Marzano Resources.

Marzano, R. J., Yanoski, D. C., Hoegh, J. K., & Simms, J. A. (2013). *Using Common Core standards to enhance classroom instruction and assessment*. Bloomington, IN: Marzano Resources.

Marzano, R. J., Yanoski, D. C., & Paynter, D. E. (2015). *Proficiency scales for the new science standards: A framework for science instruction and assessment*. Bloomington, IN: Marzano Resources.

Marzano Resources. (n.d.). *The Marzano compendium of instructional strategies*. Centennial, CO: Author.

Maslow, A. H. (1943). A theory of human motivation. *Psychological Review*, *50*(4), 370–396.

Maslow, A. H. (1954). *Motivation and personality*. New York: Harper & Row.

Maslow, A. H. (1969). The farther reaches of human nature. *Journal of Transpersonal Psychology*, *1*(1), 1–9.

Maslow, A. H. (1970). *Motivation and personality* (2nd ed.). New York: Harper & Row.

Maslow, A. H. (1979). *The journals of A. H. Maslow* (R. J. Lowry, Ed.). Monterey, CA: Brooks/Cole.

Mid-Continent Research for Education and Learning. (2014). *Content knowledge: Online edition–Browse the online edition standards and benchmarks*. Accessed at www2.mcrel.org/compendium/browse.asp on August 6, 2021.

Oakley, B., Rogowsky, B., & Sejnowski, T. J. (2021). *Uncommon sense teaching: Practical insights in brain science to help students learn*. New York: TarcherPerigee.

Ritchhart, R., Church, M., & Morrison, K. (2011). *Making thinking visible: How to promote engagement, understanding, and independence for all learners*. San Francisco: Jossey-Bass.

Scott, M., & Scott, D. (2018). *180 connections: Classroom strategies*. Denver, CO: Rachel's Challenge.

Seligman, M. E. P. (2006). *Learned optimism: How to change your mind and your life*. New York: Vintage Books.

Simms, J. A. (2016). *The critical concepts (Final version: English language arts, mathematics, and science)*. Accessed at www.marzanoresources.com/the-critical-concepts.html on October 5, 2017.

Tarshis, L. (2017, February). Disaster in space. *Scholastic Storyworks*, 4–10.

Thrash, T. M., Elliot, A. J., Maruskin, L. A., & Cassidy, S. E. (2010). Inspiration and the promotion of well-being: Tests of causality and mediation. *Journal of Personality and Social Psychology*, *98*(3), 488–506.

Williams, J. E. (n.d.). *How to sound out words*. Accessed at https://weallcanread.com/how-to-sound-out-words/on October 7, 2021.

Wincel, M. (2016). *Cooperative learning for primary: Book 2*. San Clemente, CA: Kagan Cooperative Learning.

찾아보기

인명

내용

저자 소개

로버트 J. 마르자노(Robert J. Marzano)

콜로라도주 덴버에 위치한 마르자노 리소스(Marzano Resources)의 공동 설립자이자 최고 학술 책임자(chief academic officer)이다. 교육 분야에서 50년 동안 활동하며, 연설자이자 트레이너로서 교육자들과 함께 일해 왔다. 교수, 평가, 기준(standards) 작성 및 구현, 인지, 효과적인 리더십, 학교의 중재(intervention) 등을 주제로 50권 이상의 책과 200편 이상의 논문을 저술했다. 저서로는 『The New Art and Science of Teaching』『Leaders of Learning』『Making Classroom Assessments Reliable and Valid』『The Classroom Strategies Series』『Managing the Inner World of Teaching』『A Handbook for High Reliability Schools』『A Handbook for Personalized Competency-Based Education』, 그리고 『The Highly Engaged Classroom』 등이 있다. 그의 최신 연구와 이론은 실제적인 교실 전략으로 전환되어 국제적으로 알려져 있으며, 교사들과 관리자들 모두 이를 널리 실천하고 있다. 마르자노 박사는 뉴욕 아이오나대학교에서 학사학위를, 시애틀대학교에서 석사학위를, 워싱턴대학교에서 박사학위를 받았다. 마르자노 박사에 대해 더 알고 싶다면 www.marzanoresources.com을 방문해 보길 바란다.

세스 D. 애버트(Seth D. Abbott)

콜로라도주 웨스트민스터에 있는 마르자노 아카데미인 존 E. 플린(John E. Flynn) 학교의 교사이다. 그는 개별화 역량 기반 교육(Personalized Competency-Based Education: PCBE)의 선구자인 웨스트민스터 공립학교(Westminster Public Schools: WPS)에서 13년간 근무했다. 혁신적인 교육 스타일로 PCBE 운동의 중심에 선 인물이기도 하다. WPS에서 역량 기반 도구, 실천, 절차 개발에 리더 역할을 했으며, 국제적으로도 학교구를 대표해 왔다. 그는 PCBE를 옹호하며 전 세계의 교육구와 조직을 위해 자문, 상담, 훈련을 진행해 왔다. 2019년에는 마르자노 리소스 고신뢰 교사 프로그램(Marzano Resources High Reliability Teacher™ Program)에서 최초로 레벨 3에 도달한 교사가 되었다. 이 외에도 블로그에 다양한 글을 썼고, 역량 기반 교육 분야의 전문가로서 팟캐스트에 출연하기도 했으며, 콜로라도주에서 매년 열리는 전국 역량 기반 교육 콘퍼런스인 'WPS 서밋'에서 정기적으로 발표를 하고 있다. 덴버 메트로폴리탄 주립대학교에서 학사학위를 받았다.

역자 소개

온정덕(Ohn Jungduk)

이화여자대학교 사범대학에서 초등교육전공(교육학 부전공)으로 학사학위를, 이화여자대학교 일반대학원 초등교육학과에서 교육과정전공으로 석사학위를 받았다. 서울반포초등학교와 명지초등학교에서 교사로 재직 후 미국 아이오와대학교 대학원에서 교육과정전공으로 박사학위를 받았다. 미국 제임스매디슨대학교 사범대학 초등교육과에서 4년간 조교수를 한 후, 현재 경인교육대학교 교육학과 교수로 재직 중이다.

학부와 대학원에서 교육과정, IB교육을 주제로 강의하고 있으며, 국가 교육과정 개발, 교육과정 설계, 통합교육과정, 교실 평가에 관해 연구하고 있다. 또한 국가 교육과정 개정 연구를 포함하여 여러 분야의 연구자들과 함께 교육과정 관련 정책연구에 참여하고 있으며, 교육부 · 교육청 · 학교 등 공공기관에서 주관하는 현장 교사 대상 연수와 컨설팅을 하고 있다.

『이해중심 교육과정: 백워드 설계』(공저, 교육아카데미, 2014), 『교실 속으로 간 이해중심 교육과정: 이론과 실천이 만나다』(공저, 살림터, 2018), 『역량 기반 교육과정의 이해와 설계』(공저, 교육아카데미, 2018), 『역량 함양을 위한 교육과정 설계: 이해를 위한 수업』(공저, 교육아카데미, 2021), 『교실 속으로 간 이해중심 통합교육과정: 이론과 실천이 만나다 2』(공저, 살림터, 2022), 『디지털 교육 트렌드 리포트 2024: 대한민국 디지털 교육혁신 원년, 10대 키워드 분석과 2024년 전망』(공저, 테크빌교육, 2023), 『맞춤형 수업과 이해중심 교육과정의 통합』(공역, 학지사, 2012), 『백워드 단원 설계와 개발: 기본 모듈 II』(공역, 교육과학사, 2015), 『백워드로 시작하는 창의적인 학교교육과정 설계』(공역, 학지사, 2015), 『생각하는 교실을 위한 개념 기반 교육과정 및 수업』(공역, 학지사, 2019), 『교실 평가로 학습 극대화하기: 학습 과정으로서의 평가』(공역, 학지사, 2022) 등 다수의 저 · 역서 및 연구 논문이 있다.

윤지영(Yoon Jiyoung)

부산교육대학교에서 학사학위를, 한국교원대학교 일반대학원 교육학과에서 교육심리전공으로 석사학위를 받았으며, 경인교육대학교 교육전문대학원에서 교육방법전공으로 박사학위를 받았다. 공립초등학교 교사로 18년간 재직 후, 현재 대학에서 예비 교사를 대상으로 강의를 하고 있다. 교육과정 관련 정책연구에 참여해 왔으며, 교육과정 설계와 실천, 학습과 사고에 관해 연구하고 있다.

『생각하는 교실을 위한 개념 기반 교육과정 및 수업』(공역, 학지사, 2019), 『교실 평가로 학습 극대화하기: 학습 과정으로서의 평가』(공역, 학지사, 2022), 「교과 역량 함양을 위한 교과서 단원 설계 방안 탐색」(공동, 미래교육연구, 2017), 「외국의 사회과 교육과정 분석을 통한 역량기반 교육과정에서 기능의 의미와 설계 방식 고찰」(공동, 학습자중심교과교육연구, 2017), 「교과 교육과정 지식과 기능 영역의 의미와 설계 방식 고찰: 국어과 교육과정을 중심으로」(공동, 교육과정연구, 2021), 「학습에서의 성찰 개념 및 교육과정에의 적용 방안 고찰」(공동, 교육과정연구, 2022), 「총론과 각론 연계성 제고를 위한 교과 교육과정 구성 방안 탐색」(공동, 학습자중심교과교육연구, 2024) 등 다수의 역서와 연구 논문이 있다.

역량 기반 교수

초등학교에 마르자노 아카데미 모델 적용하기

Teaching in a Competency-Based Elementary School:
The Marzano Academies Model

2025년 2월 10일 1판 1쇄 인쇄
2025년 2월 20일 1판 1쇄 발행

지은이 • Robert J. Marzano · Seth D. Abbott
옮긴이 • 온정덕 · 윤지영
펴낸이 • 김진환
펴낸곳 • (주) 학지사
04031 서울특별시 마포구 양화로 15길 20 마인드월드빌딩 4층
대 표 전 화 • 02)330-5114 팩스 • 02)324-2345
등 록 번 호 • 제313-2006-000265호

홈 페 이 지 • http://www.hakjisa.co.kr
인스타그램 • https://www.instagram.com/hakjisabook

ISBN 978-89-997-3320-8 93370

정가 20,000원